colección **biografías y documentos**

Una historia de la censura ✂

FERNANDO FERREIRA

Una historia de la censura
Violencia y proscripción en la Argentina del siglo XX

PRÓLOGO DE NÉSTOR RUIZ

Grupo Editorial Norma
Barcelona ·BuenosAires ·Caracas ·Guatemala ·Lima ·México ·Panamá
Quito ·San José ·San Juan ·San Salvador ·Santafé de Bogotá ·Santiago

©2000. De esta edición:
Grupo Editorial Norma
San José 831 (1076) Buenos Aires
República Argentina
Empresa adherida a la Cámara Argentina del Libro
Diseño de tapa: Ariana Jenik
Ilustración de tapa: *El obrero muerto* o *El velatorio* (1949), de Antonio
Berni. Gentileza de Editorial Bifronte.
Impreso en la Argentina por Indugraf S.A.
Printed in Argentina

Primera edición: agosto de 2000

CC: 20599
ISBN: 987-9334-80-9
Prohibida la reproducción total o parcial por
cualquier medio sin permiso escrito de la editorial

Hecho el depósito que marca la ley 11.723

A mi viejo

ÍNDICE

PRÓLOGO   11

INTRODUCCIÓN
   La otra mirada   17

CAPÍTULO I
   El aluvión (1900-1917)   27

CAPÍTULO II
   La sangre derramada siempre fue negociada (1917- 1930)   59

CAPÍTULO III
   Golpe a golpe (1930 -1943)   87

CAPÍTULO IV
   Los descamisados al acecho (1943 -1955)   123

CAPÍTULO V
   Revolución Libertadora: la Patria fusilada (1955 -1966)   159

CAPÍTULO VI
   Dios, Patria, hogar y palos (1966 -1976)   201

CAPÍTULO VII
   Censura y genocidio: la doctrina de la seguridad nacional (1976 -1983)   247

CAPÍTULO VIII
   Democracia, juicios y punto final (1983 -1989)   315

CAPÍTULO IX
    El neoliberalismo menemista.
    Indulto y censura económica
    (1989 -1999)   343
CAPÍTULO IX
    Año 2000: Desunidos y dominados.
    La nueva censura del ajuste   379

AGRADECIMIENTOS   425

BIBLIOGRAFÍA   427

Prólogo

Una advertencia al lector: este no es un libro "de verano", de esos para leer en la playa, mientras de reojo se disfruta del pasar de alguna tanguita a ritmo de contoneo. No, este libro no es para "pasar el rato", bostezar, dormirse al sol, despertarse, retomar la lectura, y así sucesivamente. Por el contrario, este es un libro terrible, porque le va a patear el corazón a cada párrafo y, sin interrupciones, lo llevará de indignación en indignación (descontamos que no ha vendido ni el corazón ni la capacidad de indignarse ante la injusticia), hasta la angustia misma.

Era previsible. Ferreira no es periodista de hacer concesiones y aquí cuenta la realidad, a veces increíble, siempre dolorosa, de la verdadera Argentina, y marca con nombre y apellido a los personajes de turno que a través del tiempo, desde distintos niveles de responsabilidad, cometieron las canalladas que fueron haciendo esa Argentina verdadera.

Es curioso el proceso que llevó a Ferreira a este resultado final, porque primero pensó en un libro sobre la censura en el periodismo, de por sí una tarea gigantesca porque en ese ramo la censura ha sido y es de una amplitud y una profundidad descomunales; y después, al parecer porque este desafío no le pareció suficiente trabajo ni, tampoco, suficiente peligro (pocas cosas más peligrosas que tratar de averiguar verdades en un país donde los poderosos tienen mucho que ocultar), decidió ampliar la investigación y meterse con la censura en el cine, en el teatro y en las artes plásticas y en lo que se le pusiera delante, hasta que llegó a la inevitable conclusión de que debía investigar sobre la peor, la más abominable de todas: la censura a la gente misma.

Por eso este libro también cuenta de censuras al ser humano, que incluyen la censura a una vida digna y la censura a la vida misma, con mayor o menor violencia.

Nadie se va a "divertir" leyendo este libro, insistimos, aunque en algún momento encuentre alguna involuntaria cuota de humor negro. Pero nadie podrá escapar -erudito o no en temas históricos- a la suma de sorpresas que el excepcional trabajo de investigación de Ferreira le irá presentando con el pasar de las páginas.

Una muestra: es muy común la suposición de que la llamada Semana Trágica fue una suma de "lamentables jornadas en las calles porteñas con no más de una docena de víctimas fatales". Ferreira revela que los muertos de la Semana Trágica se contaron por cientos, un dato que fue prolijamente ocultado por el periodismo "serio" de la época, de hecho cómplice por ocultamiento, y seguramente cómplice bien remunerado.

No hay margen para la diversión en este libro, aunque en compensación, es muy posible que incentive la memoria del lector y le permita recuperar del pasado hechos que creía olvidados.

A nosotros nos pasó, leyendo los originales que iban saliendo de la habitación de trabajo que Ferreira tiene en su casa, en el barrio de La Boca, "a la vuelta de la cancha", como él dice.

Unos de esos recuerdos: en una muy humilde escuela primaria de la calle Ecuador, entre Boulogne Sur Mer y la avenida Córdoba, muy cerca del Mercado de Abasto, la maestra de segundo grado censuraba las revistas infantiles. "Los alumnos no deben ver estas cosas", decía, al tiempo que, sin la menor conciencia de que estaba cometiendo un acto de censura -¿o sí?-, pegaba las hojas de la revista (¿Billiken?) en que aparecía dibujado un diablo, el Mandinga de la iconografía gauchesca. Eso sí, después se la devolvía al dueño, un chico que se juraba no llevar nunca más una revista al colegio.

Otro recuerdo: una nochecita de verano, una parejita de quinceañeros buscaba la sombra protectora de un árbol de una calle porteña para darse un beso, nada más que un beso. A punto estaban de concretar el intento cuando los interrumpió una mujer (no tendría más que veinticinco años, aunque entonces pareció una vieja de mil) al grito de "¡degenerados!". Los dos adolescentes huyeron, asustados, sin saber que habían sido víctimas de una brutal censura a sus respectivas vidas, porque les habían censurado el amor, nada menos.

Son dos imágenes recuperadas que ayudan a entender, aunque sea en parte, tantas otras cosas que pasaron y pasan en la Argentina. Porque aquella maestra y aquella mujer del grito destemplado no son más que ejemplos elementales, pero ciertos, cotidianos -antes y ahora- de la mentalidad totalitaria que más adelante protagonizó, permitió y avaló ("algo habrán hecho", decían) la matanza que cometió esa organización criminal autollamada Proceso de Reorganización Nacional.

Es la misma mentalidad totalitaria que, ya en la década del 90, ya en el año 2000, protagoniza, permite, avala y hasta se "distrae" con este otro asesinato titulado "globalización", que es la censura final, la más despiadada de todas, al derecho a la vida de generaciones enteras (no vamos a caer en la trampa de las estadísticas) que, en su desesperación, ya no saben quién es el enemigo y salen a robar a sus iguales, otros pobres, víctimas como ellos de la misma globalización.

El final de esta tragedia social son las cárceles colmadas de ladrones, ladrones perdedores, por supuesto, porque los ladrones verdaderos, "los ganadores" (si hoy no sos un "ganador", sos un infeliz), aparecen fotografiados en las revistas de actualidades, son señalados como el prototipo del hombre (o la mujer) de hoy, el ejemplo a seguir, y por eso cada vez hay más corruptos y más corrupción.

El periodista Rodolfo Walsh dice en su Carta Abierta a la Junta Militar: "Peor aún que las atroces violaciones a los derechos humanos son los horrores de vuestra política económica". Por el atrevimiento, poco después lo asesinaban.

De todo esto también se ocupa el libro de Fernando Ferreira, que arranca desde cuando la injusticia social no se llamaba "globalización", pero el hambre y la desesperación de los pobres eran lo mismo, tiempos de largas horas de trabajo y de salarios cortos, de desocupación, de colas por un pedazo de pan, de chicos pidiendo limosna.

Sí, claro, igual que hoy, como si las luchas sociales no hubieran existido, aunque ahora son muchos más los explotados y los explotadores han desarticulado -con la disciplinada colaboración de los partidos políticos, cada uno a su turno- las leyes sociales, los sistemas de defensa que tenían los trabajadores, a lo que se suma el miedo a perder el trabajo, porque detrás de los que tienen la "suerte" de trabajar (ahora es una suerte trabajar, no un derecho), está la larga fila de los que no tienen trabajo, los "sin suerte" ("no se han capacitado para la tecnología de punta" es una de las tantas hijoputeces con etiqueta de verdad que circulan), el "colchón" de seguridad que aconsejan los economistas neoliberales para que el sistema siga funcionando a favor de los explotadores.

Y mientras se escriben estas líneas, en el otoño porteño del 2000, el último año del siglo XX, nuevas censuras se agregan a las ya documentadas en este libro, lo que hace pensar en la necesidad de próximas ediciones.

Vecinos de distintos barrios de la ciudad de Buenos Aires protestan "indignados" contra los travestis y llegan a decir que "hay que meterlos en la cárcel y que ahí se pudran".

Buscamos en todas partes alguna noticia sobre la protesta de esos vecinos, o de otros, contra la miseria que obliga a los chiquitos de cinco años, a adolescentes con sus hijitos de meses en brazos, y hasta a hombres grandes, que hasta ayer trabajaban, a pedir limosna, con mayor desenfado o con más vergüenza, de día y de noche, en verano o en invierno.

Pero esa noticia no la encontramos en ningún lado. Los vecinos han gastado toda la "indignación" contra los travestis y el resto de esa porción de la sociedad que ha elegido la homosexualidad porque le resulta más placentera que la heterosexualidad, todo en ejercicio de sus legítimos derechos, que incluyen el derecho a hacer de sus cuerpos y de sus sentimientos lo que se les da la gana.

Al mismo tiempo, la actualidad muestra a miles de desocupados que no se resignan a ser las víctimas olvidadas de turno y salen a cortar rutas. "Es un delito", dicen los especialistas en leyes. Y sí, no es legal cortar rutas. Es legal, eso sí, que los privatizadores de una empresa despidan al setenta por ciento del personal, sin que esa gente tenga dónde reubicarse. Al sistema globalizador sólo le interesa "sanear" empresas. Y la manera más rápida es despidiendo "a los que sobran". Ese "sobrante" es el que en las rutas reclama trabajo y es acusado de subversivo, y tratado en consecuencia.

Otra muestra de la realidad es la campaña que una prensa fascista, de lo peor del pseudo periodismo argentino, emprende contra los inmigrantes ilegales, víctimas de los sistemas explotadores de sus tierras que huyeron del hambre para encontrarse con el hambre y la explotación que aquí los esperaban.

¿No hay esperanzas, entonces? Ferreira sigue creyendo en la utopía, esa exageración de la esperanza (y con él, muchos otros, entre los que nos incluimos). Por eso este libro. Porque no se ha dado por vencido, porque le sigue dando pelea a esta realidad que agobia, que parece invencible, es que decidió escribirlo.

Sí, todavía hay esperanza. Este libro lo prueba. Todavía podemos aferrarnos a la utopía de un mundo más justo, el que alguna vez tendrá que ser, carajo.

Néstor Ruiz

INTRODUCCIÓN
La otra mirada

> *"Tenga cuidado señor Sarmiento... que se puede ser bárbaro sin dejar de ser instruido, y que hay una barbarie letrada mil veces más desastrosa para la civilización verdadera, que la de todos los salvajes de la América desierta."*
> Juan Bautista Alberdi

El ejercicio de las letras puede promover la ambición de construir un libro absoluto. Un objeto cuya virtud sea inmune al paso de los años. Un acto de fe a través de un relato claro y distinto, objetivo, esencial y apasionado. Me debatí inútilmente durante mucho tiempo buscando esa respuesta. Me dije entonces que lo importante era el resultado de esta historia. De una manera más humilde, y consecuentemente menos pretenciosa, contar el dolor y la exclusión en cien años de historia. "Una crónica de la censura contra la vida en la Argentina" durante el siglo XX. En un país donde a pocos parece importarles la muerte, hay una categoría de sobrevivientes cuyo testimonio sirve para que el olvido no se transforme en lugar común. Esa es la idea: narrar y recordar a través de libros, cartas, diarios, revistas, apuntes, testimonios e investigaciones. Varían constantemente las voces y los sueños de la memoria. Alguien dijo que la distinción entre libertad e independencia es más bien vaga: los naturalistas no han encontrado especímenes vivos de ninguna de las dos. Esta historia de la censura en la Argentina es una experiencia inmediata aunque tenga la edad del siglo. Está hecha de pequeñas rebeliones, de grandes osadías, de opresores y de mártires. Se proyecta hacia la continuidad de una lucha prolongada aunque, de hecho, sea improbable (¿imposible?) la victoria. Es una crónica llena de sacrificios individuales y de sublimes errores colectivos; la visión de un país que se dio el lujo de convertir a la muerte en ley.

Cuando alguien deja de interpretar los hechos de la historia, está liquidado, así que intenté volcar en el texto no sólo aquello que me contaron, sino también lo que vieron mis ojos. Aquellos sueños que compartí con una generación masacrada que tuvo 30 mil desaparecidos y miles de exiliados, dentro y fuera, con el alma rota.

El país por el que muchos dieron su vida se murió, desapareció el concepto de Estado-nación -producto de la globalización del siglo XIX impuesta por las naciones europeas- para dar paso a esta nueva globalización de fines del siglo XX y principios del XXI que decreta perimido el concepto de patria. Si los países subdesarrollados, según el esquema de los años sesenta, eran países en vías de desarrollo, hoy, en el fin de milenio, son países en vías de extinción. Uno de los conceptos de censura pasa hoy por la incapacidad concreta de un desarrollo independiente. La globalización, hoy, parece aniquilamiento. La defensa del idioma, del arte nacional, de la literatura, de los intereses autónomos, resulta para muchos inconcebible. El poder no está ya en los gobiernos nacionales sino en quienes poseen el gran capital. Está en manos de las organizaciones más totalitarias de la historia de la humanidad. Se trata de un poder supranacional que dicta programas y políticas por encima de las decisiones de los Estados nacionales. Un enorme juego en el que el ejercicio democrático está siendo eliminado.

Una historia de la censura

Se ha dicho que el discurso de censura es un discurso que consiste, esencialmente, en amputar, suprimir, prohibir un cierto número o el conjunto de los hechos, ocultarlos, esconderlos. Razonar de esta forma es creer que, dada la abundancia de información, estamos en un universo donde los elementos son constantes. Pero hoy la censura no funciona mediante este principio. En los sistemas, en apariencia democráticos, en los que nos encontramos inmersos existen pocos ejemplos de funcionamiento de la censura en los que, de una manera palmaria, se puedan ocultar, cortar, suprimir, prohibir los hechos. No se prohíbe en general a los periodistas decir lo que quieran; no se prohíbe a los periódicos en los países democráticos. La censura adopta otras modalidades de funcionamiento; se aplica sobre criterios diferentes. Hoy la censura no funciona suprimiendo, amputando, prohibiendo, cortando; actúa, por el contrario, por demasía, por acumulación. No permite asimilar ni pensar. Hay demasiado para consumir y, por lo tanto, no se percibe lo que falta. Actúa además en la concentración del discurso. El monopolio de la información unifica el mensaje y permite una "globalización" de la censura. Lo cierto es que la censura no ha desaparecido. Tan sólo ha cambiado de apariencia.

El siglo XX en la Argentina fue sinónimo de prohibición en nombre de la libertad y de muerte amparada en la más cruel dictadura. La llamada Ley de Residencia, la Semana Roja, la Semana Trágica, las huelgas en la Patagonia, la Revolución "fusiladora" de 1955, los crímenes de José León Suárez, la Masacre de Trelew, los desaparecidos, los desocupados de la globalización, y más...: el cine que no pudimos ver, el teatro prohibido, los libros quemados, la música no escuchada, el pensamiento único. Se tiene la impresión de espiar una realidad que se nos había escamoteado, una realidad que registra fechas y momentos y que, hecha sustancia de nosotros mismos, ya nos habíamos acostumbrado a ignorar.

La palabra "censura" provoca en cualquier individuo medianamente sensible, consciente de sus derechos y su libertad, un estremecimiento. Aunque tiene distintas acepciones, su connotación es tan fuerte que sólo asumimos parte de su significado, olvidando otros. En efecto, censurar es, en primer término, "formarse un juicio sobre una cosa, juzgar con sentido crítico", y solamente en una segunda acepción implica corrección o reprobación de una cosa. La distancia que va de reprobar a prohibir fue salvada rápidamente en la historia de la humanidad, y se transformó en una de sus cargas más pesadas.

La voz "censor" se relaciona etimológicamente con "censo" y ambas provienen del latín. En la Roma del siglo III, época de definiciones en el plano político, aparece el cargo de censor. Este magistrado estaba encargado del censo o inventario de los bienes sobre los cuales se aplicarían impuestos, y en consecuencia debía confeccionar una lista de los ciudadanos según su clase social. Los censores romanos también debían hacerse cargo de la ejecución de los trabajos públicos, establecían el presupuesto y finalmente podían tachar de infamia a los ciudadanos sospechosos de tener una moral dudosa. Teniendo en cuenta que sólo los ciudadanos de una cierta clase podían votar en asambleas, es fácil deducir que el censor de alguna manera eliminaba, fundado en principios éticos, a todo enemigo político. Claramente surge que, desde los albores, la censura está indefectiblemente ligada al poder político, a los intereses económicos de quienes detentan el poder y sólo en una tercera instancia involucra la reprobación -de hecho: prohibición- de lo considerado inmoral. Pero como la moral es sumamente elástica, ya que amplía o restringe sus límites según la época histórica, las prohibiciones tienen como rasgo característico la arbitrariedad más o menos furibunda de quien ejerce la censura.

El paralelo establecido entre el censor y el torturador no es caprichoso: en ambos prevalece el sadismo, ambos son en el fondo inseguros que frente a la propia limitación intentan destruir al otro.

En la Argentina, desgraciadamente, periodismo y censura son sinónimos. El primer estatuto que intentó reglamentar el ejercicio del periodismo data del 20 de abril de 1811, cuando un decreto de la Junta Grande copió textualmente el artículo primero de otro documento dictado por las Cortes Generales de España unos meses antes, por el que se abolió la censura previa para todos los temas, con excepción de los religiosos. A seis meses de constituido el Primer Triunvirato ratificaba esos lineamientos, a partir de una nueva ley: el Estatuto Profesional de 1815, que introdujo un elemento curioso: la creación de dos periódicos. El primero, con el nombre de *Censor*, aunque financiado por el Cabildo tenía como función primordial criticar al gobierno. El segundo, *La Gaceta*, publicaba, con lujo de detalles, aspectos de la actividad oficial y rebatía al *Censor*.

En 1820, la anarquía reinante en el país marcó el retorno de la censura previa. Pero en 1828 el coronel Manuel Dorrego, gobernador de la provincia de Buenos Aires, restituyó la libertad de prensa por medio de una nueva ley. Fue reglamentada en 1832 por el brigadier general Juan Manuel de Rosas, quien paralelamente estableció la obligatoriedad del permiso para explotar imprentas. Derrocado Rosas, el 15 de noviembre de 1852 se reunió en Santa Fe la Convención Constituyente de la Confederación Argentina. La comisión redactora de la Carta Magna incluyó el artículo 14, donde se enuncian derechos y libertades, con un párrafo en que se garantiza a todos los habitantes el derecho de "publicar sus ideas por la prensa sin censura previa".

Los gobernantes de turno, civiles o militares, han sabido, por lo general, prolongar un estado de censura. Ya sin estado de sitio, pero con la dependencia intacta.

Desde el primer gobierno patrio hay en la Argentina ejemplos de censura y autocensura en el plano de las ideas. Los filósofos Rousseau y Voltaire fueron cuestionados por los hombres de Mayo, que se referían a ellos sin nombrarlos. Moreno, Castelli y Monteagudo hablan del "gran filósofo francés", y cuando Moreno ordena la publicación de *El contrato social* de Rousseau en español, elimina los párrafos correspondientes a la religión.

La censura operó y opera en la Argentina como una forma de preservar valores fijos, estratificados en la sociedad o en los grupos dominantes, sean estos religiosos, económicos o políticos. El objetivo que persigue la censura es que esos valores no cambien, no se modifiquen, y que el orden impuesto persista. La censura que se propuso y se propone tiende a atomizar la identidad original, hasta llegar a la aberrante propuesta de aspirar a cambiar un pueblo por otro. Una ideología que parte de la misma mentalidad del conquistador: el nativo debe rendir su conciencia para subsistir.

España, Gran Bretaña y Estados Unidos nos marcaron el camino. El fraude, los golpes militares y la suspensión del ejercicio político han sido una constante de nuestra historia. No han sido más que distintas estrategias de la censura que hoy, ya en el año 2000, adopta otras formas. Cambió la metodología, pero no el contenido. Algunas estrategias fueron tan burdas como la de Uriburu en 1930, que apeló a la siguiente lógica: "Tres gobiernos radicales -elegidos por el pueblo- sin solución de continuidad, no es más que institucionalizar la dictadura". Los actos fundacionales de las "nuevas" Argentinas le agregaron matices al acto de censura, desde la "doctrina de seguridad nacional" aplicada por los militares para justificar un genocidio y la acumulación del poder económico que aún hoy persiste.

Quizás en nuestro país sea necesario descubrir no tanto el *por qué*, sino el *cómo* para modificar esta realidad. Este es un mundo peligrosamente parecido al de los mudos y los sordos, porque hay una tendencia al mensaje único. Que se debe a la concentración del poder que se da en la economía, pero también en la cultura; cada vez es más difícil el discurso disidente. En esta "macdonalización" del pensamiento la censura es un hecho natural.

En este libro se encontrará una serie de testimonios que analizan las diferentes formas que adopta la censura.

La idiotez y la hipocresía capitalistas se han tornado verdad absoluta en el marco de este nuevo orden mundial, donde los burócratas se hacen empresarios y los censores se vuelven campeones de la libertad de expresión. Esta investigación intenta ser, como diría Cesare Pavese, "la auscultación de una perplejidad" llamada Argentina. La pesada tarea de vivir en una sociedad que se funde entre los silencios cómplices y la intolerancia.

Capítulo I
El aluvión (1900-1917)

Eran obsesivos pero no a la manera de los locos, sino a la manera férrea, sigilosa y constante de las hormigas cuando acarrean cualquier cosa, una hoja, un trozo de pan, un papel, demasiado grande, en apariencia, para su tamaño y para sus fuerzas. Eran trabajadores incansables, acostumbrados a la pena, al sufrimiento silencioso; de oscura vehemencia y con esa mezcla de simpático cinismo, astucia, suavidad, y humor. Hombres dispuestos a sobrevivir, defensores eternos de causas heroicas y perdidas. Le pelearon siempre al sombrío ritual de la Inquisición, ahogaron frustraciones en la lucha y creyeron en la esperanza aun vana de la libertad. Muchos de ellos flacos, pálidos, mal vestidos, mal afeitados; algunos, poetas y juglares, cuentistas en ciernes, que no dejaron huellas en la memoria, y a los que, casi siempre, la vida se llevó sin que dejaran rastro.

A principios del siglo XX todo estaba por hacer, todo era posible, hasta la ilusión. Aquellos serían también años de censura y de mentiras. De sombrías cruzadas represivas, de intrigas y operaciones contra la gente que, por alguna buena razón de dignidad, se resistía. Esta es la historia que escribieron aquellos entrañables perdedores...

Fernando Ferreira

Inmigración: represión y censura en la cultura argentina. Apuntes y relato del ensayista Ricardo Rodríguez Molas

> *"La verdadera censura es aquella que impide a los seres humanos vivir con dignidad..."* Discurso pronunciado por Fidel Castro en la ceremonia de bienvenida al papa Juan Pablo II en La Habana el 21 de enero de 1998.

A fines del siglo XIX desaparece el gaucho, se lo llama trabajador rural; se produce el arribo de inmigrantes en gran cantidad. Buenos Aires llega a tener más inmigrantes que nativos... y empieza otra historia. La censura para el inmigrante es constante, y esto ha sido reflejado muchas veces por la literatura. Por ejemplo, en las novelas de Eugenio Cambaceres: *La Sangre, Poutpourri, Silbidos de un vago...*, se refleja el temor y la aprensión que la sociedad despliega ante los inmigrantes. Otro ejemplo podría ser *La Bolsa* de Julián Martel. Cambaceres es el primer escritor que hace antisemitismo en la Argentina. Cita a Drumond, el famoso antisemita francés. Bueno, allí comienza el odio al inmigrante, la censura a todo lo que hace el inmigrante. Esto se va imponiendo lentamente, porque también hay partidos políticos que surgen gracias al aporte inmigratorio, como el Partido Socialista. El socialismo recibe el aporte de gran cantidad de inmigrantes italianos. Palacios es diputado por La Boca gracias al apoyo de los italianos del barrio. Muchos de ellos, garibaldinos, liberales, estaban contra el poder de la Iglesia, del Vaticano. Pero el que recibe el mayor aporte, junto con el socialismo, es el radicalismo. Ya en la primera presidencia de Irigoyen, si vemos la nómina de gobernadores, de ministros, funcionarios, diputados y senadores, nos vamos a encontrar con un porcentaje elevadísimo de hijos y nietos de inmigrantes de la generación que había llegado al país por el 80, que en ese momento accede a la política. El mismo Yrigoyen era hijo de un inmigrante vasco, comerciante. Alem era nieto de un inmigrante gallego, hijo de un mazorquero español. Había un rechazo evidente al extranjero, aunque no era un rechazo oficializado. Los grandes clubes de la aristocracia -el Club del Progreso, el Jockey Club, el Regatas de Tigre- en sus reglamentos incluían el derecho de admisión, que quedaba supeditada a la comisión directiva. Esa era la forma de rechazo, no explícita; pero el hijo de un albañil inmigrante no puede ingresar; si es hijo de un inmigrante diplomático, ingresa.

En aquel entonces, a menos que fuera un demente o que hubiera roto socialmente con todo, una persona de la clase alta argentina, o el hijo de un estanciero, no se permitía ninguna aventura por el miedo no sólo al qué dirán, sino además al desprestigio social que ello implicaba. La censura social que sufrió la mujer de Alvear, Regina Paccini, una mujer cultísima, refinada en sus gustos, fue en principio un rechazo total, aunque más tarde fuera aceptada. Era cantante de ópera y Alvear la persiguió, enamorado, por todos los teatros de Europa, dejándole ramos de rosas. Por fin Regina Paccini le da el sí, en Lisboa, y allí se casan. El chismorreo en la sociedad era total.

En general no hay una literatura en la Argentina que refleje este rechazo de clase, ni personajes que expresen una ideología distinta de la de su familia. No la hay hasta después de los años sesenta. Incluso no hay una novelística de la clase alta argentina. Una vez yo le dije a Mujica Lainez en la Feria del Libro: "en lugar de escribir sobre esas cosas raras de Egipto, esas novelas de 600 páginas, ¿por qué no escribe una novela sobre la clase alta argentina?". Él que la conocía -estaba casado con una Alvear y él mismo era un Lainez- no me dijo nada. No existe en la novelística argentina una novela como la de Proust. Yo llegué a conocer a Aráoz Alfaro, cuando era muy viejito. Estaba afiliado al Partido Comunista. Era de una familia tucumana, azucarera. Y escribe su autobiografía, pero el tema de la clase alta es dejado de lado. Fue muy valiente con lo que sufrió frente al peronismo, ante las persecuciones y demás. Pero la critica a la clase de la que provenía no existe. Otra obra donde podría rastrearse la autocensura es la novela de María Rosa Oliver, *Mi casa, mi mundo*. Una excelente mujer, afiliada al Partido Comunista, pero en su hermosa autobiografía no llega a elaborarse una crítica a la sociedad de la que proviene. Estas dos obras que cité pertenecen a autores que podríamos definir como representantes de la clase alta que rompen con la ideología dominante. ✂

La defensa nacional. El 11 de setiembre de 1901, el ministro de Guerra, Pablo Riccheri, defendió ante la Cámara de Diputados la Ley del Servicio Militar Obligatorio aprobada ese mismo día. El texto del Ejecutivo se inspiró en los modelos prusiano y francés. Los opositores, dentro y fuera del Congreso, advertían acerca de los peligros de dejar en manos de la institución militar la formación de los ciudadanos, una tarea que consideraban más propia de "el hogar y la escuela":

"Sin vestigios de pudor creo que esta es la patria que necesitamos, invulnerable al tiempo, consagrada a la dicha mesiánica, libre de todo control, esculpida con la sangre de futuros héroes... Afecta a las dos cosas más sagradas que existen en una nación: la defensa nacional y la contribución de sangre impuesta a los ciudadanos. Eso es lo que pretendemos nosotros con nuestro proyecto: hacer pasar por las filas una cantidad de nuestros jóvenes conscriptos de veinte años, de lo mejor de nuestra población, para que, a los dos años, al salir del Ejército, vuelvan a sus hogares y sean un poderoso elemento de moralización pública."

Los deportados. "El Poder Ejecutivo podrá ordenar la salida de todo extranjero cuya conducta comprometa la seguridad nacional o el orden público. El extranjero contra quien se haya decretado la expulsión tendrá tres días para salir del país pudiendo el P.E., como medida de seguridad pública, ordenar su detención política hasta el momento del embarque. Queda prohibida toda asociación o reunión de personas que tengan por objeto la propagación de las ideas anarquistas". Ley de Residencia, 4.144, promulgada en 1902.

El 2 de noviembre de 1901 era un día caluroso como tantos en la Refinería de Rosario. Lo llamaban Luis, a secas; con un apellido no registrado y un balazo en el corazón inauguró la muerte obrera en el siglo. La violencia política estrena el nuevo siglo en la Argentina. Había otros, muchos, que inventaban su propio mundo al margen del que se descomponía. Era un modo feliz de empeorar las cosas. Aquella historia nos cuenta que era un trabajador anarquista de 23 años. Ya los gobernantes de aquella época calificaban de "ignorantes", "resentidos" o "anarquistas sin patria" a los trabajadores que peleaban por sus derechos. En noviembre de 1902 estalla la primera huelga general en el país. Originada por movilizaciones de varios gremios importantes de la Capital y Rosario, se precipitó como respuesta a la sanción de la ley 4.144 que posibilitaba la deportación de extranjeros, y adquirió un franco carácter de repudio político al régimen del general Julio Argentino Roca. Este acontecimiento motivó por primera vez en la Argentina el establecimiento del estado de sitio, con la prohibición absoluta de publicar cualquier comunicado o proclama en favor de los trabajadores. Todavía no se hablaba de "censura política".

Cosme parecía viejo pero apenas tenía poco más de

treinta años. Una cara marcada por las arrugas, la mirada triste y la sonrisa helada. Él, junto a muchos otros en el puerto de Buenos Aires, inició la lucha por una jornada de trabajo menor a 12 horas. Se negaban a cargar pesos mayores a 60 o 70 kilos y no querían que se les rebajara el sueldo ni tampoco aceptaban la disminución del número de gente que era costumbre emplear para las operaciones de carga y descarga. Joaquín V. González, ministro del Interior y egregia figura de la política argentina, acusaba a los huelguistas de pertenecer a "organizaciones extrañas", de ser "agitadores de profesión y ajenos al sentir nacional", con un lenguaje que habría de tornarse habitual en el poder. A pesar de las grandes y huecas palabras pronunciadas por el funcionario, la huelga general se incrementaba hora a hora. Al poco tiempo de iniciado el paro se clausuraron diez periódicos sindicales y quince locales obreros; además se prohibió a los diarios publicar información relacionada con los hechos. El diario *La Nación* denuncia que "20 o 30 mil obreros están dispuestos a atacar la Casa Rosada". Los barrios obreros son transformados en cuarteles. El recrudecimiento del malestar social, reflejado en huelgas y manifestaciones, es acallado por una represión sistemática.

En cincuenta ocasiones se aplicaría la Ley de Residencia entre 1904 y 1905. Un joven anarquista español, Salvador Planes, atentó contra la vida del presidente Manuel Quintana en abril de 1905, sin éxito. El hecho sirvió para lanzar una nueva campaña contra los "inmigrantes anarquistas portadores de irracionalidad y violencia", tal como vociferaba Joaquín V. González en el Congreso. Planes fue condenado a diez años de prisión, a cumplir en la Penitenciaría Nacional de la avenida Las Heras. En 1911 protagonizó una fuga espectacular a través de un túnel abierto bajo los jardines de la cárcel, junto a otros doce presidiarios.

La Ley de Residencia sería derogada en 1958.

Carlos Octavio Bunge (1875-1918) publicó en 1903 el libro *Nuestra América,* que posteriormente subtituló "Ensayo de psicología social". Allí analiza la "composición étnica" de la América hispánica, a partir de los rasgos que, a su juicio, definen cada raza. De acuerdo con su criterio, "el español es individualista, despótico y arrogante, despilfarra y desprecia el trabajo físico; el indígena de Suramérica es fatalista, resignado y vengativo; el negro es a un tiempo servil y pagado de sí mismo. Las mezclas de esos elementos producen el mestizo amoral, y el mulato falso y mentiroso. El hispanoamericano resulta en general arrogante, triste e indolente". Bunge propone la regeneración de la raza mediante la inmigración europea y la liquidación del mestizo mediante una ley que prohíba la independencia étnica de esos hombres. La Ley de Residencia -redactada de acuerdo con el proyecto del parlamentario Miguel Cané- es fervorosamente defendida por Bunge, que habla de la necesidad de aplicar una "censura moralizante" para formar "una psicología argentina, fuerte y poderosa".

Ni los presidentes Roca, Pellegrini, Mitre o Juárez Celman, ni los gobernadores provinciales deseaban una Argentina feudal o semifeudal. La obsesión por el progreso enajenaba a las clases dominantes y las resistencias los cambios fueron irrisorias en una comunidad que esperaba de la colonización capitalista la opulencia y la llegada de la civilización occidental. El avance de la democracia burguesa tuvo una modalidad singular en la Argentina. Al efectuarse bajo la dependencia del inversionismo extranjero, asociado a la oligarquía terrateniente-mercantil, se desvió de sus cauces en un doble sentido: en lo económico, la concentración del capital por parte de las grandes empresas, los terratenientes, los importadores, exportadores y especuladores; en lo político, la exclusión de amplias capas del pueblo de los comicios y de las funciones públicas, obstruyendo así la democratización de la sociedad. Para conservar aquellos privilegios económicos se imponían estas limitaciones políticas. Una forma de censura convertida en ley. Si, por un lado, la oposición al régimen del radicalismo conspirador y sublevado, era extensa; por otro lado, los dirigentes radicales temían tanto como el gobierno que la oposición traspasara determinados límites. La causa nunca superó esta contradicción interna. El capital extranjero tenía su propio lema: Paz y Administración en su propio beneficio. El radicalismo no contradecía sus intereses fundamentales. Por el contrario, la participación se tornaba indispensable para asegurar la paz y la administración. Tan maduras estaban las condiciones objetivas y subjetivas para ese cambio en las bases políticas del Estado, que un movimiento vencido tantas veces como empuñó las armas obtuvo de su enemigo tradicional las garantías legales para suplantarlo en el poder.

El 3 de febrero de 1905 fue el día elegido por los radicales para dar el golpe revolucionario. Fracasan los levantamientos de Bahía Blanca, Rosario, Mendoza y Córdoba. El día 4 los diarios informaron del movimiento a la población; hubo en la ciudad de Buenos Aires 10 muertos y 40 heridos. La revolución estaba vencida. Durante unos días se siguió combatiendo en la ciudad de Córdoba, en Mendoza y en la provincia de Buenos Aires. Las autoridades tomaron presos a numerosos militares y civiles. Se cerraron periódicos partidarios y se secuestraron ediciones enteras. Muchos dirigentes radicales fueron detenidos y juzgados.

En su escondite en casa de una familia chilena, Yrigoyen se enteró de un decreto del presidente Quintana que lo exoneraba de su cátedra por "razones de mejor servicio". En Córdoba fueron condenados a muerte diez oficiales sublevados. El 19 de mayo de 1905 Hipólito Yrigoyen se presentó ante la Justicia; había terminado la "odisea revolucionaria".

Cuando se pretende extender el período de la formación del Estado argentino o el período de vigencia económica agroexportadora hasta 1930, no se toma en consideración que la institución del voto secreto y obligatorio representa una ruptura para el régimen conservador. Si bien en el breve período que medió entre 1916 y 1930 la ingenuidad política no permitió avizorar que los fuertes intereses conservadores impedirían la organización de la sociedad en torno a propuestas nacionales, y que las elites no iban a renunciar al manejo del Estado.

La pena de muerte. El 22 de agosto de 1903 era un día lluvioso. No muchos prestaron atención a un hecho trascendente: se promulgó la Ley Nro. 4189 que reformaba el Código Penal de 1886 (Ley Nro. 1920). En sus normas se mantenía la pena de muerte. Debía aplicarse en los casos de homicidio agravado por la causa, por el fin y por el impulso delictivo a todo aquel "que matare a otro para preparar, facilitar, consumar u ocultar otro hecho punible o para asegurar sus resultados o la impunidad para sí o para sus cooperadores o por no haber obtenido el resultado que se propuso al intentar el nuevo hecho". El Poder Ejecutivo designó en 1906 una comisión integrada por seis juristas: Rodolfo Rivarola, Francisco Breazley, Diego Saavedra, Cornelio Moyano Gacitúa, Norberto Piñeiro y José María Ramos Mejía para que elaboraran un proyecto de Código Penal. En su artículo 4 se mantenía la pena capital. La Comisión elevó el proyecto al Poder Ejecutivo, pero el Congreso Nacional nunca lo trató. La Ley 7.029 de Defensa Social y la Ley de Residencia o de expulsión de extranjeros constituían los antecedentes más claros de leyes penales especiales en la Argentina; ambas fueron sancionadas y promulgadas vertiginosamente. El juicio debía ser sumario, actuado, y no podía durar más de tres días. Las mujeres no quedaban eximidas de la pena capital. La competencia era federal... la muerte también.

La rebelión de los mozos y otras protestas. Fueron figuras anónimas pero míticas, que protagonizaron una de las huelgas más significativas de la época. Los mozos de café, restaurantes, hoteles y confiterías, durante los meses de marzo, abril y mayo de 1907, en actos y movilizaciones, se opusieron a la "ridícula y brutal pretensión" concebida por un grupo de "patronos" que exigían a sus asalariados trabajar más horas, ganar un salario menor y la eliminación del bigote por atentar "contra los intereses de sus negocios". En un manifiesto publicado por los huelguistas se denuncia que sobre el gremio "ha caído la más negra, la más terrible, la más inhumana de las iniquidades"; no sólo se encuentran en peligro los intereses económicos, "sino también nuestros intereses morales; nuestra dignidad, nuestro honor". Lo que esos hombres defendían era su propio cuerpo y la libertad de usarlo como quisieran. Se agrega: "Un puñado de patronos, bolicheros de ayer, convertidos hoy en capitalistas gracias a nuestro trabajo y sudor, han acordado rebajarnos el sueldo y como si esto no fuera suficiente, pretenden arrancarnos el bigote, este precioso adorno que la naturaleza concedió al hombre". La rebelión gastronómica consigue el apoyo de los militantes de la Unión General de Trabajadores y de los doctores Nicolás Repetto y Alfredo Palacios. Al término de la protesta no sólo obtienen que ese proyecto humillante sea archivado, sino que también logran un día de descanso mensual, 25 pesos a los mozos de restaurantes y 30 a los de hoteles, aparte de 10 centavos por cubierto. Los dirigentes de aquel movimiento triunfante fueron echados al poco tiempo por diferentes motivos. La mayoría no usaba bigote.

Una huelga de inquilinos se inició en febrero de 1907. El punto de partida fue el censo de 1904, que registró 2.462 casas de inquilinato con una población de 123.188 moradores, cifra que en 1907 se eleva a 150.000. Esto significaba el 10 por ciento de la población total de Buenos Aires. En esta ciudad, la pieza promedio es de cuatro metros por cuatro, tiene poca ventilación, y allí suelen vivir hasta diez personas. Incluso ese mismo censo evidencia que 559 casas de inquilinato no tienen baño. La crisis se gestaba desde 1893, cuando se había intentado organizar una "Liga contra los alquileres", pero la indiferencia general frustró el proyecto. En 1905, en uno de los excepcionales momentos de cooperación, tanto la FOA (Federación Obrera Argentina) como el Partido Socialista lanzaron un documento común. Al año siguiente, un grupo de estudiosos sociales de tendencia anarquista plantea nuevamente la idea y, finalmente, el 18 de noviembre de 1906 se constituye la "Liga contra Alquileres e Impuestos", que organiza comités, hace propaganda y aglutina en su seno a grupos de diversas tendencias políticas. En 1907, la municipalidad aumenta los impuestos a los dueños de conventillos. Estos, en consecuencia, suben los alquileres proporcionalmente. Los moradores de un conventillo de la calle Ituzaingó son los primeros en impugnar la medida y se declaran en huelga: no se pagaba el alquiler y no se permitía el ingreso a la vivienda de los propietarios. Rápidamente, casi quinientos conventillos de la ciudad responden al llamamiento. El proceso se expande hacia la provincia de Buenos Aires e incluye casas de alquiler de Avellaneda, Lomas de Zamora y la zona oeste del Gran Buenos Aires. A su vez, propietarios y arrendatarios se largan a la ofensiva e inician juicios de desalojo. La huelga se extiende y son más de mil los inquilinatos que la mantienen, con movilizaciones y actos relámpago. Las dos federaciones obreras (FOA y UGT) y el Partido Socialista se proclaman a favor de los huelguistas. Los dueños contraatacan fundando "La Cooperación de Propietarios y Arrendatarios" y firman un pacto en severísimos términos contra los inquilinos. Paralelamente se van produciendo desalojos y la policía deja en la calle a muchas familias de escasos recursos. A lo largo del mes de octubre la huelga crece en intensidad y capacidad de agitación. Los inquilinos son movilizados por la militancia anarquista que va dejando paulatinamente de lado la resistencia pasiva. El 22 de octubre de 1908 se produce un tiroteo en el que muere un joven obrero llamado Miguel Pepe. Al domingo siguiente se organiza una multitudinaria manifestación que la policía reprime con violencia. El movimiento se extiende a otras ciudades como Mar del Plata, Rosario, Bahía Blanca y La Plata, pero para diciembre la llamada Comisión de Lucha acepta la propuesta de los patrones. Sólo las fuerzas políticas, y en especial el anarquismo, intentan seguir adelante: la última respuesta de los conventillos a los propietarios y patrones es el atentado contra el presidente Figueroa Alcorta, dos meses después, en febrero de 1908, frente a Tucumán 848. Allí, en la vereda, al bajar de su carroza, le lanzan una fallida bomba. Es detenido el joven militante de profesión mosaísta Francisco Solano Regis, al que condenan a 20 años de cárcel.

A fines de 1904 una ordenanza municipal reglamentó el control de los prostíbulos, intentando poner freno al aumento y a la propagación de la sífilis. El llamado Sifilocomio había empezado a funcionar el 23 de abril de 1889 y para 1905 habían pasado por allí más de 4.000 mujeres que actuaban en prostítubulos reglamentados. Mientras tanto, algunas mujeres reclamaban un lugar en la sociedad, el derecho al voto y la igualdad ante la ley para el divorcio, el manejo de los patrimonios y la guarda de los hijos. Con ello no peligraba la estabilidad de un modelo básicamente injusto. En 1908 se organizó en Buenos Aires el Primer Congreso Internacional del Libre Pensamiento. El objetivo era convocar a las mujeres contra la opresión social y la discriminación en el trabajo. Se fundaron también la Liga contra la Trata de Blancas, dirigida por la doctora Petrona Fyle, y la Federación Abolicionista Internacional, con sede en Buenos Aires.

Palabra prohibida. La censura a la prensa anarquista y socialista. Insatisfecho con la implacable represión del movimiento radical en 1905, el presidente Manuel Quintana dirigió su cólera hacia los anarquistas. El poeta Alberto Ghiraldo publicaba un semanario de literatura libertaria, titulado *Martín Fierro*, que luego pasó a ser suplemento del diario *La Protesta*. "Cuando los ánimos estaban caldeados por las noticias de la rebelión rusa de enero de 1905, la intentona insurreccional de Hipólito Yrigoyen del 4 de febrero dio margen a una furiosa persecución contra los anarquistas. Habiendo desacatado *La Protesta* la orden de suspensión, fue allanada; los locales obreros fueron clausurados, la redacción del diario fue a parar a un barco de guerra, el Maipú; el administrador, Manuel Vásquez, como muchísimos otros, fue deportado. Los radicales detenidos, civiles y militares, son juzgados y condenados a penas que llegan a ocho años de reclusión. El 2 de mayo de 1905 los embarcan en el transporte Patria y los envían a Ushuaia. Desde la penitenciaría son trasladados hasta la dársena a pie y encadenados. "Sólo a los locos puede ocurrírseles creer en una revolución que está contra los intereses y las aspiraciones de las fuerzas conservadoras del país", declaraba el gerente de una gran empresa, al día siguiente del movimiento. La revista *Caras y Caretas* escribía: "En lugar de los regimientos tales y cuales, el gobierno debió mandar para sofocar al movimiento a un congreso de alienistas dotado de regular número de mangueras, chalecos de fuerza y demás aparatos de amansar locos... Una ducha fría y adiós revolución". El Partido Autonomista de Pellegrini y Sáenz Peña guardó un deliberado silencio, pues compartía algunas de las aspiraciones radicales. Este es el balance del gobierno de 17 meses de Quintana: firmó un puñado de medidas administrativas, cerró un ejercicio con superávit, proyectó la construcción del puerto de Mar del Plata y promulgó una docena de leyes. Intervino la provincia de Tucumán, sofocó la revolución de 1905, reprimió en forma sangrienta al movimiento obrero, clausuró más de 30 periódicos y rehusó tenazmente decretar la amnistía para los revolucionarios de 1905. La necrológica de *La Nación* dice: "Pocas veces el ideal de la República ha tenido un campeón más decidido que este demócrata, cuya fisonomía moral evoca, por algunos de sus rasgos esenciales, el perfil ciceroniano..." .

En todo el país comienzan a aparecer periódicos y publicaciones socialistas y anarquistas que serían censurados o prohibidos. En Tandil se publica un periódico anarquista titulado *El Trabajo*; en Junín aparece *El Obrero*; en San Nicolás, *Aurora Social*. Federico Gutiérrez, empleado de la policía, en el ejercicio de sus funciones conoce a varios anarquistas presos y se convierte en fervoroso militante. Comienza a escribir bajo seudónimo en la prensa anarquista, después de la Ley de Residencia. En julio de 1907 es descubierta su identidad y es exonerado de la policía. Publicó el semanario *¡Hierro!* entre 1906 y 1907. Escribió en la revista quincenal *Labor* y en el semanario *La Mentira. Órgano de La Patria, La Religión y El Estado*. El diario *La Protesta* tuvo una larga vida a pesar de los allanamientos y clausuras que sufrió. También se publicaban semanarios como *Rumbos Nuevos* y *La Antorcha*, cuya redacción fue destruida en 1907 por un grupo vinculado a la Liga Patriótica. En Bahía Blanca se publicaba el periódico *L'Agittattore* y *Hoja del Pueblo*. En Paraná se difundía el periódico *Ráfaga*. En esos años comienzan a escribir en la prensa anarquista Rodolfo González Pacheco y Teodoro Antillí. La estrella literaria del movimiento era el poeta Alberto Ghiraldo.

La Semana Roja. "El jueves 6, a las 9.00 horas, en la intersección de las calles Santa Elena y Alvarado, en el barrio de Barracas, una patrulla policial es recibida por una nutrida descarga, al parecer de revólver, que luego de recibir refuerzos es respondida con máuser. Un total de aproximadamente 30 policías logran tomar la barricada después del tiroteo. Los alzados se retiran sin muertos ni heridos. La zona estaba llena de conventillos desde cuyos techos también se disparaba." (*La Nación*, 7 de mayo de 1909).

Hechos de la Semana Roja. "Se entabló un verdadero combate entre el vecindario y la fuerza pública, pero no fueron levantadas las barricadas. La policía arremetió a sablazos contra gente indefensa. Se rompen faroles, se cruzan alambres de púas mientras más conscriptos y vigilantes van en ayuda de las patrullas. Hay tiroteos, rodadas de caballos y muchos heridos entre los trabajadores, varios de ellos de gravedad." (Información de *La Protesta* sobre el mismo suceso, 7 de mayo de 1909.)

Parecían siempre ansiosos y con ilusiones, con el corazón carcomido por la incertidumbre, pero siempre dispuestos. Apellidos raros, caras oscuras, puños en alto. En cinco oportunidades, de 1902 a 1910, se recurrió a la suspensión de las garantías constitucionales para lanzar una represión general contra el movimiento obrero en alza. La oligarquía argentina, empeñada en resolver los conflictos entre el capital y el trabajo, quería ultimar las huelgas a sablazos y a tiros, con calabozos y destierros. Para los argentinos, Ushuaia; para los extranjeros, la aplicación de la Ley de Residencia o la Ley de Defensa Social aprobada en 1910, que acentuaba las disposiciones de la ley anterior.
Un año antes, un 1º de Mayo de 1909, se realiza una gran manifestación obrera. Lentamente, cantando, con banderas rojas al viento, avanzaba por la Avenida de Mayo; había pasado por la calle Cevallos. Su cabeza estaba llegando a Solís. De pronto ¡un tiro! Y enseguida muchos tiros. Griterío. Los "cosacos" cazaban argentinos y no argentinos a mansalva. "Yo vi la Avenida de Mayo teñida de rojo", decía Alvaro Yunque. Ese día, durante la manifestación organizada por la Federación Obrera Regional Argentina (FORA) en la Plaza Constitución, fueron asesinados diez manifestantes. Hubo además setenta heridos y más de cientocincuenta detenidos. Los integrantes del Escuadrón de Seguridad que disparaban sus fusiles máuser estaban comandados por Jolly Medrano. Se declaró una huelga general por tiempo indeterminado hasta conseguir la libertad de los obreros detenidos. La lucha por el derecho de reunión, derecho que los trabajadores reivindican pese a la represión, clausura y allanamiento policial de sus locales; la lucha por la libertad de los obreros presos. *La Vanguardia* denuncia la confiscación de los periódicos

obreros y la detención de sus difusores, lo que configura el cercenamiento de otra libertad que en realidad nunca existió: la de prensa. Frente a ello el gobierno agita el fantasma del estado de sitio y recurre a la represión, la quema de ejemplares de diarios sindicales y la ocupación policíaco-militar de la ciudad. A esto hay que agregar el cierre de locales obreros, la detención y juzgamiento de cientos de militantes y dirigentes y la cesantía de miles de trabajadores acusados de apoyar la huelga.

En la Plaza Lorea, una manifestación de más de 2.500 trabajadores es violentamente reprimida por un "escuadrón de la muerte", como los calificó Enrique Dickman. Los muertos y los heridos fueron recogidos rápidamente por ambulancias de la Asistencia Pública, mientras los bomberos armados de mangueras lavaron enseguida los charcos de sangre humana que "manchaban" el pavimento.

Mediodía del 14 de noviembre de 1909: por la curva de la Avenida Quintana, donde va doblando hacia Callao, pausadamente marcha un coche milord al trote de su alazán. Allí van tres hombres: al pescante, orgulloso con el chasquido de su larguísima fusta de cuero, José Ferrari, antiguo cochero italiano; atrás, dejándose adormecer por la marcha del coche y por el sol sobre la cara, un joven de unos veinte años, con jopo y bigote renegrido que le da un aire semejante al del novelista Enrique Larreta o al del orador de moda de la elite, Belisario Roldán: se llama Juan A. Lartigau y se dirige respetuosamente hacia el tercer personaje que va enfundado en su chaquetilla dorman cubierta de alamares y que, de vez en cuando, se ajusta el quepí a la francesa: ése es el jefe de policía del gobierno de Figueroa Alcorta. Es un viejo militar y se llama Ramón L. Falcón. Vienen de regreso del sepelio de los restos del ex secretario general de Policía y director de la Penitenciaría Nacional Antonio Ballvé, realizado en el cementerio de

La Recoleta. De pronto, bruscamente, desde una de las veredas de la plaza, corre un hombre por detrás del carruaje; viste de negro y se ha quitado el sombrero. Lleva un paquete apretado al pecho, el pelo se le agita sobre la frente; pega cuatro o cinco zancadas y logra ponerse a la altura del estribo. Hace un violento ademán y el bulto oscuro traza una parábola en el aire y cae en el medio del jefe de policía y de su secretario. Los dos parecen desconcertados y apenas si atinan a manotear esa mancha negra que se ha desplomado entre sus piernas. Pero en un estampido tremendo, con un fuego casi blanco, estalla. Todo parece temblar y deformarse en ese rincón apacible de la ciudad. Y los dos cuerpos caen entre las ruedas del coche por el boquete que se ha abierto en el piso. Varios vecinos y dos personas que se pasean por la avenida acuden rápidamente a ver qué pasa y a ayudar al cochero Ferrari, que se ha salvado de la explosión. El jefe de policía tiene deshecha la pierna izquierda y numerosos impactos de la carga de la bomba le desgarran el cuerpo; al secretario Lartigau, la pierna derecha le cuelga como si fuera de trapo. La calzada es un gran manchón rojo y, cuando llega el coche de la Asistencia Pública, los dos funcionarios policiales casi se han ido en sangre pese a las atenciones del primer practicante José Pereyra Rago. Falcón muere después de haber sido sometido a una operación para amputarle la pierna, y de que el obispo de La Plata, monseñor Orzali, le diera la extremaunción. Es el día 15 a la mañana y *La Nación* y *La Prensa* exaltan la figura del "gran mártir" de la burguesía. Lartigau, atendido por el doctor Carelli, apenas sobrevive en el sanatorio Castro de Tucumán y Callao, adonde es llevado, hasta el atardecer del mismo día. Fueron testigos del hecho el ministro Ramos Mejía, José León Suárez, Tomás Santa Coloma, el ministro Manuel de Iriondo, Abdón Arostegui y Manuel Borges, portero de Quintana 25.

En cuanto al autor del atentado, Simón Radowitzky, después de largar la bomba corre velozmente por Callao hacia el bajo. Pero son dos testigos: Fornés -un chofer particular- y Agüero -un conscripto del primero de infantería- quienes lo persiguen, llaman a la policía y tratan de acorralarlo. En la carrera, son varios los vecinos que se suman a la cacería, hasta que lo arrinconan en una obra en construcción. Allí, ese hombre joven que jadea e inútilmente trata de subir por una escalera a medio terminar, trastabilla en su carrera, cae al suelo, y por fin, saca un revólver. Intenta detener a los que lo persiguen, pero alguien le tira una pedrada y ese hombre acorralado primero grita ¡Viva la anarquía!, y después se dispara un tiro que lo hiere levemente en el lado derecho del tórax. Es el momento que aprovechan para dominarlo, castigarlo y arrastrarlo hasta la seccional 15 los agentes Enrique Muller, Benigno Guzmán y el chofer.

Dado su estado lamentable, lo trasladan hasta el hospital Fernández, donde le hacen las primeras curaciones: su herida no reviste gravedad. Lo revisan y encuentran en su cintura una pistola tipo Máuser 24, numerosos proyectiles y varios cargadores. En cuanto a su documentación: nada. Ni un papel. Lo someten a un interrogatorio duro, despiadado. Apenas si logran que farfulle que es ruso. Entonces vuelven a castigarlo. Y cuando lo arrastran hacia el Departamento de Policía, vuelve a gritar ¡Viva la anarquía!, con un gesto insultante, sereno. A los pocos días se logra establecer su identidad: nacido en Kiev, Ucrania, en 1891, es de familia judía y ha tomado parte activamente en las rebeliones de 1905 contra los progroms del zarismo.

Los diarios desatan una gran campaña contra el joven anarquista, que logra eludir la sanción del Código Penal por ser menor de edad. Sin embargo, los jueces lo condenan a reclusión por tiempo indeterminado en Ushuaia.

Con un agravante: ser sometido a pan y agua durante veintiún días por año al cumplirse la fecha del atentado. Estuvo recluido 21 años en el penal Ushuaia. "El coronel Falcón se convirtió durante la llamada Semana Roja en el brazo armado de la oligarquía, que lo santifica -dice David Viñas- con la fundación de la escuela de policía que hoy lleva su nombre y que le alza en el centenario la estatua que aún ocupa el lugar donde Radowitzky lo hizo volar por el aire, y que refleja, por sentido contrario, la continuidad alternada pero permanente de las rebeliones populares en la Argentina."

La Ley Sáenz Peña. El avance de estas alternativas de lucha en el seno del pueblo se vinculó a una apertura del sistema político electoral. Ante el desarrollo de cuestionamientos de diverso tipo e intensidad, desde la revolución radical de 1905 hasta a la huelga de los chacareros de 1912, se optó por una actitud más estricta de control, represión y censura y, simultáneamente, por la apertura de ciertas válvulas: una de ellas fue la Reforma Electoral de 1912 que, según las expectativas de los reformadores, concedería posiciones minoritarias a los representantes de las nuevas fuerzas políticas. En 1914, el 43% de la población activa eran extranjeros. En las principales áreas urbanas este porcentaje es aún mayor. Desde 1916 hubo una ola creciente de huelgas y un aumento en el número de afiliados a los sindicatos. Ellos fueron la cabeza de esta agitación que desafió frontalmente al sistema. La reacción fue encabezada por los sectores propietarios, juntamente con el Ejército y también con una organización de ultraderecha denominada Liga Patriótica, capaz de sacar a la calle importantes contingentes.

La acción solidaria de las mujeres jugó un extraordinario papel en las huelgas de 1909. De acuerdo con el

Código Civil las mujeres estaban sujetas a la tutela paterna hasta los veintidós años o el momento del matrimonio. El concepto de patria potestad -el derecho del jefe familiar a decidir sobre los miembros de la suya- había sido legalizado por el Estado con la promulgación de los códigos de Comercio (1862) y Civil (1871). A su amparo, los jefes de familia, fueran nativos o extranjeros, podían obligar a sus esposas a ejercer la prostitución, e inclusive semivenderlas a prostíbulos, bajo amenaza de castigo físico. La viudez era el único estado civil que permitía a la mujer la custodia de sus hijos. Un grupo de mujeres formado por Cecilia Greerson -la primera mujer egresada de la Facultad de Medicina-, Alicia Moreau, Sara Justo, Elvira Rawson de Dellepiane y Julieta Lanteri sembraron las bases para ganar nuevos espacios en la sociedad fuera del ámbito doméstico. Lanteri organizó el Congreso Femenino Internacional del Centenario y fue la primera mujer sufragista de Latinoamérica, lo que le valió diatribas y la censura explícita de políticos y funcionarios.

Memorias

Garrote. "En la cárcel de encausados se pegaba a los presos. En todas las cárceles se los maltrata. Como se maltrata en los cuarteles, en las escuelas, en donde quiera que hay una colectividad donde se piense distinto, donde la idea de uno no tenga que ver con la idea oficial. Es una fatalidad, no se puede gobernar, no se puede dirigir, no se puede manejar una multitud si no es con un palo. Por eso los gobiernos siempre pegan a los pueblos cuando éstos se congregan, forman un conjunto, una multitud, una colectividad. El gobierno, la autoridad, es siempre imposición... es siempre censura. Y las imposiciones y la censura no tienen virtualidad sin el garrote." Eduardo Gilimón, *Un anarquista en Buenos Aires*.

Nada cambia. "En las almas no hay luz. No hay sino terror. Es el terror quien mata. Jamás se apoderó de una sociedad un terror semejante al que como un sudario negro ha caído sobre la Argentina. Es la censura de la muerte. La Constitución, prostituida en cada campaña electoral, fue declarada impotente para reprimir un delito común. Tres mil obreros deportados o enviados a presidio. Las detenciones continúan, la censura avanza. En la sombra espesa y muda que invade a la metrópoli, sólo se distinguen las garras del gendarme. Hasta el pensamiento es censurado en la Argentina, ese país que se sienta sobre los sacos de oro ganados por el gringo. ¡Ingratos!, dicen los innumerables trabajadores que sudan en los campos, en los saladeros, en los talleres y en las fábricas. ¡Ingratos!, dicen los centenares de inocentes que van a la cárcel. Las persecuciones de hoy traerán las bombas de mañana, que traerán otras persecuciones, y la sangre renueva el terror que hace verter más sangre." Rafael Barré, periodista, escritor y militante anarquista. Nota publicada en *La Protesta*, en junio de 1910. La edición fue secuestrada por la policía.

"Libelo anarquista". Con dirección técnica de Georges Benoit se rodó una película que se convirtió en uno de los grandes sucesos de la época: *Juan sin ropa*, o *La lucha por la vida*, de José González Castillo, con Camila y Héctor Quiroga como intérpretes, junto a Julio Escarcela, Lalo Buhier y José de Angelis. Y que además de ser un éxito llegó a ser vista hasta por Alfonso XIII. Miembros de la Sociedad Patriótica cuestionaron el film al que acusaron de "libelo anarquista" y "exigían su prohibición". Uno de los conspicuos miembros de esa sociedad ultraconservadora, Manuel Carlés, publica el libro *Buenos Aires tenebroso*, que fue llevado al cine por el director

uruguayo Juan Glizé. El propio Carlés escribió el guión. El film era una diatriba contra los inmigrantes anarquistas en la Argentina.

Testimonios de la censura
Norman Briski* : "Me decían rata marxista".

> *"Hoy la Patria está amenazada desde adentro y desde afuera. Por eso nuestro trabajo debe ser total: debe abarcar el cuerpo y el espíritu... Nos reconforta ver hoy aquí a los capitanes de las Fuerzas Armadas demostrando su fe en la protección de la Madre de Dios, fe que viene de muchos años atrás. Cuando San Martín dio el primer ejemplo... Estamos en una guerra casi civil que no hemos declarado y que nos han declarado."*
> Monseñor Olimpo Santiago Maresma, obispo de Mendoza, en *La Nación*, nota publicada el 9 de setiembre de 1976.

Yo hice teatro en los barrios, me cagaron a tiros, me trataron de rata marxista, me sacaron del país. Es divertido porque en el imaginario de algún sector del enemigo, digámosle así, yo era un ideólogo. Esto surgió porque yo tenía un grupo de teatro que se llamaba Octubre, con el cual íbamos a los barrios y dramatizábamos los problemas de la gente. Además, militaba en el peronismo de base que era una organización muy ligada a los barrios. Recuerdo que en el 72 o 73 yo estaba haciendo en el teatro El Nacional un número en el que interpretaba a un norteamericano que estaba luchando en Vietnam, y desde el avión yanqui me tiraban comida, condones y una mujer inflable que me había traído Romay de Nueva York. La muñeca se desinflaba y yo, que trataba de hacerle el amor, no podía. Todo estaba bien hasta que me vinieron a reprimir como diciendo: "Nene, no tirés los condones". Todo se volvió un tema

---
* Norman Briski es actor de teatro, cine, televisión y docente de teatro. Recordado por su trabajo en la película *La fiaca*, basada en el texto de Ricardo Talesnik.

moral. Me encantaría denunciarlo al que vino y me dijo: "Yo soy amigo del general Perón, y el general me dijo que paremos con el ataque al imperialismo". Porque antes se hablaba de imperialismo. Y yo decía: "a mí el general me dijo lo contrario, que éste es el mejor momento para atacar al imperialismo". Yo no me daba cuenta de lo que pasaba, creo de ser así hubiese salido como un cohete.

También me pusieron una bomba en casa, en el tanque de agua; y los que me llamaban a mi casa diciendo que me iban a matar ya eran como amigos. Decir que eran los de la Triple A es darle todo el honor a la Triple A; se trataba de "servicios" de diferentes tipos. Además me mandaban cartas firmadas de organizaciones revolucionarias truchas con amenazas de muerte. Yo podría hacer una colección. Vivíamos con armas en la casa, es irónico, uno se olvida pero no se olvida nada. Pero como era tan inocente no me daba cuenta... hasta que un día me di cuenta. Por supuesto que no éramos ningunos tontos ni mucho menos, sabíamos que con semejante enemigo la cosa iba a ser violenta. Creo que la mayoría, como todos los idealistas, tuvo un alto grado de inocencia, porque si no, no se podría haber buscado ninguna utopía. Yo defendería con toda mi vida eso, pero si no hay un cierto grado de inocencia no existe la idealización, ¿no?

Yo no me fui, me echaron a patadas, y en 1974 me fui a Perú. Después estuve en Venezuela, donde no pasa nada; luego en México, Francia y por último España. Durante el exilio aprendés... Yo aprendí muchísimo y también sufrí mucho durante mi exilio. Digo mío porque los exilios son singulares, cada exilio es una cosa distinta; como es tan límite la situación cada uno actúa muy particularmente.

Apenas asumió Alfonsín me ofrecieron hacer un largometraje en Buenos Aires y me dije: voy y si no lo aguanto me vuelvo a ir. En el 84, cuando vine a la Argentina me metieron preso durante tres días por asociación ilícita. También fui amenazado en plena democracia. En toda mi vida tuve dos momentos en los que me quebré y uno fue ese. A mí me salvó lo querido que me sentí, la gente en la plaza gritándome.

Hoy siento mucha censura. Mucho miedo, muy poca creatividad y no puede ser que no haya una alternativa mejor para un país con esta historia; aunque, a la vez, esto es consecuencia de la historia que llevamos encima. Hoy la censura se ve primero en la censura que hubo, se arrastra un imaginario social-histórico con muchísimo miedo. Hoy falta un lugar donde exista la resistencia; y la resistencia se tendría que dar antes que nada en el plano de la cultura. ✂

TESTIMONIOS DE LA CENSURA
Federico Luppi*: "En este país siempre convivimos con el horror".

> "Aparecen 12 cadáveres. En una playa de Santa Teresita, en la provincia de Buenos Aires, comenzaron a aparecer mutilados, sorprendiendo a los bañistas, varios cadáveres de sexo masculino. Las autoridades no dieron ninguna información que permitiera conocer las causas del múltiple crimen. Finalmente, el número de cadáveres que devolvió el mar ascendió a 12."
> Publicado en el diario *La Prensa* el 2 de octubre de 1978.

La primera vez que tuve una exacta conciencia del horror fue cuando en 1975 recibo en mi casa una amenaza de muerte de la Triple A. No era nada agradable ver en letra de máquina, tipografiado: "Usted será ejecutado cuando se lo encuentre". Me llegó por correo.

---

* Federico Luppi es actor de cine, teatro y televisión. Fue integrante del "clan Stivel" y es recordado por sus trabajos en *El romance del Aniceto y la Francisca*, de Leonardo Favio, *Tiempo de revancha*, *Un lugar en el mundo* y *Martín H*, de Adolfo Aristarain.

Una lista en la que estaban Mercedes Sosa, Marcelo Simón, Inda Ledesma, Víctor Laplace y yo. Éramos cinco. En ese momento la impunidad ya estaba instalada del poder hacia abajo y empezaba a formar parte de un siniestro plan de las Fuerzas Armadas, con asesinos conocidos. Por eso, enerva, irrita mucho e indigna cuando hablan de los excesos. No hubo tal exceso, fue un plan elaborado con una minuciosidad, con una puntillosidad realmente de laboratorio, ejecutado con el rigor con que venían las órdenes, obviamente de Washington, y que nuestros chupamedias militares, cobardes por otra parte, ejecutaron rápidamente en contra de sus conciudadanos.

Por teléfono después me aburrieron. Cometieron el error de aburrirme hasta tal punto que yo decía: "si me van a matar no me van a avisar tanto, no van a hacer tanto aviso en aterrorizarme". Además, como actor intentaba hacer un personaje, me hacía el valiente. También es verdad que a pesar del terror no siempre los portadores del mecanismo terrorista eran tan inteligentes. La inmensa mayoría de la gente que tiene la SIDE tiene el espesor intelectual de un sorete. Eso te da cierta ventaja, aunque uno no anda con armas encima. La experiencia concreta fue que a partir de ese día sentí que una parte importante del iluso mundo que alguna vez había pensado se me había muerto. Bien, se murió bien, como una especie de natural desaparición, y nada, hice un entierro digno. A partir de ahí nada me asombra. Me da pena, me entristece, pero nada más.

Cuando recibí la carta tuve la sensación de que algo desaparecía debajo de mis pies. No tuve temor, era más bien una pregunta que, si no fuera demasiado pretencioso, te diría que era metafísica; era una pregunta bastante angustiosa, porque vos decís ¿qué es esto? Era una experiencia nueva. En mi país, en mi Argentina, la del cuaderno

Laprida, la del cuaderno Rivadavia, la del 17 de agosto, la de la escarapela y el moño a pintitas y el 25 de Mayo, y de pronto yo, un actor... Muchas personas empezaban a irse, mucha gente con inteligencia y visión se fue. Yo no sabía adónde ir, la verdad es que me costaba enormemente desprenderme de mi hogar. Me acuerdo de que estábamos haciendo una película en el Tigre con Víctor Laplace y justo al lado de donde filmábamos, a unos 60, 70 metros, descubrieron el cadáver del hijo de un sindicalista. Estábamos filmando la película y comenzamos a notar que el horror empezaba a ser provocativo. Un muerto aquí, otro allá. Tiraron el cuerpo ahí, en un baldío, al lado del puerto. Y nosotros metabolizamos el hecho y empezamos a tener datos de que la cosa venía más dura de lo que habíamos imaginado. Lo que se venía era gaseoso, sin forma, pero oscuro y terrible. Esto superó en perversión a los planes nazis del Holocausto. Aquellos dejaron tarjetas, archivos, nombres, responsables. Estos dijeron no, aquí hay que trabajar con el silencio. Un silencio cobarde, naturalmente, pero eso es una parte de la historia argentina que algún día habrá que revisar.

Cuando estalla el golpe del 76 estaba haciendo la pieza de teatro *El gran deschave*. Aquí le rindo homenaje emocionado, con toda el alma, al empresario Carlos Petit. Un día le digo: "mirá Petit, la mano viene así, yo estoy reprohibido". "Pibe, conmigo no hay listas que valgan, vos sos mi actor y vos vas a trabajar conmigo y a mí no me van a joder", me contestó él. Una vez, en el Teatro Regina, estos crápulas, con el afán de humillar y atemorizar, inventaron un operativo por los techos del teatro y rodearon la manzana. Sabés qué hizo la gente: se quedó haciendo cola hasta las 3 de la mañana. Hicimos la función a las 3 y media de la mañana de un sábado y terminamos a las siete. Fue maravilloso. Recordarlo me emociona. Eso te da la pauta de que había algo que sí tenía que ver con lo sensato. No sabés lo que fue para nosotros. Se quedaron ahí, y cuando vieron que eran las 3 y media, un oficial dijo: Bueno, pueden pasar. Estábamos todos afuera, los actores y el público. Con algunos del elenco fuimos a sentarnos a una mesita del bar de enfrente, tomamos café y gozamos a los crápulas porque les falló. La gente se quedó, no se movió nadie. El teatro se llenó, teníamos un éxito espectacular.

No pasó lo mismo con el programa de televisión que estaba haciendo en Canal 11. El día que estaba ensayando me llamaron de arriba para decirme que por razones de movilidad social, me acuerdo de esa frase: "movilidad social", el programa era suspendido y ya no podíamos grabar más. La tira la hacíamos con Norma Aleandro y se llamaba *Nosotros dos*. A Norma le pusieron una bomba y se asustó. Se fue con el marido a Montevideo y después a España. No volvió hasta muchos años después. Así viví, sabiendo que tenía que depender únicamente del teatro. Por suerte la obra nunca dejó de tener éxito, la reestrenamos en el Odeón, un teatro hermosísimo. Hicimos una gira bastante importante, por los lugares adonde nos dejaban entrar. A los empresarios no podían meterles demasiada censura; además la obra andaba muy bien. En noviembre de 1977 un empresario español nos llevó a España con *El gran deschave* y me quedé un año. Volví en octubre, casi un año después. En Europa hice algunos trabajitos de publicidad y salí de gira con la obra. Viví una experiencia novedosa, una especie de exilio laboral. Podía volver cuando quisiera en el sentido de que no me iban a matar, en verdad... no sé, no era un perseguido político, aunque no tenía trabajo. Extrañaba mucho. Cuando regresé me arrepentí a las dos horas. Estaba en mi casa y lloré amargamente, como letra de tango. Cuando bajé del avión en Ezeiza parecía que el clima tenía el espesor de un ladrillo. Era algo que se podía tocar, el clima de tristeza, de pesadez, de agobio, de depresión, de una forma de mirar distinta.

Mis amigos y compañeros se fueron casi todos al principio de la dictadura porque el terror era impactante. Juan Carlos Gené se fue a Venezuela, David Stivel a Colombia, Bárbara Mujica a Venezuela primero y después a Miami, Víctor Laplace creo que se fue a México, Luis Brandoni también se fue a México, como Luis Politti. Héctor Alterio estaba en España, y en un festival lo amenazaron de muerte. Enterarse de que mataban a gente que uno conocía era difícilmente soportable. Estando en España me vino a ver el hijo de Marquitos Zucker. Tomamos un café y le conté que por lo que sabía estaba muy feo en la Argentina. Hacía ya 8 o 9 meses que yo estaba en Europa, al tiempo me entero de que el chico volvió y lo chuparon. Al padre le habían dicho que no se hiciera problemas. Creo que fue Viola el que le dijo que no había problemas en que volviera, y lo estaban esperando para chuparlo. Bueno, pasó con actores en Mar del Plata; pasó con Politti: lo chuparon 3 o 4 días y se movilizaron las embajadas canadiense y sueca y lograron sacarlo para México. Lo querían chupar a Lautaro Murúa. A muchísima gente con cierto pensamiento independiente, estos imaginativos "inteligentes" señores de la muerte les colocaban el rótulo que ellos creían infamante: comunista o subversivo. ✄

Capítulo II
La sangre derramada siempre fue negociada (1917- 1930)

Este nunca fue ese país joven, bello, entusiasta e idealista que muchos soñaban. Ya había excluidos al costado del camino, ya había muchos muertos y, casi sin haber vivido demasiado, era muy tarde para cambiar. La Argentina ya estaba condenada a esa horrible desazón de mentirse a cada instante y engañar a todos. Existía una mentira pública que reivindicaba la democracia y el libre albedrío, mientras se ocultaba una verdad privada que exigía una salvaje represión. La Patagonia y la Semana Trágica sirvieron de ejemplo.

Por ese entonces, un grupo de audaces e irrespetuosos del poder generaban en Rusia un hecho revolucionario sin precedentes. La esperanza era posible. Se había terminado de una vez y para siempre "la explotación del hombre por el hombre". Todavía no había llegado la hora de la abrumadora liturgia, de los funcionarios mediocres y censores, de los aplausos rituales, de la mentira sistemática, de las religiosas autocríticas, del espíritu de secta, de los administradores de una revolución que ellos no habían concretado. De los partidos comunistas congelados, de los rígidos y los jesuitas, de los obedientes y obsecuentes ciegos. Aquello de octubre de 1917 era la Revolución en serio. Los "chanchos" burgueses desaparecerían definitivamente. En aquel entonces la gesta bolchevique tenía espesor humano, ternura y un sentido de solidaridad muy profundo, hasta que llegaron los inquisidores de siempre, con sus sombríos rituales y sus grises frustraciones. Los estalinistas estaban al acecho. Aquí en el sur también los sueños se transformaron en pesadillas, con bendiciones y hostia consagrada, con santificadores de la xenofobia y el racismo. El clero, añejo representante de la censura. Esa Iglesia inspirada en un Dios ajeno no dudó nunca: siempre acompañó al poder. Los sagrados derechos de la convivencia humana, la libertad de conciencia, de prensa y de libre asociación, sólo pueden gozarlos los poderosos. Buenos cristianos, frugales, laboriosos, tenaces, que modelaban con bellos discursos la censura de la muerte en la Argentina.

MEMORIAS
"La Compañía de Tierras, Maderas y Ferrocarriles La Forestal Ltda. es la historia de una empresa extranjera (The Forestal Timber and Railways Company Limited) que, con la aquiescencia y complicidad de numerosos funcionarios argentinos, compró a ínfimo valor territorios que afectaban principalmente a las provincias de Santa Fe, Chaco y Santiago del Estero. Creó una superficie de más de 2 millones de hectáreas, casi un "estado" dentro del Estado Nacional, entre 1919 y 1920, con sus ferrocarriles, ganadería, industria, policías, ejército y moneda propios. En el departamento de Vera, sobre 4.463 defunciones sólo 1.533 enfermos tuvieron asistencia médica. La mortalidad infantil supera el 42 por ciento. Cifras que no son publicadas. El 80 por ciento de los fallecimientos ocurridos en el distrito de Garabato corresponde a la juventud entre los 11 y 25 años. Aquí se practica la censura de la muerte."
Gastón Gori, *La Forestal*.

El señor ministro. "El ministro inglés concurrió esta tarde al Ministerio de Relaciones Exteriores, pasando después a la presidencia, donde conversó con el titular del Interior, para pedirle la adopción de medidas con el fin de evitar una situación grave que se presentaba para la fábrica Vasena y Cía., por tratarse de una empresa inglesa, como asimismo las disposiciones pertinentes para que pudieran salir sin riesgo de sus vidas los delegados de la Asociación Nacional de Trabajadores. El ministro del Interior y poco después el jefe de Policía, prometieron a Mr. Tower tomar las providencias para evitar disturbios y garantizar la vida de dichos caballeros. El ministerio del Interior habría dado curso a una comunicación interna solicitando a los medios de prensa que no se informe sobre lo tratado con el funcionario británico." *La Razón*, 9 de enero de 1919.

Una mujer. Un 7 de marzo de 1920 Julieta Lanteri se presenta en las elecciones como candidata. Un verdadero acto de coraje en la Argentina de aquella época. Julieta Lanteri, siempre vestida de blanco, se atrevió a pararse sobre un cajón en la Plaza Flores para protagonizar el primer acto sufragista de nuestra historia. Entre los objetivos del partido que había creado en 1919 figuraban el sufragio universal y la igualdad civil para ambos sexos, igual salario por igual trabajo para hombres y mujeres, igualdad civil para los hijos legítimos y los considerados ilegítimos, licencia remunerada durante el embarazo y el amamantamiento y la abolición de la pena de muerte. En el momento de su presentación como candidata llevaba muchos años de lucha en defensa de los derechos de la mujer. Nacida en Italia en 1873, llegó a la Argentina cuando tenía seis años y fue la tercera médica recibida en el país. Entonces pidió su adscripción a la cátedra de Enfermedades Mentales, que le fue negada, supuestamente por ser italiana. Después de un complicado trámite obtuvo la ciudadanía en 1911 y pidió ser inscripta en el padrón de la Capital Federal ya que ninguna de las condiciones de la ley la excluía. Así fue como el 26 de noviembre de 1911 se presentó a votar en la iglesia de San Juan y se convirtió en la primera sufragista latinoamericana. Pero además de votar, Julieta quería afirmar su derecho a ser elegida y presentó una carta ante la Junta Electoral, que aceptó su candidatura a diputada nacional. Después de tres meses de campaña en los que soportó la burla de los diarios, llegó el momento de la elección. Obtuvo pocos votos, claro que todos masculinos. En 1932, en un sospechoso accidente, murió atropellada por un auto que conducía un miembro de la organización fascista Liga Patriótica.

La Vanguardia protesta. En el periodismo obrero de este siglo se destacaron netamente dos publicaciones: *La Vanguardia,* socialista, doctrinaria y de larga vida, y *La Protesta,* por su aureola quijotesca, luchadora y anarquista. A *Bandera Proletaria* se la recuerda mucho menos, y sin embargo fue el órgano oficial de la corriente sindicalista de gran predicamento en el movimiento obrero de esa época. Comenzó a editarse como semanario el 8 de abril de 1922, con el nombre de *Unión Sindical,* y aparecieron veintiún números, el último el 26 de agosto de 1922. El semanario cedió su lugar al diario *Bandera Proletaria,* que salió a la calle el 1° de setiembre de 1922, por un breve lapso: hasta el 17 de setiembre de 1922. Su redacción fue varias veces allanada por la policía y muchas de sus ediciones secuestradas. A ocho años de la Primera Guerra Mundial y a sólo cinco de la Revolución Rusa, *Bandera Proletaria* reflejó la polémica de la izquierda en torno de la revolución y de la lucha de clases en cada país. El 1° de enero de 1923, con el número 94, reapareció como semanario, siendo esta frecuencia la definitiva hasta su desaparición el 27 de setiembre de 1930, fecha de la fundación de la Confederación General del Trabajo (CGT), y cuando llevaba ya 471 ediciones.

De acuerdo con datos proporcionados por Andrés Cabona, la dirección de los periódicos oficiales de la Unión Sindical Argentina (USA) -*Unión Sindical* y *Bandera Proletaria*- recayó tradicionalmente en los secretarios generales de la entidad. Para no fomentar el culto de la personalidad y por modestia de quienes desempeñaron esas funciones, sus nombres y cargos jamás figuraron en sus páginas. Así, el primer director, desde su aparición hasta el Congreso ordinario de esa central sindical realizado en abril de 1924, fue J. Alejandro Silvetti, seudónimo de Manuel Serafín Fandió, español naturalizado argentino. Lo sucedió en la dirección de *Bandera Proletaria*, ya de aparición semanal luego de un breve período de edición diaria, Rodolfo Pongratz, argentino de origen alemán, obrero gráfico de formación sindicalista, que fuera designado secretario de la central al distribuirse los cargos entre los miembros del Comité Central elegidos en abril de 1924.

A fines de 1924 fue elegido por referéndum de los sindicatos adheridos un nuevo Comité Central, encabezado por el español Sebastián Ferrer, de oficio pintor y de ideas anarquistas, que en años anteriores había integrado el Consejo Federal de la FORA. Permaneció al frente de *Bandera Proletaria* desde diciembre de 1924 hasta la finalización del II Congreso. Ferrer falleció a principios de la década del 50.

Bandera Proletaria fue querellada por un juez, el doctor Ortega, a raíz de la edición del 26 de julio de 1930 en la que se informaba sobre la situación de dos activistas de la Unión Sindical Argentina, que permanecían detenidos y cuya libertad gestionaban. Como el citado juez tenía a su cargo el caso publicaron un suelto que llevaba por título "El juez Ortega procede con cerrado espíritu de clase". El magistrado inició el juicio pocos días antes del golpe militar del 6 de setiembre de 1930. *Bandera*

Proletaria fue clausurada, sus redactores detenidos y los dos activistas fueron liberados recién en 1934.

Testimonios de la censura
Osvaldo Bayer* : "De las masacres no se habla".

> "La denuncia centra su objetivo en que existe en plena Capital Federal un campo de concentración regenteado por las fuerzas de seguridad... Cuenta detalles de las presuntas torturas de las que serían objeto los allí alojados... Y no dudamos un minuto. Serían pocos los que se tomarían la molestia de chequear esa información. ¿Para qué? Un campo de concentración es un tema muy vendedor. Además, al lector hay que decirle lo que le gustaría escuchar. Y más si los lectores forman parte de la adoctrinada opinión pública europea." Jorge Fontevecchia, chequeando información sobre la ESMA en *La Semana*, revista por él dirigida, mayo de 1978.

La primera experiencia con la censura oficial fue el decreto de Lastiri que prohibía una serie de libros. Prohibía una cosa absolutamente insólita, por lo que podemos entender el doble lenguaje del gobierno peronista que había reemplazado a Cámpora. Fue la misma gente que después gobernaría con Isabel, y en parte también con Perón, pero que quería mostrar la cara de pseudodemocráticos. Entonces no hacían las cosas directamente, sino en forma indirecta. Es un ejemplo histórico: es la primera vez en la historia del mundo que se prohíbe la exportación de un libro. Se prohíbe -además de otros libros- la exportación de mi libro *Severino Di Giovanni*. Ante la pregunta de por qué se prohíbe la exportación se decía, en declaraciones, que no se quería dar el mal ejemplo de llevar la subversión a otros países.

---

* Osvaldo Bayer es historiador, escritor y periodista. Fue titular de la Cátedra Libre de Derechos Humanos en la Facultad de Filosofía y Letras (UBA). Por su libro *La Patagonia rebelde* debió abandonar el país en 1975. Escribió *Severino Di Giovanni, el idealista de la violencia*, *Los anarquistas expropiadores* y *En camino al paraíso*.

Después viene la enorme y dolorosa experiencia de *La Patagonia rebelde*, una experiencia que es toda una novela que ocurre en el tiempo de Perón, donde los nombres de Octavio Getino y Mario Soffici quedan como verdaderos héroes de la sociedad. En todo momento respaldaron la libertad de filmar, cosa que no respetaron otros funcionarios.

Cuando estábamos filmando en territorio patagónico, vino el gobernador de Santa Cruz, Jorge Sepernic. Él era amigo mío, yo lo había entrevistado mucho para la investigación. Recuerdo que estábamos en una estancia y vino él personalmente a hablarme y me dijo que acababa de recibir una nota del Ministerio del Interior donde se le preguntaba quién había dado permiso para filmar esa película en Santa Cruz. Entonces, Sepernic me dice a mí, con una gran ingenuidad, que él iba a dar por no recibido el mensaje del ministro del Interior, como si se tratara del siglo pasado y dijera "la carta se perdió". Me resultó muy curioso. Me dijo: "Osvaldo, traten de apurarse con la filmación", pero no se podía apurar porque recién empezábamos. Nos invadió un estado de ansiedad tremenda. Ahí es otra historia. Ese nerviosismo nos llevó, muchas veces, a enfrentamientos con algunos actores que andaban con remilgos, y nosotros teníamos que terminar lo antes posible. Después nos enfrentaríamos con un gran muro. Terminamos la filmación y el ambiente estaba muy enrarecido contra la película. Se rumoreaba por todos lados lo que nos iba a pasar. Héctor Olivera y Fernando Ayala me dicen que no iba a haber ningún problema porque ellos iban a publicar un anuncio en los diarios: "Se estrena el jueves que viene". Ante la gran publicidad que iba a tener, no se animarían a prohibirla. Y fue así: empezó un martes diciendo "Jueves estreno" a página entera; gastaron mucho dinero. Esto fue a principios de abril del 74. Pero la táctica de los productores le importó un pito al poder. Un delegado del Ministerio de Defensa dijo "Yo esto no lo puedo aprobar sin permiso del Ministerio". Y quedó así la película, en el limbo. ¿Qué había ocurrido? El Ente y el Instituto dependían de la Secretaría de Prensa de la Presidencia, donde estaba Emilio Abras. Y si se había permitido el guión, y si se había dado un préstamo, y si nosotros habíamos sido absolutamente fieles al guión, jurídicamente no podían prohibir la película. Entonces, Olivera va a verlo al señor Abras, que estaba en Nueva York, y le dice: "Nosotros vamos a iniciar un juicio porque esto no puede ser. Esto significa el fin de la productora. ¡Cómo van a dejar en el limbo a la película!" Y Abras le dijo: "Mire, Olivera, no se preocupe -y aquí empieza el cuento de pago chico- porque el General todos los sábados a la noche ve un film. A él le gustan mucho las de cowboys. Así que cuando él me pida una película yo le doy *La Patagonia rebelde*, y él la va a aprobar". A partir de ese momento esperábamos todos los lunes a ver si llamaba Abras y si la había visto el General.

Pasó un tiempo y un lunes Olivera llama a Abras y éste le dice que el sábado a la noche el General había visto la película con Isabel, y comentó que el General dijo: "La película está bien, pero no fue así porque yo estuve allí -en realidad Perón estuvo en todos lados menos en la Patagonia, porque era de Infantería- y el culpable de todo esto no fue Varela sino el tío del que tenemos como Comandante en Jefe, Anaya. Ese fue el culpable". El General no dijo nada más, e Isabel tampoco -bueno, y qué iba a decir Isabel-. Otra vez volvió a quedar en el limbo: Perón se había lavado las manos. Un día, lunes a la mañana, Olivera recibe un llamado: "Héctor, aquí habla Abras. El General ha dicho que se dé la película en todos los cines, que manden todas las copias posibles para que se estrene en todo el país". Entonces Olivera lo mandó al carajo porque pensó que era una joda. Le preguntamos a Olivera qué le había contestado y nos contó que lo había reputeado. Así que Fernando Ayala llamó a la Casa de Gobierno y le preguntó a la secretaria que lo atendió si alguien que decía ser Abras había llamado a la productora. La secretaria le dice: "Efectivamente, llamó el señor Abras y fue muy maltratado". Ayala se disculpa y le explica, luego habla personalmente con Abras que le dice: "¡Pero qué le pasa a este hombre, qué barbaridad, está loco, no me puede tratar así". Le dice también Abras: "Mire, lo que pasó fue que el General -y esto lo agrego yo, Perón, como buen mitrista- lee *La Nación* a las seis de la mañana, cuando se despierta. En la tapa del diario había declaraciones del Comandante en Jefe del Ejército, el general Leandro Anaya, que era sobrino de Elvio Carlos Anaya, que actuó con Varela en la represión de la Patagonia. En esas declaraciones el Comandante en Jefe del Ejército afirma que las tropas obedecen a sus órdenes. Entonces, don Juan Domingo leyó eso y dijo indignado: "¡Pero qué dice este tipo, a quién van a obedecer si no es al Comandante!". (Recordemos que hasta aquí la película estaba en el limbo porque Perón no había decidido nada.) Entonces, cuando Perón lee las declaraciones de Anaya se indigna y lo llama al funcionario y le pregunta cuál era la película en la que está la figura del tío del que tenemos como comandante en jefe. Abras le dice que es *La Patagonia rebelde* y Perón autoriza que se dé la película en todos los cines. Perón sabía muy bien que en el Ejército había mucha bronca contra la película. Entonces, en vez de destituirlo a Anaya por haber hecho esas declaraciones, le dijo "tomá, ahora van a ver la película...". Es un cuento de pago chico.

El 2 de julio de 1974 sacamos el Oso de Plata en Berlín. Quiere decir que a López Rega y a Isabel les resultaba difícil prohibir de inmediato la película. Por eso dejaron pasar un tiempo, y en la segunda semana de octubre, llamaron a Olivera y Ayala. Los llamó Miguel Paulino Tato, que era el "zar" de la censura y les dijo: "Señores, ¿qué hacemos con la película?". Olivera y Ayala le dijeron: "No le entendemos, Tato". A lo que Tato contestó: "Bueno, o la retiran a la película o yo no puedo parar a los 'muchachos". Entonces ellos dicen: "bueno, está bien", porque tenían la empresa y temían represalias, y ese mismo día en que llamó Tato salimos en la lista de las Tres A. Es decir que la amenaza ya estaba allí: ¡¿quién se iba a oponer a sacar la película de cartel!? Entonces nos vamos al exterior. Mando a mi familia al exterior, pero yo me quedo porque para mí era una injusticia tremenda. Se va Alterio, se va Brandoni a México y Venezuela... bueno, tampoco Luppi podía actuar en televisión; debe haber hecho un arreglo, cuestión que... Y yo me quedo hasta febrero del 75, pero no pude seguir manteniéndome, porque no podía ir al banco a sacar plata, había una gran represión, no podía ir a mi casa..., así que me fui en febrero de 1975.

Con respecto a los hechos de la Patagonia, los diarios, por ejemplo *La Nación* y *La Prensa*, publicaron sólo los comunicados de los estancieros y los comunicados del ejército. Y todo lo que hacía a las peonadas se habló como si fueran anarquistas subversivos. Lo mismo pasó con los diarios de los estancieros, en lo que en aquel tiempo era la gobernación de Santa Cruz: se los denunciaba como bandoleros... esos eran los títulos: "Los bandoleros de Santa Cruz". Así que no hubo censura, sino una versión interesada de cada uno. Los únicos que publicaron los comunicados fueron los diarios anarquistas; también el diario *La Vanguardia;* en la segunda parte, empezó a publicar cosas el diario de los socialistas y todos los voceros de los sindicatos publicaron las versiones. Las tropas al mando del coronel Varela sacaban por las noches a los obreros y peones de sus casas y barracas; se los apaleaba y luego se los fusilaba, después de hacerles cavar su propia fosa. Las noticias sólo se conocían gracias a la prensa militante. Años más tarde, con el gobierno de Uriburu se sancionó la Ley Marcial. Se cerraron diarios, hubo miles de detenciones y las medidas represivas tienen su punto más alto en el fusilamiento de obreros y la ejecución de los anarquistas Severino Di Giovanni y Paulino Scarfó. La tortura, con la incorporación de la picana ya utilizada por los ganaderos, fue práctica sistemática, bajo la dirección de Leopoldo Lugones (h). En 1930 se implementó la primera gran reconversión del modelo capitalista dependiente en nuestro país, tras la crisis mundial del 29. Por supuesto que el terror de Estado aplicado por las fuerzas militares había que explicarlo o justificarlo de alguna manera. Esa ha sido una vieja costumbre en la Argentina. En el caso de la masacre de la Patagonia específicamente, el hecho de que una gran parte de los huelguistas era de nacionalidad chilena dio argumento a teóricos y estrategas militares, y a políticos de explicaciones fáciles y demagógicas para introducir la sospecha en la opinión pública de que detrás de los huelguistas estaba Chile. En el curso de la investigación hemos demostrado que la huelga rural de 1921 fue un movimiento sindical reivindicativo -con las características excepcionales de haberse llevado a cabo en el campo y en una época con una atmósfera revolucionaria innegable- y que allí, en su impulso, nada tuvieron que ver ni el gobierno ni el ejército chileno.

Yo regresé a la Argentina en los primeros días de la toma de poder de la dictadura, después de marzo; yo me iba a caminar, pese al peligro, porque era la única manera de sentirme protegido. Fui testigo de un hecho: por las librerías del centro pasaron camiones con oficiales y soldados.

El oficial bajaba en las librerías. Yo vi eso en la Librería Callao, que quedaba al lado del cine Callao, ahí, a 50 metros del Parlamento. Entraba el oficial e iba marcando con el dedo. Y los soldados agarraban y tiraban los libros como si fueran basura. La pregunta es qué se hizo con esos libros... evidentemente fueron quemados o fueron a parar no sé adónde. Y fui testigo de que todavía había unos tomos de *La Patagonia...*, y tomaron esos libros y los tiraron. Es decir que realmente yo lo sentí como si llevaran presos a mis hijos. Me acuerdo de la sensación que tuve en ese momento. Había una serie de curiosos que se quedaban mirando. Después, mi libro *Los anarquistas expropiadores*, que acababa de salir, también fue requisado en las librerías, y el resto fue escondido o retirado por los mismos libreros. Por supuesto, también los tres primeros tomos de los hechos de la Patagonia de 1921. Por eso el cuarto tomo de ese libro -es insólito- tuvo que ser editado en español en Alemania. Lo edité en el año 1977, para terminar la obra, y lo mandé a todas las bibliotecas latinoamericanas de Europa y a las bibliotecas centrales de los países latinoamericanos. Mandé también ejemplares a gente de la Argentina y algunos de ellos -no todos- lo recibieron. Se ve que algunos podían pasar.

La violencia había empezado mucho antes. Recuerdo un episodio que mostraba a Perón absolutamente decidido en su lucha contra la izquierda y contra el periodismo combativo. En febrero de 1974, en una conferencia de prensa realizada en Olivos, la periodista Ana Guzzetti, del diario *El Mundo*, le dice a Perón: "Señor Presidente, cuando usted tuvo la primera conferencia de prensa le pregunté qué medidas iba a tomar el gobierno para parar la escalada de atentados fascistas que sufrían militantes populares. En el término de dos semanas hubo exactamente veinticinco unidades básicas voladas, que no pertenecen precisamente a la ultraizquierda; hubo doce militantes muertos y ayer se descubrió el asesinato de un fotógrafo. Evidentemente todo está hecho por grupos de ultraderecha". Perón, fuera de sí, le respondió: "¿Usted se hace responsable de lo que dice? Eso de parapoliciales lo tiene que probar", y se dirigió al edecán aeronáutico y le indicó: "Tome los datos necesarios para que el Ministerio de Justicia inicie la causa contra esta señorita". La joven le informó a Perón: "Le aclaro que soy militante del movimiento desde hace trece años...". "Lo disimula muy bien, señorita", le contestó Perón. Tiempo después la periodista fue secuestrada y salvajemente torturada. ✂

La reforma universitaria. La experiencia histórica del siglo XX nos enseña a desconfiar de los grandes acontecimientos, de los hechos espectaculares. Probablemente los cambios que valen la pena son cambios que se agregan a otros en una incesante suma de pequeñas contribuciones. Entre los muchos ejemplos de modificaciones sociales en las que los estudiantes universitarios han participado, hay uno en particular que marcó un punto de inflexión para la sociedad argentina y latinoamericana: la Reforma Universitaria de 1918.

Hacia 1918 los jóvenes universitarios ya han materializado sus centros de estudiantes, desde los que impulsan huelgas, manifestaciones y un petitorio contra lo que ellos llaman "la censura del pensamiento". No es extraño que desde Córdoba en particular surjan los reclamos más insistentes. Es en esta universidad donde los rasgos conservadores y autoritarios se hallan más acentuados. El movimiento estudiantil de junio de 1918 se inicia en la Academia de Medicina de la ciudad de Córdoba, a la cual se pliegan solidariamente las de Ingeniería y Derecho. Se conforma un comité estudiantil pro-reforma desde el cual se redactan manifiestos públicos y se convoca a una huelga general de estudiantes. La represión policial no se hace esperar, mientras que las autoridades deciden la clausura de la universidad. El presidente Hipólito Yrigoyen interviene la Universidad Nacional de Córdoba y designa como delegado al Dr. José Matienzo, quien impulsa la reforma de los estatutos. No obstante los avances que implica la nueva normativa, los estudiantes quedan excluidos del proceso de elección de las autoridades. En la aplicación del nuevo estatuto se convoca a asamblea de profesores para la elección del rector. El resultado frustra las expectativas de los estudiantes, que reinician la lucha. El 9 de setiembre de 1918 toman la universidad. Esto impulsa una segunda intervención desde el gobierno nacional, esta vez a cargo del propio Ministerio de Educación. El movimiento estudiantil logra a través de la Reforma de 1918 la docencia libre (la posibilidad de que se dicten materias o cursos afines o complementrarios a los del plan de estudios), cátedras paralelas (existencia de más de una cátedra por materia, para que los estudiantes puedan optar libremente), concursos públicos, periodicidad de la cátedra y extensión universitaria. Con la Reforma un nuevo viento cultural sacudió los claustros y produjo cambios significativos. Fue anticlerical en Córdoba, pero antipositivista en La Plata.

En el escenario internacional, la Gran Guerra, la Revolución Rusa y el ascenso del fascismo definen un momento decisivo de la historia del siglo XX. En la Argentina, el ascenso del yrigoyenismo al gobierno significa la aparente retirada de la elite que hasta entonces había conducido el Estado. Dos años después de este recambio, el estallido de la Reforma Universitaria de Córdoba, prontamente extendida a otras universidades del país y de allí al resto de Latinoamérica, marcaba en su medida un proceso de radicalización, sobre el trasfondo de la crisis del liberalismo.

La clase obrera irá al paraíso. A principios de la década del veinte no había gran número de establecimientos fabriles; sin embargo, durante el curso de la contienda europea algunos fueron cerrados, y otros debieron limitar la producción, al no poder importarse las materias primas necesarias para la elaboración de los productos. Esto dio lugar a la progresiva desocupación de los obreros. Una legión de trabajadores se quedó sin techo y se los veía ambular por la zona portuaria pidiendo alimentos a los buques amarrados en los diques. Construían sus viviendas precarias en esa zona, con restos de lonas, latas y tablas, y muchos se resignaban a dormir debajo de los puentes de los ferrocarriles, o se establecían en la zona de los bosques de Palermo. Al asumir Yrigoyen la presidencia recibió como herencia una gran masa de desocupados. Alojó a muchos en el Hotel de los Inmigrantes y en otros lugares.

La triunfante Revolución Rusa había calado hondo en las masas. Esta atmósfera turbulenta e inquietante que se avecinaba no era difícil de percibir. Desde el 2 de diciembre de 1918 estaban en huelga los obreros de un gran establecimiento metalúrgico que empleaba a 2.500 trabajadores: la firma Pedro Vasena e Hijos, convertida poco después en los Establecimientos Metalúrgicos TAMET. El grueso del paquete accionario correspondía a capitales británicos que se habían asociado a comienzos del siglo.

El conflicto se había producido en las grandes barracas que la empresa tenía instaladas en las proximidades del Riachuelo, en las calles Pepirí y Santo Domingo. Esas barracas servían de grandes depósitos de los materiales que se fabricaban en los talleres de los mismos propietarios, ubicados en las calles Cochabamba y General Urquiza.

Al terminar el enfrentamiento del martes 7 de enero 1919, sobre las piedras de la calle habían quedado cuatro cadáveres y más de treinta obreros heridos, algunos de gravedad, que fallecieron después. Uno de los muertos tenía la cabeza partida de un sablazo. Ni la gran prensa, ni el gobierno le dieron importancia al suceso. En algunos medios se prohibió dar la información, como fue el caso del diario *La Nación*. Sin embargo, esa misma tarde se iniciaría la huelga más violenta que conoció el país. "Perdura aún en el espíritu del populoso vecindario de Nueva Pompeya la impresión de los tumultos sangrientos desarrollados ayer a la tarde en la Avenida Alcorta. Como quedó resuelto en la entrevista realizada en el Departamento Central de Policía entre el Sr. Alfredo Vasena, gerente de la compañía Hierros y Aceros, y una delegación de siete huelguistas, con la presencia del presidente del departamento de Trabajo, Dr. Unsain, fueron iniciadas negociaciones directas de arreglo. En el pliego de reivindicaciones aparecen estas cláusulas: Jornada de 8 horas de trabajo. Aumento del 20 por ciento en los salarios superiores a 5$. Aumento del 30 por ciento en los salarios de 4 a 5$. Aumento del 40 por ciento en los salarios menores de 4$. Los trabajos extras se abonarán con 50 por ciento de prima. Los días domingos, las horas extras se abonarán con el 100 por ciento de prima. Readmisión de los obreros despedidos por motivo de organización y propaganda. Abolición del salario a destajo. El trabajo extra no será obligatorio."

La empresa se niega a cumplir el pliego de reivindicaciones y los hechos sangrientos que costarían miles de víctimas se prolongan hasta el sábado 18 de mayo. En la nómina que existe en poder de la policía, se hace constar que durante el primer día de la huelga hubo 4 muertos y cerca de 20 heridos. Cabe suponer que hubo más víctimas. Los muertos son Juan Fiorini, joven de 18 años, quien se hallaba en el domicilio de sus padres. Recibió un balazo en el pecho. Santiago Gómez, argentino de 32 años, recolector de basura, muerto de un balazo mientras estaba en la puerta de una fonda (Avenida Alcorta 3521). Toribio Barrera, español de 50 años, recolector de basura, muerto a sablazos en la Avenida Alcorta frente al número 2189. Manuel Britos, domiciliado en Montevideo 831. A estos hay que agregar otro caso fatal: Eduardo Basualdo falleció esta mañana en el Hospital Rawson con heridas de bala. Los restos de las víctimas fueron velados en el local de la Sociedad de Resistencia Metalúrgicos Unidos (Avenida Alcorta y Pepirí), con autorización de las familias; salvo el joven Fiorini que fue llevado al Centro Socialista de la calle Loria. La FORA ha pasado una circular a los gremios adheridos recomendándoles puntual asistencia. Han sido citados los zapateros, metalúrgicos, choferes, albañiles, pintores, panaderos, conductores de vehículos y los marítimos que se hallan en huelga... El número total de víctimas en aquellos días es muy difícil de establecer. Según la prensa y diversos testimonios, el número de víctimas oscilaría entre 60 a 65, y 1.400. Las primeras cifras son difundidas por el comisario J. L. Romariz. La segunda proviene de los archivos diplomáticos de los Estados Unidos, quienes dan una cifra de 1.356 muertos, y alrededor de 5.000 heridos. Las fuentes diplomáticas francesas afirman que hubo 800 muertos y de 3.000 a 4.000 heridos.

La prensa argentina publicó a lo largo de esos días listas de muertos, con un total aproximado de 200 víctimas, pero se trata de listas incompletas, donde no se incluyen los muertos declarados en la Asistencia Pública y los desaparecidos. *La Vanguardia* y *La Protesta* hablan de 700 muertos y más de 4.000 heridos. *La Protesta* del 29 de enero de 1919 afirma que hubo más de 45.000 detenidos. Edgardo Bilsky, en su libro *La Semana Trágica* (Centro Editor de América Latina, Buenos Aires, 1984) señala que el número de detenidos fue enorme. Sólo en la Capital Federal se encarceló a unos 5.000 obreros. La isla de Martín García fue la prisión para los destinados a la deportación, entre los cuales estaban, naturalmente, los miembros de la FORA y un numeroso grupo de militantes de organizaciones anarquistas y socialistas.

Testimonios de la censura

Guillermo Fernández Jurado* : "No me asusté hasta que llegaron las bombas".

> "La gestión de Octavio Getino ha sido nefasta. Mi idea es prohibir varias de las películas que él autorizó; para eso debo contar con el consenso de las autoridades y sobre todo de la Iglesia. Descuento que aprobarán mi gestión. Me siento un cruzado contra el comunismo ateo." Miguel Paulino Tato, Interventor del Ente de Calificación Cinematográfica, agosto de 1975.

"¡Jurado! ¡Vos sos un renegado anticatólico, antirreligioso! ¡¿Cómo podés incluir en la programación una película en la que se crucifica a un mono?!" Por un momento, creí que el grito que resonaba en el hall del Teatro San Martín era proferido por un enardecido miembro de alguna importante sociedad protectora de animales. Sin embargo, pronto descubrí que tamaños vituperios provenían de Miguel Paulino Tato, por entonces sólo un ciudadano común. Un cronista de espectáculos. La suerte estaba echada. El primer dado había comenzado a rodar cuando se abrieron las puertas de ese ascensor que devolvía al lobby y a la calle a los espectadores de *Los enanos también nacen pequeños,* del alemán Werner Herzog, incluida en el ciclo de cine alemán que contaba, entre otros, con realizadores de la talla de Rainer Fassbinder y Wim Wenders, por

---

* Guillermo Fernández Jurado es crítico e investigador de cine. Director de la Cinemateca Argentina.

entonces casi desconocidos. El ciclo era presentado en la sala Lugones por la Cinemateca Argentina, de la cual yo era vicepresidente. Las demostraciones públicas de hostilidad por parte de Tato hacia mi persona comenzaron en las primeras horas de una tranquila tarde de setiembre de 1973, y se extenderían por muchos años.

Las consecuencias del escándalo fueron diversas: por un lado la sala se colmó gracias a que la mayoría de los eventuales testigos de la escena corrieron a comprar su entrada. Por otro, Tato dio el puntapié inicial a su carrera de censor. Aunque no ocupara en ese momento cargo público alguno, ostentaba relaciones cercanas con algunos funcionarios, y estaba dispuesto a hacerlas valer.

"¡Apóstata! -continuó gritando al hombre de cine, esta vez en la Asociación de Cronistas Cinematográficos, a la que ambos pertenecíamos-. ¡Esto no va a quedar así! ¡Voy a hablar con Ponferrada!" Juan Oscar Ponferrada se desempeñaba entonces como director general artístico del teatro. Nombró a Tato asesor cinematográfico del San Martín. Desde 1967, la Cinemateca Argentina, presidida en esos tiempos por Rolando Fustiñana -Roland-, que la había fundado en 1949, firmaba contratos por un año con el San Martín. Para 1974, y por el "asesoramiento" de Tato, el contrato no se renovó. La decisión no los tomó por sorpresa y el convenio con la Sociedad Hebraica Argentina (Teatro SHA) fue casi inmediato. Pero hasta allí los siguió también el hombre, ya censor. "Escuchame, esa película que programaste para hoy no vas a poder darla", solía decir Tato, ya a cargo del Ente de Calificación Cinematográfica. Particularmente, recuerdo *El caso Mathei*, con Gian Maria Volonte, de Francesco Rossi. Me decía que si yo no la sacaba la iba a prohibir. "Es una película comunista", gritaba. En realidad, era la defensa del Estado. El protagonista, al que terminaban matando, quería la defensa nacional del petróleo. Por otra parte, esa era la posición del director y la defendía a través de una obra de arte. Paulina Fernández Jurado recuerda con cierta lógica a Tato como un "fascista de toda la vida, pendenciero, gritón, autoritario, nacionalista, de los de mala leche"... no le alcanzan los epítetos para calificarlo.

En el centro cultural SHA la censura -o el censor- desplegó las más diversas expresiones. No sólo se recortaron las programaciones o las mismas películas, sino también las instalaciones. Por disposición de los inspectores municipales, debieron retirarse cincuenta butacas debido a que consideraron que "el pasillo era muy angosto". En otra oportunidad, debieron agregar un pasamanos al ya existente en la escalera que daba al superpullman, que por su parte debió ser clausurado y dividido en dos.

Teníamos amenazas anónimas telefónicas todos los días, pero no nos preocuparon hasta que llegaron las bombas. Fueron dos: la primera, muy precaria, fue contra las puertas de cristal del hall, pero rodó hacia abajo, hasta el cordón. Sólo voló un vitral, además de las puertas. La segunda fue una noche, a eso de las once. Escuché la explosión desde mi casa, que estaba a dos cuadras de la Hebraica. Era una valija con alrededor de 50 o 60 kilogramos de explosivos. Voló los dos baños de hombres y destruyó el techo del hall. Los escombros mantuvieron presos a los 200 espectadores que estaban en la sala durante 45 minutos, que fue lo que demandó abrir un camino que permitiera el egreso. Todo se desarrolló en completa tranquilidad. Desde el Ente, nadie condenó los hechos. De Tato sólo se podían esperar "salidas extemporáneas", nunca un diálogo, debido, también, a esa imposibilidad de sostener un tema por más de diez minutos seguidos que lo caracterizaba. También por eso, ese antisemita convicto y confeso calificaba películas sin jamás verlas en su totalidad.

Una historia de la censura

En una oportunidad, recibimos de la embajada de Israel una película que se llamaba *El azote 81*, de 90 minutos. Había sido compaginada en un kibutz. Eran sólo imágenes, escenas donde aparecían las filmaciones de filmaciones en los campos de concentración. No tenía comentarios, sólo una canción que establecía un contrapunto con lo que se veía suceder. Se veía, por ejemplo, cómo eran arrojados a los fosos los cuerpos de los muertos que provenían de los hornos, con la gente del gobierno filmándolos y, detrás de ellos, soldados alemanes con cámaras de fotos. Todo filmado unos pasos más atrás. Era un material prácticamente ideal para exasperar a Tato y, a pesar de que sólo se proyectó una mañana en forma exclusiva para gente de prensa, gracias a un oportuno aviso en el diario *La Opinión*, la explosión del censor no se hizo rogar. A la hora de la función, Tato, acompañado de un escribano, ya había cruzado todo el hall, donde registró la presencia del agregado cultural de la embajada de Israel. El cambio de discurso fue obligado. "Vine a verla -me dijo-. No bien termine la función mandame la copia al Ente." Estuvo en la sala diez minutos, su máximo posible, y se retiró. El agregado cultural disponía de una copia de 16 milímetros, además de la de 35 que se proyectaba y que debía reintegrar a su país. La copia que se le mandó la tuvo seis meses, sólo para evitar su difusión. Llegó de vuelta empacada con el mismo moño con que se la mandamos. Ni la abrió.

Para Tato fui siempre una espina clavada en el pie. Tato también debió incrustarse en mi piel, pero la espina hoy sólo permanece en ese rincón de los recuerdos destinado a la ironía.

Dicen que a su entierro no fueron ni los hijos. Yo, obviamente, no fui. ¿A qué iba a ir? A confirmar que estaba bien muerto, como la censura, aunque adopte otras formas, más sutiles. ✄

Fernando Ferreira

Testimonios de la Censura
Juan Carlos Gené* : "Llevo el exilio en el cuerpo".

> "-¿No ves como un tejido de sombra luminosa entre tú y la realidad?
> (...) -Son los muertos."
> Juan Carlos Gené, *Memorial del cordero asesinado*

La censura es una cultura eterna en este país. Es una historia muy antigua y de ninguna manera fue una especialidad del llamado Proceso. El primer teatro que existió en la ciudad, La Ranchería, inaugurado en 1792, fue incendiado al año siguiente. En realidad, el Proceso fue la agudización paroxística de una serie de tendencias siniestras de la sociedad argentina -porque el Proceso tuvo apoyo de la opinión pública- entre las cuales la censura es algo absolutamente connatural a una sociedad de potencias represivas, de mucho miedo endémico permanente, donde todos los factores de poder siempre se han sentido inseguros. Entonces se han obligado a ejercer la censura, siempre. Esto es algo que expresa mi *Memorial...*, de otro modo, claro: "...tanta insistencia en que no salgamos... indica que ustedes, con su permiso... que ustedes tienen más miedo que nosotros". En *Golpes a mi puerta*, el personaje de la monja, Ana, dice en un momento dado: "Por lo menos, quítame el miedo, aunque me guardes la rabia". Hemos convivido toda la vida con ese hecho, que hemos llegado a considerar tan normal que no puede dejarse de lado; si habamos de censura, debemos necesariamente hablar de autocensura. Porque una cosa es la censura oficial, que tuvo connotaciones muy elocuentes -como el caso de la presencia del censor Tato-, otra la extraoficial, y otra la autocen-

---

* Juan Carlos Gené es director y autor teatral. Fue integrante del grupo Stivel, con el que participó en el programa de televisión *Cosa juzgada*. Protagonizó películas como *Tute Cabrero*, de Juan José Jusid. Fundó el CELCIT (Centro de Estudios Latinoamericanos de Investigación Teatral). Fue director de ATC y del Teatro General San Martín.

sura. Recuerdo que Tato permitía desnudos masculinos mientras no se vieran pelos. Idioteces de ese tipo. Pero cuando hablo de censura extraoficial, me refiero a lo que irrita a algún factor de poder, que genera por lo tanto represión ideológica sobre el producto cultural o artístico.

Recuerdo el primer caso de censura extraoficial que sufrimos con el llamado "clan Stivel", que en realidad era Grupo de Teatro. Fue un capítulo de *Cosa juzgada* (junto a Emilio Alfaro, Bárbara Mujica, Norma Aleandro, Marilina Ross y David Stivel) que trataba el tema de los testigos profesionales y/o falsos utilizados por la policía para fabricar sumarios. Como resultado, la policía retiró toda su colaboración al Canal 11.

Cuando hicimos el programa sobre el hundimiento de la fragata Rosales, con libro de Carlos Somigliana y mío y sobre el que después se hizo una película, recibimos muchas presiones de la Marina, por supuesto. La televisión, como se sabe, llega a multitudes. Y aunque el ámbito del teatro es más restringido, la censura no lo obvió ni remotamente.

Durante la dictadura de Onganía, una obra dirigida por Roberto Durán que se llamaba *La Patada*, escrita por el santafesino Carlos De Petri y en la que yo trabajaba, fue directamente prohibida. Poco tiempo después, cuando monté en el por entonces teatro ABC *Se acabó la diversión*, en la que trabajaba junto a Pepe Soriano, recibimos varias visitas del llamado Comité de Censura. Se sentían un poco desorientados con la obra. Recuerdo que en 1969, un domingo de madrugada, me llevaron detenido junto a Carlos Carella, por leer un comunicado en el teatro San Telmo, después de una función de *¿A qué jugamos?*, de Carlos Gorostiza. Ambos éramos dirigentes gremiales y Carlos particularmente fue el líder y maestro de todos nosotros en esa actividad. Los actores salieron a la calle a protestar, la gente recorrió todos los teatros avisando lo que había ocurrido y muchos elencos, con Alfredo Alcón a la cabeza, se fueron para la Comisaría Primera. Al amanecer, cuando ya había pasado todo el lío, tomábamos mate con dos policías. Uno de ellos era el que nos había detenido, y el tipo se preguntaba: "A mí me gustaría saber quién fue el estúpido que ordenó el arresto. Miren: si ustedes leen el comunicado en el teatro, ¿cuánta gente se entera? Las doscientas personas que están en el teatro. Ahora se entera el país, porque a alguien se le ocurrió que había que detenerlos a ustedes." Y es así. Fue el acto de censura de una actitud, la censura al pensar... y eso en la Argentina es un modo de vida. La costumbre de los incendios: fue destruido el Teatro del Picadero cuando se realizaba *Teatro Abierto*. En la lista de los siniestros también figuró el Teatro Argentino, de la calle Bartolomé Mitre, con motivo del estreno de *Jesucristo Superstar*, y el de la carpa que Frank Brown, el famoso payaso inglés, había instalado en la calle Florida en 1910, durante los festejos del Centenario. A los señoritos de la alta sociedad les resultaba muy molesto que en un acto semejante, en el que la Argentina iba a mostrar su progreso, hubiera un circo en la calle Florida. Entonces no encontraron nada mejor que incendiarlo. Cosa que repitieron con Francisco Petrone en la Plaza Once, en los años 50, cuando instaló una carpa con un excelente repertorio nacional e internacional. Creo recordar que la carpa también fue incendiada. De modo que es una tradición que tiene más de 200 años. Son mecanismos de censura llevados a niveles de exacerbación y de pánico. La democracia nunca estuvo libre de culpa al respecto; no sólo interviene el poder del Estado y de las clases dominantes, sino también el de la Iglesia, que es muy pacata y que ha tenido una enorme influencia en estos hechos.

A las amenazas de la Triple A había terminado por

acostumbrarme. A Beto Brandoni y a mí nos amenazaban telefónicamente y por carta. Estas contenían envoltorios de explosivos que alertaban como diciendo: la próxima va lleno. El grupo Gente de Teatro ya no existía como tal, pero era pública mi ideología y mi compromiso con la causa popular a través del peronismo. A mí me comunicó un alto oficial de las Fuerzas Armadas, en uniforme, que yo no iba a poder trabajar más. El interventor militar de Canal 11 era un hombre muy amable que me atendió en acto de servicio, en un escritorio con una pistola encima de la mesa. No porque fuera amenazante para mí, sólo porque estaba en acto de servicio. Había un oficial de los servicios, de civil, sentado en una silla, lejos. El hombre me dijo que él procedía por órdenes y que tenía una lista de la Secretaría de Información Pública -hoy Secretaría de Informaciones y Prensa- en la que había una serie de personas y que esa gente no podía trabajar más en un canal del Estado. Obviamente yo figuraba en la lista. Varios compañeros míos ya eran blanco de terribles agresiones. A Norma Aleandro le habían enviado dos bombas, una a la casa y otra al teatro. El día del golpe militar (24 de marzo del 76), ya había vislumbrado que tenía que partir, que nada podía hacer en la Argentina. En ese momento estaba saliendo al aire por Canal 13 una serie que estaba basada en un libro mío. Se llamaba *La batalla de los ángeles*. Al día siguiente, el elenco se presentó a trabajar y no dejaron entrar a nadie al canal. Ese mismo día levantaron la serie y tres meses después me fui del país.

Me fui solo. El exilio significa una pérdida total de identidad. Uno en el exilio es un cuerpo sin cuerpo, sin identidad. El yo de uno es social, la imagen del espejo que le devuelven los otros a uno. De pronto sos un desconocido. Alguien que no existe, que no es nadie. El regreso fue muy difícil. Yo sabía que volvía a un país distinto. El que yo había dejado ya no existía. De todas maneras, he sido una persona afortunada. Lo sigo siendo. Hice mucho teatro, he dirigido, participé de experiencias muy ricas en televisión. He tenido un compromiso gremial muy fuerte. No menos fuerte ha sido el compromiso político. ✂

CAPÍTULO III
Golpe a golpe (1930- 1943)

El descenso a la inhumanidad fue rápido. Rostros crispados, enfermos de disciplina y patriotismo vacuo, inician en la Argentina un largo y doloroso proceso de ruptura institucional. Son años de tristeza y de sangre. La caída de la República Española es una herida abierta. Los nazis son los dueños de Europa. Los grandes capitales saben que Mussolini y Hitler son el único freno posible contra el socialismo. Stalin también. Se iniciaban los años del servilismo altisonante, de genocidios silenciosos, de la milicada tempranera siempre al servicio del gran capital. Bocas semiabiertas en expresión de espanto y censura. Una mueca trágica de país. Pequeños déspotas, crueles y fríos. Nulidades físicas con vocación de césares. La historia de los golpes de Estado se iniciaba en la Argentina. Asesinatos, torturas, censura, desapariciones, precariedad de la vida, corrupción, entrega. Todo era algo más sutil e indefinible que el miedo: era el adormecimiento de la voluntad.

MEMORIAS

Estímulo para censurar. Hubo confianza en el cine argentino desde los primeros tiempos, aun cuando la difusión industrial parecía un sueño. A mediados de 1932,

González Porcel, un concejal de la ciudad de Buenos Aires, proponía algo insólito: un proyecto de ordenanza para estimular la cinematografía nacional, estableciendo premios que iban desde los 5 mil hasta los 20 mil pesos. El proyecto no se concretó inmediatamente y la Municipalidad de la Ciudad de Buenos Aires no confirió premios a la producción nacional hasta 1939. Con la euforia se anunciaron también negros nubarrones: la censura. Si bien no estaba directamente orientada a la pantalla nacional, hizo mella en sus creaciones. En junio de 1932 el periodista y director de cine Chas de Cruz (fundador de la mítica revista *El Heraldo del Cine*) advertía sobre su peligrosidad: "De buena fuente sabemos que en los círculos oficiales se está pensando en la conveniencia de la implantación de la censura. Esto entrañaría una traba de consideración para el negocio e involucraría muchos gastos y dolores de cabeza: hay que enfrentarla sin torearla, haciendo 'recortes' en las escenas fuertes, no denominando a los films con títulos inconvenientes y reteniendo algún material que pudiera provocar a las autoridades". Proponía mantener la calma para dejar las cosas como estaban.

Manifiesto. En junio de 1936, redactado por Federico Pinedo, se da a conocer "El manifiesto de las derechas", concebido contra la posibilidad del frente popular que intentaban organizar los partidos de la oposición. "Sería querer bien poco a la democracia admitir que por la voluntad perturbada de una parte del pueblo pudiera la Nación negarse a sí misma, abdicar de su soberanía o renunciar a su destino, pero afirmamos que la Nación, como entidad indestructible, tiene el derecho inalienable a conservar su individualidad de país civilizado, ordenado, culto, no hay razón para que las masas ciegas pongan todo esto en peligro a través del ejercicio inconsciente del sufragio universal por masas ignorantes, perturbadas por una prédica insensata."

Trampa. "Está en la conciencia de todo el país que los comicios de Buenos Aires y Mendoza son nulos de toda nulidad y no bastaba la sustracción de millares y millares de libretas de enrolamiento a fin de impedir el ejercicio del voto de los ciudadanos. El triunfo del general Agustín P. Justo no necesitaba de elecciones." *La Vanguardia*, 16 de noviembre de 1931.

Fraude. Las elecciones de abril de 1931 en la provincia de Buenos Aires otorgaron el triunfo al radicalismo y fueron anuladas. Así se inhabilitó al partido y se consumó el fraude. Sin embargo, la muchedumbre que acompañó a los restos de Yrigoyen, fallecido el 3 de julio de 1933, mostró la vigencia de las lealtades políticas. En las elecciones de setiembre de 1937 el fraude se reitera. Triunfaron los candidatos de Justo, Roberto M. Ortiz y Ramón Castillo.

Soledad. "Estoy solo frente a una coalición formidable de intereses. Estoy solo enfrente de empresas capitalistas que se cuentan entre las más modernas de la Tierra; estoy solo frente a un gobierno cuya mediocridad asombra y entristece. Por lo menos, señor presidente, quedará constancia de que si se votan leyes de esa naturaleza ha habido un Senador que se ha levantado para decir, a pesar de tanta censura encubierta: este puede ser muestra de los tiempos en que se arrojan a la calle los tesoros de la Nación para que manos venturosas los recojan. Estoy solo pero estoy de acuerdo con mis convicciones." Lisandro de la Torre, 6 de agosto de 1936.

Escoria. "La República Argentina no puede continuar siendo el refugio de la escoria social del mundo entero: necesitamos muchos hombres, pero hombres sanos y de trabajo: ya podemos dar preferencia a la calidad sobre la cantidad. La opinión pública se ha alarmado con la llegada de gitanos, pero este elemento no es aun de lo peor, y eso que es malo: todos los vapores nos traen cientos de individuos, parásitos expulsados de otras partes, gente de piel oscura, ladrones, comerciantes de carne blanca, anarquistas, ancianos inválidos, vagos, enfermos crónicos, judíos, mujeres abyectas o esclavas que los profesionales se encargan de hacer desembarcar sin mayores inconvenientes. Basta observar a la llegada de un vapor de Europa el desembarco de los pasajeros de proa para ver ese desfile de individuos que vienen a infestar un país nuevo, sin esperanzas siquiera de regeneración en nuestro medio de fácil trabajo, dada su bajeza y corrupción. Es, pues, el grave peligro de salud pública y preservación elemental de la sociedad, que demandan esa ley de selección muy severa pero que en la aplicación no puede tener huecos ni válvulas de escape". *El Diario*, periódico editado por la Liga Patriótica, lunes 25 de febrero de 1907.

Educación patriótica. Joaquín V. González, funcionario múltiple, fue quien construyó el armazón de esta corriente de pensamiento nacionalista en lo educativo, que adoctrinará a la población en un argentinismo retórico, vacío de contenido. En el transcurso de la gestión de José María Ramos Mejía como presidente del Consejo Nacional de Educación se instaura lo que se da en llamar "la educación patriótica". Todas las materias de estudio deberán imprimir un carácter nacional y patriótico al conocimiento. El espíritu de la Ley 1.420 (promulgada en 1884, y por la que se estableció una instrucción para el desarrollo liberal y universalista, tal como la había proyectado Domingo Faustino Sarmiento) quedó sepultado, y la educación se dirigió a objetivos que ya no eran los de apuntalar el progreso, sino que fomentaba un espíritu dogmático, autoritario y censor. La instauración del servicio militar obligatorio en 1901 responde también al mismo esfuerzo de homogeneización cultural llevado a cabo por los sectores dominantes, a fin de paliar el "caos" que representaba la gran afluencia de extranjeros.

Manipulación. El ascenso al poder de Roberto Ortiz (20 de febrero de 1938) significó la primera vez en ocho años en que un civil vestía la banda presidencial. Según se desarrollaron los acontecimientos, fue también el último civil elegido presidente durante los veinte años siguientes. Ortiz fue triunfador en una elección manipulada por el gobierno saliente. A pesar de que pretendió haber obtenido el 57 por ciento de los votos, en realidad fue presidente por la decisión personal del general Agustín P. Justo. En setiembre de 1930, los nazis invaden Polonia y se desata un conflicto que comienza a teñir la política argentina. El lenguaje se radicaliza y adquiere la impronta de la violencia: los que antes eran conservadores fraudulentos, ahora son, además, partidarios del nazismo. El clima es una prolongación de la división social que se genera en la Argentina durante la Guerra Civil española. La contraofensiva contra Ortiz se desata en 1940. Liderada por el senador conservador Benjamín Villafañe y apoyada por nacionalistas y filofascistas como José Luis Torres, responsable de la expresión "década infame", Villafañe acusa a Ortiz y a su ministro de Guerra por las maniobras de estafa comprobadas durante la compra de terrenos en El Palomar destinadas a ampliar el Colegio Militar. La campaña es tan intensa y efectiva que a mediados de agosto Ortiz presenta su renuncia, pero no es aceptada. Varios dirigentes, alentados por el ministro de Guerra, traman un golpe militar en favor del presidente. Pero Justo se encarga de boicotearlo alertando al sector nacionalista. El golpe se detiene cuando Alvear y Ortiz lo repudian.

¿Prensa libre? La primera huelga de periodistas se organizó en el diario *La Prensa* en 1919. Se adhirieron los cronistas tras dos semanas de lucha, y la empresa prohibió publicar cualquier información referida a la huelga. Veintiún años más tarde, en abril de 1940, *La Prensa* publicó un editorial en el que se acusaba a la flamante Asociación de Periodistas de practicar "un oscuro gremialismo". A su vez, la asociación gremial distribuyó un comunicado, en estos términos: "El diario *La Prensa*, coloquial en sus aspiraciones y antiargentino en su inspiración, resume su doctrina en pocas palabras: defensa del privilegio a todo trance; negación de los derechos legítimos del pueblo; política enderezada hacia la entrega del patrimonio argentino a intereses extraños". Correspondió a los únicos representantes conservadores en el Parlamento, los diputados Pastor y Díaz Colodrero, asumir la defensa del diario. A fines de febrero de 1948, un fallo determinó que *La Prensa* y *La Nación* debían pagar "los derechos aduaneros correspondientes al papel empleado en la impresión de los avisos publicados en sus ediciones, desde 1939 a 1948". Esos diez años sumaban un impuesto que alcanzaba a decenas de millones de pesos, y su reclamación se había originado el 31 de octubre de 1946, al presentarse en la Aduana de Buenos Aires el abogado Eugenio E. Maraggi para denunciar a ambos diarios como "defraudadores del fisco, por imprimir sus avisos comerciales en papel que no ha pagado derecho de importación". Esta presentación, que pareció insólita en un primer momento (las leyes eliminaban los

recargos impositivos a ese papel y no distinguían entre avisos comerciales e información periodística), produjo un dictamen que la Aduana elevó luego al Ministerio de Hacienda, para su confirmación o rechazo. El procurador del Tesoro dictaminó entonces que "obligar el pago de derechos por el papel utilizado en avisos, significa desdoblar el concepto de diarios, cosa improcedente e ilegal". También mencionó el caso de los diarios extranjeros que llegan al país, liberados de impuestos, y que contienen avisos comerciales, sin que exista noticia de que el fisco haya pretendido cobrar derechos por esa parte proporcional. El expediente durmió hasta mediados de 1951, año en que se produjo la expropiación. Fue el diputado Visca quien encabezó la primera comisión bicameral que abrió el proceso.

Suplicio. El 23 de octubre de 1935, mientras el mayor Rosasco torturaba a un grupo de presos comunistas en Avellaneda (un año más tarde lo pagaría con su vida), 30 mil trabajadores de la construcción paralizaron su labor y se concentraron en el Luna Park, en una asamblea general. A 20 días de iniciada la huelga de los albañiles, todos los gremios de la construcción, en la Capital, declaraban una huelga que se mantendría durante tres meses. A su alrededor se había constituido un Comité de Defensa y Solidaridad que agrupaba a 68 sindicatos de Capital y Gran Buenos Aires. El 7 y 8 de enero de 1936 se declaró una huelga general tras un acto multitudinario en Plaza Once. El 7 de enero los trabajadores invadieron las calles de Buenos Aires con nutridos piquetes de huelga. En respuesta, los sindicatos fueron clausurados, los comedores colectivos de los huelguistas cerrados, prohibidas las asambleas y detenidos y torturados centenares de trabajadores. En el barrio de Villa Urquiza fue asesinado el obrero Santiago Bekener (fusilado en plena calle), tras resistirse y herir a tres policías. En Pompeya fue baleado y muerto por la policía el obrero panadero José Asechuk. El obrero Juan Chudi fue asesinado en Sáenz y Roca, por la policía. En Flores cayó muerto un policía, por lo que fue condenado a cadena perpetua el obrero Oscar Bonometti. Fueron en total 96 días de lucha. La feroz represión produjo cerca de cien muertos y más de 2 mil heridos.

Testimonios de la censura
Héctor Alterio*: "El país de la tristeza".

> "Hay actores prohibidos, sabemos que circulan listas negras con actores que no pueden trabajar por distintas razones. En estos momentos serán unos cincuenta o sesenta. En mi caso particular, he estado prohibido cuatro años y me he enterado extraoficialmente de que mi prohibición fue levantada. El daño ya está hecho y es inmenso..." Jorge Rivera López, presidente de la Asociación Argentina de Actores, febrero de 1981.

En 1974 hice mi primer viaje a Europa para presentar *La tregua,* dirigida por Sergio Renán, que debutaba como director en el festival de San Sebastián. Todo era una fiesta. Una vez concluido el festival, como me quedaba una semana tomé un avión a Madrid con las directivas del grupo de elegir un hotel para el resto de la delegación, que me iba a seguir. Acompañado por un amigo que vive en esa ciudad elegimos el hotel Wellington de la calle Velázquez y allí me quedé esperando al resto de la gente. Cuando llegó la delegación, alguien recibió una llamada de Buenos Aires por la cual me enteré de que yo junto a otras personas habíamos sido amenazados por la Triple A y que si regresaba al país mi vida corría peligro. Al principio, al escu-

---

* Hector Alterio es actor. Ha trabajado en *La tregua, La Patagonia rebelde, Plata quemada, Los viernes de la eternidad.*

char la noticia largué una carcajada, supuse que todo era un gran error. ¿A mí? ¿Amenazas sobre mi persona? Imposible, pensé. Yo no militaba en ningún partido político, no tenía antecedentes penales, no había cometido ningún delito. Sin embargo, otro llamado, esta vez de un argentino de ultraderecha (por suerte olvidé el nombre) que ahora fue declarado persona non grata en España, habló con el conserje del hotel y le dijo que si allí seguían albergando a ese "terrorista comunista llamado Alterio" correrían peligro los setecientos pasajeros que estaban alojados, porque iban a colocar una bomba. El conserje me dijo que él suponía que se trataba de una broma de mal gusto, pero al mismo tiempo me pidió que me pusiera en su lugar. O sea que, gentilmente, me pidió que me fuera. Ahí empieza una nueva aventura para mí, durmiendo en la casa de este amigo español, con muy poca ropa, sin trabajo y con el corazón totalmente partido, esperando que otra llamada de la Argentina me devolviera la vida. Sólo quería escuchar dos palabras: "podés volver". Pero ese milagro no se produjo hasta después de muchos años, y entonces la decisión de abandonar el exilio ya no era tan sencilla, porque en España había echado raíces muy profundas, y para mis hijos hubiera significado un desprendimiento muy grande.

    Lo triste de todo esto es que nunca supe por qué lo hicieron. Jamás recibí una explicación de nada. Lo único que puedo decir es que esa organización siniestra que fue la Triple A, comandada por José López Rega durante el gobierno de Isabel Perón, necesitaba prensa, necesitaba meter miedo entre la población y por eso eligió a cuatro representantes del medio cultural de la Argentina: a Horacio Guaraní, a Beto Brandoni (que era el secretario del gremio de los actores), a Nacha Guevara -que en ese momento estaba casada con Favero-, a Norman Briski y a su mujer, que era una psicoanalista francesa, y a mí. Nosotros fuimos los primeros argentinos amenazados. Como la noticia a mí me la dieron en España, ni siquiera tuve tiempo de prepararme mentalmente ni de despedirme de la gente que me rodeaba. El resto de mis compañeros amenazados se dispersó por Latinoamérica.

Este fue el primer ensayo llevado a cabo por la Triple A y realmente les dio resultado, porque todos nos marchamos. Luego comienzan a llevar a cabo una acción más dura y sangrienta. Además, aunque en la Argentina *La Patagonia rebelde* había hecho mucho ruido, en España la película se prohibió porque cuando llega, el gobierno, bajo el régimen franquista, se opone a que se exhiba. Este film esconde, además, otra historia secreta que vale la pena contar. La película se hizo en el país bajo la mirada de tres gobiernos peronistas, pero cada uno de ellos con una visión diferente de las cosas. Empieza con Cámpora, que es el que posibilita toda la cobertura militar, los tanques de la época, los uniformes, etc. Promediando la película, sacan a Cámpora del poder y lo ponen a Lastiri, que empieza a hacer algunas objeciones. Luego, con la llegada de Perón, la película estuvo prohibida varios meses porque el general no quería que se estrenara. ¿Qué pasó después? Los diputados en el Congreso hicieron fuerza para levantar la prohibición. Pero, como te decía, al llegar a Madrid nuevamente fue censurada.

Al cabo de seis años de exilio, mi hermano mayor me dijo que podía venir a celebrar las fiestas, "pero ni se te ocurra hablar ni trabajar". Para mí, los preparativos del viaje fueron emocionantes. A todo esto, yo ya había tramitado la nacionalidad española y, por ende, toda mi familia también la tenía. Por temor a que pasara algo, decidimos ingresar con pasaporte español. De esa manera, pensamos, si algo nos sucede nos queda la posibilidad de refugiarnos en la Embajada española. Yo creo que no dormí en todo el viaje, y al llegar a Ezeiza recibí el gran susto de mi vida. Fue una fracción de segundo que casi me provoca un paro cardíaco. El señor que sellaba los documentos les da el OK a los de mis hijos y mi señora, y cuando toma el mío, al ver la foto y el nombre, pero en documento español, dudó y el sello quedó suspendido en el aire. Yo estaba al tanto de cada uno de sus movimientos y al darme cuenta de que él tenía dudas inmediatamente giré el cuerpo y lo primero que pensé fue "yo me vuelvo al avión". Pero afortunadamente selló el pasaporte y pude ingresar. Ezeiza estaba distinto. Se podía ver a la gente saludando y allí estaban mis hermanos, mis sobrinos... Entré y me golpeó el ruido, el olor... Me golpeó bien, pero fue muy fuerte. Además, aquí se produjeron cosas conmocionantes. Gente conocida que no me llamaba por teléfono para no comprometerse, o gente que cruzaba la calle para no saludarme. Pasé las fiestas. En esa época se les pedía a los productores, previo el inicio de una película, el elenco, y cuando se presentaba éste, se tachaba a los actores que se consideraba que no podían trabajar. Muchos productores amigos pusieron mi nombre, que sistemáticamente era tachado. Para evitar eso, algunos amigos me dijeron "por qué no vas al Ente, decís cuál es la situación, conseguimos que te blanqueen y salgas de la prohibición". Hicieron fuerza. "Qué te parece si hablás con..." Afortunadamente se me olvidó el nombre. Los amigos recurrieron a alguien vinculado con un militar. "Vas a tener que esperar audiencia, dos o tres meses." A los quince días tenía que volver a España. Esa semana, cuando suena el teléfono y me dicen: "Flaco, ya está, tenés que ir mañana a la Casa Rosada -nunca en mi vida había entrado. Fue en el 81, con Galtieri-. Tenés que ir a las 9 de la mañana, con eso te blanquean". Empujado por los amigos, porque lo hacían con buena voluntad, para poder participar entro a la Casa Rosada, y para colmo había una puerta electrónica para ver si tenía armas. Prendí un cigarillo y me llevaron por escaleras y salones y me recibió un teniente coronel, y yo no sabía qué hacer con el cigarrillo. Era un salón que daba a la plaza, o sea que la luz me cegó totalmente. Yo entré, no vi nada, pánico total, y aparece al costado una voz que me dice: "Sr. Alterio, tengo 20 minutos para usted. Dígame". Y entonces se me ocurrió "bueno, mire, me llamo Alterio". "No, si ya sé cómo se llama." Le conté que me habían echado del país por una situación que desconocía, y que tenía necesidad de trabajar en mi profesión aquí, pero tenía entendido que estaba prohibido. "Sí, usted como mucha gente; los actores son un poco izquierdosos. Vino mucha gente a pedir por usted, y yo, evidentemente, a usted no lo banco. Pero no se preocupe, yo quiero ser sincero con usted." Lo que me quiso decir es que él no asumía la responsabilidad de darme permiso, tenía que hacer todo el trámite de ir a otra repartición, de llenar formularios, de llevar currículum, en fin, de ablandamiento. Porque si él me hubiera bancado, firmaba y listo. Cosa que habría hecho con alguno y conmigo no. "Lamentablemente -me dice- estamos en verano y todas las reparticiones cerradas, pero usted inténtelo, que a lo mejor, con suerte... Aquí el presidente... -ahí me di cuenta de que estaba él de turno-. Ahí -me dice- vaya usted a Moreno, donde una vez pusieron una bomba" (el comedor de Coordinación). Yo dije: "yo no voy". Al final fui, estaba jugado. Me atendió un oficial muy jovencito. El clima era diferente. Si éste aparentemente era afable, el otro era espantoso: un olor a orín, todo derruido, con órdenes, muy militar, una cosa que me descomponía. "Vengo a ver a fulano de tal." Y me atiende este señor: bueno, mire, ni me recibió. "Véngase mañana con un currículum de todas las películas que hizo acá y en España." Mi hermano había sido policía de tráfico y se ofreció acompañarme, y la cosa cambió. Otro trato me dio este señor, y ahí se produce una situación particular. "Aquí está toda gente como usted -tenía todo el fichero de los actores compañeros y me dice-: "Lo que pasa con usted es que no sabe elegir las películas. Usted necesita a alguien que lo oriente." Pensé: *La Patagonia rebelde,* porque había irritado mucho. "Usted trabajó en películas como *La tregua*. Es una película que no tiene nada que ver con nuestra idiosincrasia occidental y cristiana; es un hombre mayor que se enamora de una chica que puede ser su hija, tiene un hijo homosexual, manda a la mierda el trabajo. Usted sabe lo que tiene hacer, aquella película que se llamaba *La Patagonia rebelde".* Para él, cosa que para otros no era, representaba una situación épica que se había producido, pero esto para él era terrible. Es ahí cuando me di cuenta de la confusión total que padecían mis compañeros que se quedaron aquí, y esta gente: que vos podías entrar a un canal sí y a otro no, a una provincia sí, a otra no. En Córdoba no se podía pasar porque estaba Menéndez. De todo ese caos me di cuenta en ese momento. "Aconséjeme usted la próxima vez", le dije. "Vamos a considerar su situación, y no le prometo nada. Ya veremos." Yo salí de ahí, le agradecí a mi hermano, ya que la presencia de mi hermano fue positiva, y me volví a España. Pasaron dos, tres o cuatro meses y me llama Marito Sabato y me dice: "Flaco, se dio la película". Se llamaba *Tiro al aire,* y volví aquí, también con prevención, no pudiendo hacer declaraciones pero afortunadamente trabajando. Había un jefe de prensa que tenía preparado un trabajo de promoción de la película, en el que estaba el proyecto de que fuera a los almuerzos de Mirtha Legrand. Previo a eso, el productor me lleva a un programa de Canal 13 (un domingo), donde había un conductor de un programa ómnibus de la época, y donde encontré a muchos técnicos amigos con los que había trabajado. Era emocionante volver a verlos. Y entro al programa y me fotografían grande y todos me decían estamos contentos de verte. "Voy a hacer una película..." "Y te vas a quedar..." "Casi seguro, no sé." No dije absolutamente nada, pero mi cara estaba grande. Me voy con aplausos, y a la mañana siguiente me dice el jefe de prensa: "No te dejan con Mirtha. No sé, me acaban de llamar, que no podés ir, estás prohibido". Entonces no me supo dar ninguna explicación, y a la media hora me llamó Mirtha. "Mire, perdóneme, nosotros con todo gusto, pero aquí estamos supeditados a un militar..." Y entonces, la respuesta o el motivo por el que me prohibían era porque este militar dijo: "Héroes, no". Como si yo hubiera sido un héroe que volvía vencedor de una batalla. Eso fue provocado por el impacto que produjo mi imagen en la televisión, por el aplauso que recibí de la gente. Eso causó la ira de este militar, que era el que mandaba ahí, y le dijo a Mirtha: No. A partir de ahí todas mis intervenciones eran controladas por el productor. En ese clima hice la película. Después vino *Los viernes de la eternidad.* Con Héctor Olivera fuimos a promocionarla a Tucumán y tuvimos que salir del cine porque habían puesto una bomba. En ese clima estuve hasta que se terminó todo; entre amenazas, prohibiciones, miedos. ✄

Sangre, sudor y... muerte. Existía la más cruda y cruel represión. Muchos militantes radicales fueron silenciados mediante la cárcel, las persecuciones y un alud de procesos e imputaciones que nunca pudieron probarse. Varios anarquistas militantes fueron pasados por las armas. Así, Joaquín Penina, de veintitrés años, fue fusilado en Rosario el 10 de setiembre de 1930. Luego, Severino Di Giovanni, y Scarfó; y Tamayo Gavilán, ultimado tras una presunta resistencia. Fue conmutada por Uriburu la condena capital de los anarquistas Montero, Gaytoso y Ares, en diciembre de 1930. Se prohíben publicaciones obreras y la difusión de todo material afín a esas ideas. A los presos políticos confinados en la cárcel de Villa Devoto se les golpeaba ferozmente la cabeza con un pesado ejemplar de *El capital,* de Carlos Marx, editado por Espasa Calpe. Se les obliga además a tragar panfletos editados por grupos de izquierda, comunistas o no. Las torturas policiales fueron perfeccionadas con el aporte de tecnologías avanzadas para la época. Son los tiempos de Leopoldo Lugones (h), la novedosa picana eléctrica y las deportaciones masivas hacia el Sur. El gas lacrimógeno se probará en 1934. La llamada Sección Especial cobró desde entonces notoriedad, acrecentada con el correr de los años.

La desazón y la desesperanza del intelectual argentino están vívidamente documentadas en numerosos testimonios de la época. Los grandes libros de la década son *El hombre que está solo y espera,* de Raúl Scalabrini Ortiz; *Radiografía de la pampa,* de Ezequiel Martínez Estrada; *Historia de una pasión argentina,* de Eduardo Mallea. Todos ellos, cantos de una expectativa desconsolada, análisis pesimista de una frustración colectiva.

El suicidio de Lugones, máximo pontífice de nuestras letras, es tan significativo como el de Lisandro de la Torre, y hay que sumarles los de Alfonsina Storni, Horacio Quiroga, Enrique Méndez Calzada, Edmundo Grandmontagne, Enrique Loncón, Florencio Parravicini, Mariano Calvento (h). Otras crisis vitales no llegan al suicidio, pero lo rondan: Leopoldo Marechal vive en París; Enrique Banchs calla; Benito Lynch se enclaustra en una acerba misantropía; Martínez Estrada, desde 1933, se ocupa sólo del ajedrez y del violín. Elegía y protesta son las formas predilectas de nuestra creación artística. Porque los años 30, amén de las ilusiones de grandeza perdidas, implican el auge de la mafia y de la censura más descarada.

Florencio Parravicini era el dueño profesional de las tablas porteñas. Aunque no faltaban cómicos como Tomás Simari, Pepe Arias y el incipiente Luis Sandrini, ni actores dramáticos como Elías Alippi o Enrique de Rosas, "Parra" es el símbolo de su tiempo y de su medio. Capaz en escena de las mayores zafaduras, en privado sufría una completa transmutación.

A fines de 1936 la represión gubernamental se disponía a tomar una grave medida contra Elías Castelnuovo. La revista *Claridad* dedicó un número a su defensa; en la tapa aparecía su fotografía y en sus páginas se publicaron notas de solidaridad y protesta. En aquel momento la llamada Ley de Residencia es aplicada con toda agresividad. "Limpiar de extranjeros el país es la voz de mando impartida por la reacción y puesta en práctica por sus agentes", dice en un manifiesto Antonio Zamora, fundador de la Editorial Cooperativa Claridad. Emanaba del poder una chatura moral y política que caracterizaba a los políticos cómplices. Mientras tanto, Elías Castelnuovo exigía hombres con pasión social.

Pocos meses antes del golpe del 30, un mediodía de la víspera de Navidad de 1929, Yrigoyen abandonó su domicilio de la calle Brasil al 1000, acompañado por su médico, Osvaldo Meabe, y por varios policías de custodia. Se dirigía a la casa de gobierno como lo hacía habitualmente. Un coche de custodia seguía al vehículo presidencial; dispersos por las inmediaciones se hallaban vigilantes y pesquisas así como vecinos simpatizantes que trataban de ver al viejo líder. La comitiva siguió hacia el este, atravesó la calle Bernardo de Irigoyen y circuló por Brasil al 900. Entonces estalló un violento tiroteo. Las crónicas y los testimonios reunidos por la investigación judicial posterior señalaron como origen del sangriento incidente el ataque llevado a cabo por Gualterio Marinelli, un mecánico dental de nacionalidad italiana y ex militante anarquista que tenía su local a pocos metros, quien provisto de un revólver calibre 32 que había comprado poco antes, abrió fuego contra el auto que conducía Yrigoyen, y dio con varios impactos en el vehículo pero sin dañar al ocupante principal. La custodia presidencial y otros empleados policiales acribillaron al agresor.

"*La Protesta* -dice Osvaldo Bayer- rechazó la versión oficial, pero de cualquier manera se distanció del posible atentado al señalar que para los anarquistas Yrigoyen valía más vivo que muerto, porque vivo seguirá cometiendo errores: muerto se convertirá en un mito." Otros, como el célebre Severino Di Giovanni o los redactores de *La Antorcha*, exaltaron al autor del atentado. El primero elevará al fracasado magnicida a la categoría de héroe. En *La Antorcha* se leía: "A pocas horas del atentado, nosotros sin conocerlo, pero justificando el hecho contra el gestor directo de las masacres de la Patagonia, la semana de enero, el Litoral y San Francisco, saludamos en Marinelli al brazo de la justicia popular". En esa jornada final, mientras Natalio Botana (director propietario del diario *Crítica*) estaba en el Colegio Militar en Campo de Mayo, al frente de una columna de civiles que azuzaba a las tropas a salir a la calle, la sirena de *Crítica* comenzó a sonar como únicamente lo hacía cuando algo extraordinario o grave acontecía. Mientras tanto, funcionarios o allegados al gobierno, desesperados, llamaban al diario antes que a las áreas de defensa o de seguridad. Desde su casa, tan deprimido como enfermo, el presidente de la Nación le sugirió al habitual editorialista de *La Época*, el diario oficial, que ese día escribiera sobre "San Juan y Mendoza redimidos": los radicales habían ganado las elecciones legislativas en esas dos provincias. Con el tiempo creció la versión, jamás confirmada, de que cada tarde el presidente Yrigoyen recibía una edición de *La Época* pletórica de buenas noticias, impresa únicamente para él. Acaso el editorialista no haya terminado de cumplir el encargo porque una manifestación de opositores violentos saqueó la residencia particular de Yrigoyen en la calle Brasil, así como las redacciones de los diarios *La Época* y *La Calle*. Gastón Barnar, director de *La Época*, huyó a Montevideo.

El 5 de setiembre *Crítica* titula: "Carecemos prácticamente de gobierno", mientras que en su editorial Botana se solivianta. "Esto se acabó", afirma, mientras que su frase final referida al presidente es "que renuncie". El día anterior, Yrigoyen, con la salud muy deteriorada, delega en el vicepresidente, Enrique Martínez, la responsabilidad del mando. Se instaura el estado de sitio en la capital. Amparado en ese recurso, el 5 de setiembre se intenta impedir la aparición de la sexta edición de *Crítica*. Se producen severos forcejeos pero el diario llega a la calle: la policía secuestra ejemplares y los rompe. Desde los balcones que dan a la Avenida de Mayo se arrojaban paquetes de diarios que los lectores recogían. A partir de este episodio inaugural, el primero de la centena de planteos y golpes militares que sufrió el país hasta 1990, quedó claro que cada uno de ellos gozó de la asistencia civil de empresas, de la complicidad de ciertos sectores de la sociedad y fundamentalmente, de empresas periodísticas y de periodistas en particular, que tenían excelente información, incluso anticipada, sencillamente porque participaban del golpe. En *Secretos del periodismo*, Félix Laíño señala que de inmediato se estableció la llamada "censura previa". Delegados del nuevo gobierno militar se instalaron en los diarios, algunos de los cuales llegaron a salir con espacios en blanco. "Esta censura-añade Laíño- refuerza la importancia de la prensa clandestina."

Es una orden. "Orden Político, una Tcheka tenebrosa..." Así definió el periodista Natalio Botana en uno de los artículos que escribió durante su destierro para *El Heraldo* de Madrid a la siniestra institución creada por Lugones (h). "Todo el país -agregaba- está en sus manos, desde Jujuy a Tierra del Fuego." En efecto, así fue. "En manos de Orden Político, de su jefe Lugones, de su consejero y asesor técnico David Uriburu, ha estado en los últimos doce meses de la dictadura todo lo que la República tiene de más dignidad y respetable. Es difícil encontrar a un ciudadano definido públicamente contra la dictadura, por eminente que sea su situación, que no haya sido reprimido por Lugones (h) y encarcelado correlativamente, en las sombrías celdas de la Penitenciaría Nacional. Con Lugones a la cabeza, Orden Político no respetó nada. Rectores universitarios, eminencias científicas, viejos parlamentarios, el ex presidente de la República, Alvear, ex ministros nacionales, legisladores, periodistas. Toda esa larga lista de servidores de la comunidad fue encarcelada, desterrada y sometida al espionaje ignominioso de esa institución. Es el imperio de una censura represiva." Como institución terrorista, Orden Político no tiene antecedentes en el mundo. Era un organismo anodino hasta que se hizo cargo de la repartición el coronel Pilotto. Diez o veinte empleados, a lo sumo, dedicados a la tarea de coleccionar informaciones sobre los dirigentes de la oposición, militantes obreros, trabajadores y ciudadanos cuyo único delito era expresar libremente sus ideas. Lugones la hizo tristemente célebre en pocas semanas y la organización pasó a manos de quien había sido ex rector del Reformatorio de Olivera. Mil novecientos empleados policiales pasaron a depender de ese organismo, que incluía una oficina en la que se leían diarios, revistas y libros con el fin de censurar aquello que se considerara inconveniente o pernicioso, de acuerdo con los parámetros de la dictadura en materia de medios. La correspondencia era violada escandalosamente. Se calcula que treinta mil personas pasaron por la "Tcheka", entre políticos, obreros y universitarios. El gobierno de facto del general Uriburu ejerció el poder entre el 6 de setiembre de 1930 y el 2 de febrero de 1932. El 6 de setiembre, por bando militar, el Gobierno implantó la pena de muerte y el día 10, una acordada de la Corte Suprema de Justicia de la Nación legitimó a las autoridades de facto. El 3 y 4 de febrero de 1931 fueron fusilados dos militantes políticos de tendencia anarquista, Severino Di Giovanni y Paulino Scarfó, a pesar de estar prevista la aplicación de la ley sólo en los casos graves de conmoción interna o de grandes desastres públicos que pusieran en peligro la estabilidad social. La represión institucionalizada, que contó con la colaboración de Leopoldo Lugones (h) y del asesor técnico Daniel Uriburu, se caracterizó por sistematizar la tortura. Además de los fusilamientos, se deportó a dirigentes gremiales y políticos, se ejerció una férrea censura contra periódicos sindicales y partidarios y en el ámbito policial se creó la Sección de Orden Político para vigilar y reprimir a los opositores. Era manifiesta la complicidad de la policía con los integrantes de la llamada Legión Cívica, organización de extrema derecha.

La nueva dictadura, apoyada por Estados Unidos, produjo en el plano económico y administrativo un desorden varias veces superior al del régimen anterior. Llegó incluso a disponer un decreto confidencial para que el gobierno se hiciera cargo de todas las deudas privadas de los oficiales del ejército. El terror militar se implantó en el campo político y sindical al ritmo de la joven oficialidad que acompañaba a Uriburu en su sueño de un Estado corporativo al estilo italiano. Pronto fue creada la policía política con el nombre poco sutil de Sección Especial de Lucha contra el

Comunismo. Se introdujo en el país la picana eléctrica y se aplicó por primera vez desde la abolición de la tortura en 1813. El sistema de tormentos como forma de extraer información, o castigar a detenidos políticos y sociales, provocó que centenares de opositores al régimen de Uriburu fueran encarcelados o asesinados. El 20 de diciembre de 1937, durante una reunión convocada por la Comisión Pro-Amnistía de los Presos Políticos y Exiliados de América, que se efectuó en el salón de actos del diario *Crítica*, se fundó la Liga Argentina por los Derechos del Hombre, la única existente hasta fines de 1975 cuando se creó la Asamblea Permanente. Figuraban entre sus fundadores Lisandro de la Torre, Mario Bravo y Arturo Frondizi. La organización, en sus primeros años de vida, asumió la lucha contra el racismo, el antisemitismo y contra toda forma de censura. Ya en 1919, durante la primera presidencia de Hipólito Yrigoyen, la Liga Patriótica atacaba a los judíos. La policía y las bandas fascistas desencadenaron un progrom sin cuartel, llevando el terror a los barrios judíos en mayo de 1919. Esta situación no había cambiado en 1937 ni en 1938, cuando asumió el gobierno el Dr. Roberto M. Ortiz, mediante el "fraude patriótico". En estos primeros años la Liga Argentina por los Derechos del Hombre prestó su apoyo solidario a los republicanos españoles exiliados en la Argentina.

TESTIMONIOS DE LA CENSURA
Pepe Soriano* : "El recuerdo del miedo".

"El día 23 de marzo de 1976 los delegados gremiales fueron convocados a una reunión donde por la parte patronal estaban presentes Galarraga, gerente de Relaciones Laborales; Marco,

---

* Pepe Soriano nació en Buenos Aires. De su paso por el cine, las películas más reconocidas fueron *La Patagonia rebelde*, *La Nona*, *Tute cabrero*, *Pubis angelical* y *Asesinato en el Senado de la Nación*. En el escenario, lo que más se recuerda es *No toquen a la nena* y recientemente *Mi bella dama*.

gerente de la planta de Estampado, y Luis Pérez, representante laboral. En esa reunión Galarraga les comunicó que la empresa ya no les reconocía representatividad como delegados obreros. Al terminar la reunión, el mismo les manifestó burlonamente "Ustedes le van a mandar saludos a un amigo mío, Camps"...
Testimonio de Adolfo Omar Sánchez, trabajador de la empresa Ford ante la Conadep (legajo n/ 7683).

Mi omnipotencia era tan grande que a pesar de las amenazas que recibí y de las dificultades que tenía para trabajar, yo me quedé en el país todos esos años, porque estaba convencido de que no me podían hacer nada porque no era un delincuente. De todos modos, yo tenía alguna certeza de que nada me sucedería porque a fines del 77 me crucé en el edificio donde vivía con un vecino mío, que era general del ejército, y al preguntarme cómo estaba le conté que mal, porque nadie me llamaba para trabajar. El se ofreció para averiguar qué cargos pesaban sobre mi persona ya que tenía acceso al archivo de los documentos de la SIDE. A la semana siguiente me invitó a tomar un café y ahí me dijo que mi vida no corría peligro porque a los militares se les había ido la mano y como el reclamo del extranjero era muy fuerte, habían decidido parar con los secuestros, las muertes y las desapariciones. Quédese tranquilo, me repitió, que a usted no le va a pasar nada. La mala noticia que me dio fue que la prohibición para trabajar en los medios estatales seguía en pie y por el momento eso no se modificaría. Le agradecí su gestión y, como la mayoría de los actores que estábamos en esas famosas listas negras, seguí apostando al teatro, que era lo único que me daba de comer. Cuando la angustia que sentía era muy fuerte lo que hacía era refugiarme en una casita que alquilaba en el Tigre.

El último trabajo que hice para la televisión lo recuerdo muy bien porque se interrumpió el 24 de marzo de 1976. Yo integraba un grupo que en ese momento estaba trabajando en el Canal 9 haciendo una telenovela que se llamaba *La batalla de los ángeles*. El libro era de Juan Carlos Gené, y tenía un gran elenco. Allí estaban María Rosa Gallo, Oscar Martínez, María Luisa Robledo, Walter Santa Ana, Marta Bianchi y Luis Tasca. Estábamos grabando y serían las tres de la tarde cuando vino al canal un grupo de militares a desalojarnos. Nosotros decidimos ir a un café y esperar. Como no pasaba nada y yo era contratado del canal, ya llevaba cinco años en él, decidí volver para averiguar. Pero sólo pude llegar hasta la puerta del canal porque ahí mismo me paró un milico y me dijo "Usted tiene la entrada prohibida". Ante esto, regresé al café y todos decidimos que lo mejor sería irnos a casa a esperar. Así, esperamos un día, otro día..., esperamos en vano, porque nunca nadie nos llamó ni nos dio explicaciones. El hecho es que desde entonces no volví más a la televisión. Yo alcancé a ver por la infidencia de una persona la orden de Menéndez donde aparecía mi nombre junto al de otros artistas que habíamos sido marcados como sospechosos. Esta persona me mostró la lista con mucho miedo y también me dijo que si alguna vez yo comentaba algo, él negaría todo.

Transcurrió todo el 76, el 77, el 78, y recién en el 80 la presión de afuera era tan fuerte hacia el régimen impuesto por los militares que sucedió un hecho bastante extraño. Me llamó Atilio Mentasti por teléfono y me comentó que me habían "liberado" por seis meses para que pudiera hacer algo. Eso permitió que Héctor Olivera me considerara para hacer *La nona*, sobre la base del texto de Tito Cossa. Cuando terminó la filmación, otra vez volví a estar prohibido. Fue como si dejaran que saliera a jugar un rato y nuevamente la penitencia. Eso fue muy duro. Me hicieron sentir un marginado. La condena del silencio y del olvido fue terrible. Esa fue quizás una de las razones más fuertes que pesaron sobre mi persona y me empujaron hacia España. Me ofrecieron la posibilidad de ir a trabajar allá durante el gobierno de Alfonsín. ✌

Testimonios de la Censura
Estela Barnes de Carlotto* : "En el nombre de Laura".

"Mil fusilados, veinte mil presos o desaparecidos, y trescientos mil exiliados son las cifras que se manejan en el extranjero sobre la situación argentina desde el 24 de marzo. El 18 de noviembre el general Harguindeguy calificó de demencial la segunda de estas cifras y alegó el "secreto militar" para no dar la verdadera. Confirmó así las sospechas de que el gobierno no da cifras ni nombres de detenidos para mantenerlos como rehenes que son fusilados en imaginarios enfrentamientos. Fuentes judiciales informaron de qué modo se llega al total de veinte mil presos o secuestrados. Solamente en los juzgados del Gran Buenos Aires se registra un promedio mensual de 400 recursos de hábeas corpus (desapariciones), y otro tanto en el interior del país, lo que eleva el promedio a 800. En más de la mitad de los casos, sin embargo, los familiares de los desaparecidos no se presentan a la Justicia por temor. Mil seiscientas desapariciones, en nueve meses, ascienden casi a quince mil, que sumados a los cinco mil presos políticos existentes desde el 24 de marzo dan la cifra que rechaza Harguindeguy..." Cadena informativa, Informe Número uno, diciembre de 1976.

"Al primero que se llevaron fue a mi esposo. No por tener una militancia, sino porque estaban detrás de Laura, que militaba en la Juventud Universitaria Peronista en La Plata. Él había ido hasta su casa, que había sido allanada, y ahí lo chuparon. Eso fue el 1º de agosto de 1977. Ahí

---
7. Estela Barnes de Carlotto es la Presidenta de las Abuelas de Plaza de Mayo desde 1989. Esta mujer, que siempre había ejercido la docencia, decidió jubilarse en La Plata (donde vivió toda su vida) en mayo del 78, para dedicarse de lleno a la búsqueda de su nieto Guido. Tiene otros 3 hijos, y es abuela de 10 nietos.

empezó mi aprendizaje de cómo buscar a alguien que se lo había tragado la tierra. Fueron veinticinco días de peregrinaje continuo, de golpear puertas, de pedir por favor que alguien me ayudara, de mucha desesperación. Hice todo lo que el sentido común me decía: fui a los hospitales, a las comisarías, hablé con curas, con el ayudante del obispo de La Plata que era monseñor Plaza, y hasta me entrevisté con un militar que era el entonces general Bignone, secretario de Videla, porque yo era amiga de su hermana. Dijo que me iba a ayudar y en realidad me mandó un compañero de armas que me interrogó más que darme una mano. También fui chantajeada. Me pidieron un rescate por la vida de mi esposo, que con mucho esfuerzo reuní y pagué. La suma que querían era 40 millones de pesos, el equivalente al valor de una casa. Vendí lo poco que tenía, empeñé algunas cosas, pedí prestado y así reuní la suma. Mi esposo fue liberado. Y ahí supe cómo torturaban a los prisioneros. Muchas veces me preguntaron qué haría si me enfrentaba al asesino de Laura, un capitán del Ejército que ya murió. Y la verdad que sentiría mucha lástima y asco porque no fue un ser humano, sino un bicho. Se degradó. Y los que tienen a Guido, a mi nieto, si saben la verdad, no viven tranquilos. Mienten, ocultan datos, cambian de lugar, están en permanente vigilia. La impunidad de la que gozan no es sinónimo de paz.

Ese fue el plan de la dictadura. Robarnos a nuestros nietos, quedarse con los hijos de las prisioneras embarazadas. Anularles la identidad y en la mayoría de los casos anotarlos como hijos propios. Los niños quedaban en manos de los represores que habían secuestrado y asesinado a sus padres. En esta situación hay 230 casos de niños, y gracias al trabajo incesante de las abuelas se han recuperado 63. Todavía queda mucho por hacer y aunque muchas veces pensé que estaba cerca de abrazar a mi nieto, la esperanza se esfumaba. Pero ya lo encontraré. Estoy segura de que así será.

Laura era la mayor de mis cuatro hijos, nació el 21 de febrero de 1955 y creció en una ciudad tranquila como es La Plata. Una ciudad que se caracteriza por sus estudiantes y obreros, aunque ahora nos estamos quedando sin obreros por el cierre de las empresas. Mi marido tenía una pequeña fábrica de pintura, yo era docente, directora en una escuela. Llevábamos un programa de vida normal, un poco burgués pero con mucha conciencia de solidaridad. De cualquier manera, la educación que recibieron nuestros hijos y los de toda esa generación les permitió ser libres e independientes por su propio pensamiento y eso fue toda una explosión, que se vio no solamente en Buenos Aires, sino en todo el país y Latinoamérica. ¿Qué querían esos jóvenes? ¿Cuáles eran sus ideales? Buscaban un sistema de vida más justo. Ese era el ideal de Laura, y lo manifestó participando en grupos estudiantiles de la Universidad. Pero lo que en principio fue una militancia estudiantil abierta, libre, con un montón de sueños, se transformó en algo clandestino. A partir de la dictadura, en marzo del 76, una política de terror y avasallamiento de los derechos sociales e individuales se instaló en la República Argentina. En La Plata era permanente lo que se escuchaba o se leía sobre las muertes de muchos jóvenes, los ataques a las viviendas, la desaparición de hombres y mujeres que no se sabía adónde habían ido a parar. Por todo esto, Laura y su pareja buscaron refugio en Buenos Aires y desde allí ella llamaba con mucha precaución a la casa de sus padres. También escribía cartas, donde nos contaba qué hacía, cómo vivía. Mi esposo, después de su liberación, se encontró con Laura en Buenos Aires; yo la iba a ver más adelante. Era más fácil que ellos se vieran porque mi marido tenía que viajar con frecuencia a la Capital para hacer compras para su negocio, de modo que sus movimientos no llamaban la atención ni despertaban sospechas. En esas charlas que ellos tuvieron él le pidió muchas veces que se alejara del país, porque era peligroso permanecer en Buenos Aires, pero Laura siempre se negó. Decía que su trabajo no era importante (estaba en prensa de Montoneros) y que no nos preocupáramos. La última carta que recibimos tiene fecha 16 de noviembre del 77 y es por esos días que nosotros suponemos que desapareció. Allí nos comentaba que ninguno de sus compañeros deseaba la muerte, que todos querían vivir y que tenían muchos proyectos, pero que también sabían que miles iban a morir. "Pero mamá -agregaba- esta muerte no va a ser en vano". Esas palabras las tengo grabadas a fuego. Porque la muestran como era: alegre, siempre optimista, pero muy fuerte y convencida de sus propósitos políticos. Bueno, su desaparición me convocó a lo que ya había hecho por mi marido. Buscarla por todas partes, preguntar en las comisarías, en los hospitales, redactar recursos de hábeas corpus. Y también dar dinero. En esa oportunidad nos pidieron 150 millones. Y con la ayuda de mi esposo logramos reunir tal suma, pero fue en vano. Nos estafaron. En ese momento, yo sólo buscaba a Laura, no sabía que iba a ser abuela. La noticia de que había un nieto en camino nos llegó más tarde, a través de una señora que había estado secuestrada junto a Laura.

Laura estuvo en un campo de concentración llamado La Cacha, que en realidad eran unos galpones abandonados donde había funcionado Radio Provincia, y que estaba ubicado entre las dos cárceles para hombres y mujeres de Olmos. De eso ya no hay rastros porque fue todo dinamitado. Cuando ella desapareció yo no buscaba un nieto. Sin embargo, el 17 de abril de 1978, apareció en la fábrica de mi marido una señora que con mucho temor se acercó para decirle que había estado secuestrada junto a nuestra hija y que su embarazo era de seis meses y estaba bien. También nos mandaba decir que el niño nacería en junio y que si era varón quería llamarlo Guido, como mi esposo. Nos pedía que lo buscáramos en Casa Cuna, porque allí le habían dicho que lo dejarían. Yo me puse muy feliz porque imaginé que la dejarían vivir por el bebé. Ahí mismo empecé a tejer cosas para el niño o la niña que llegaría. Me sentía contentísima porque además pensé que cuando mi hija saliera iba a tener algo por qué vivir. Muchas veces fui a Casa Cuna, pero todo fue inútil. Incluso llegué a hablar con el director y cuando supo que era una de "esas abuelas" desesperada por encontrar a su nieto, me negó todo tipo de información. A través de una secretaria llegué a enterarme de que por esos días una beba había sido entregada a un juzgado y fui a tribunales para ver si era mi nieta. Esa beba -lo supimos más tarde- era hija de otros desaparecidos y ya recuperó su identidad.

El 25 de agosto del 78 recibimos una notificación de la comisaría del barrio de La Plata donde vivíamos, para que nos presentáramos urgentemente en la seccional de Isidro Casanova, en La Matanza. Yo pensé que seguramente estaba Laura esperándonos con el bebé. Pero también pensamos ¿no la habrán matado? Cuando llegamos, el comisario nos mostró el documento de Laura y nos preguntó si la conocíamos. Al decirle que se trataba de nuestra hija, agregó que lamentaba tener que decirnos que había fallecido. Ante esto, me lo quise comer crudo. Le grité que eran todos asesinos y que ese Cristo que tenía sobre la pared los iba a condenar. ¿Dónde está mi nieto?, le gritaba. Pero el comisario se hacía el desentendido: ¿De qué habla, señora? Pero mis gritos lo asustaron tanto que sacó un revólver del cajón y lo puso sobre el escritorio para asustarnos. Mi esposo y mi hermano reconocieron su cuerpo. A mí no me dejaron verla, porque estaba destrozada. Lo único que hice fue tocarle la manito. Después de firmar, nos llevamos a Laura para La Plata. Ahí tuvimos el "privilegio" de velarla, enterrarla, hacer el duelo. Pero de ninguna manera tanto dolor me quitó las fuerzas para seguir luchando. A los tres días de enterrarla me jubilé y me empecé a dedicar cada vez con más fuerza a buscar a mi nieto. No es que no exista otra cosa. Existen mis otros 10 nietos, mis otros 3 hijos y mi esposo, que está muy enfermo... Si tengo que festejar algo lo hago, si tengo que reírme también. Vivo en homenaje a ella y porque es mi carácter. Y esa vida la transfiero a mi lucha y lo hago desde una perspectiva no vengativa, no de revancha, sino de amor. El amor hacia ella y hacia mi nieto que en el 89 supe que era varón. En un viaje a Brasil que hicimos con otra abuela, ese año, nos contactamos con un matrimonio de refugiados políticos, ella abogada y él periodista. Esta mujer nos contó que había estado en un lugar donde había dos embarazadas. Una era María Laura, a la que le dieron la libertad el 22 de agosto, y el 4 de agosto a Rita (así le decían a Laura) para encontrarse con su hijo, porque sus padres lo estaban criando en La Plata. Eso es lo que le habían dicho. Mientras la escuchaba, mi corazón latía fuerte porque estaba hablando de mi hija. Rita tuvo un varón, nos dijo. Nació el 26 de junio del 78. Y ahí me enteré de todas las circunstancias, de cómo sacaron a mi hija para que diera a luz. La llevaron desde La Cacha para que lo tuviera en el Hospital Militar Central de Luis María Campos. El traslado lo hizo un militar llamado Minicucci, en su auto, y después del parto él la llevó nuevamente al campo de concentración. Este Minicucci creo que ya murió. Pero yo tengo el testimonio de una persona que dice que mi nieto quedó ahí solito, en el hospital, y que luego, por orden de Minicucci fue retirado por un civil. Cuando les dije a este matrimonio que mi hija había sido asesinada, ellos no podían creerlo. No es cierto, decían, ella se despidió de todos y hasta la hicieron cambiar. Le dieron ropa limpia y yo misma le presté un corpiño negro de encaje, porque ella no tenía. Ante mi insistencia de que Laurita había sido asesinada, esta mujer admitió que en un momento determinado mi hija había dudado acerca de su destino, porque minutos antes de partir, los secuestradores le pidieron que Carlitos, otro detenido, también la acompañara, y ahí fue cuando Laura manifestó su desconfianza: "Me parece que nos van a hacer boleta". ¿Por qué la hicieron cambiar? Porque el plan era entregarnos su cuerpo y no podía mostrar rastros de suciedad, de abandono, porque ésa era la prueba de la clandestinidad. Esa fue una de las razones por las que yo pedí la exhumación del cuerpo de Laura, porque quería tener las pruebas de todo lo que estaba averiguando.

La dictadura había dicho que Laura era una terrorista peligrosa, y que el día que murió fue porque iba en un auto con otro delincuente como ella y en un control de ruta comenzó a correr, desacató la orden de detención y hubo un tiroteo que acabó con su vida. Además dijeron que nunca había tenido un hijo. Todo eso lo teníamos que demostrar y toda mi familia estuvo presente en la exhumación. Allí apareció el corpiño negro (que le habían regalado), una dentadura muy cuidada en algunos aspectos y descuidada en otros, producto del cautiverio, aparecieron las balas disparadas a menos de 30 cm en el cráneo, de atrás hacia adelante y de arriba hacia abajo. O sea que le tiraron desde arriba hacia el suelo con armas de grueso calibre, y la cápsula, en vez de caer, quedó adentro de su cráneo. Eso demostró que fue un asesinato. No fue un operativo, sino que la mataron impunemente. Y luego, por los huesos de la pelvis, supimos que Laura había sido mamá en término, porque cuando eso se produce quedan registradas unas líneas que son como estrías y Laura las tenía. Entonces el antropólogo, un norteamericano que vino a formar a los estudiantes para llevar a cabo este trabajo, me dijo en el cementerio: "Estela, tú eres abuela", como confirmándome lo que ya sabíamos. Todas esas pruebas científicas, yo las brindé en el momento del juicio a los Comandantes de la Junta, pero el castigo todavía no llegó para esos responsables. Quizás el día que encuentre a Guido podrá ser... porque por los niños no hay perdón. Estamos llevando a la cárcel a Massera, a Videla y a otros por el robo de chicos.

Después de jubilarme, me incorporé de lleno al grupo de las abuelas de La Plata, donde fui muy bien recibida. Era un grupo que ya venía trabajando con mucho temor. Todo era clandestino, y cuando me sumé, todas me decían que era una suerte porque por haber sido maestra podía ocuparme de redactar cartas, organizar la papelería. Era un grupo muy informal, no sabíamos cómo íbamos a hacer. En principio, confeccionamos una lista con los nietos desaparecidos de cada una. Fue la primera carpeta. Los abuelos se quedaron porque alguien tenía que trabajar para seguir comiendo, y los militares, al ser tan machistas, siempre creyeron que nosotras, por ser mujeres, nos íbamos a cansar, que éramos menos peligrosas.

¿Qué otras puertas se cerraron? Todos los jueces a quienes recurrimos con el pedido de hábeas corpus contestaban que desconocían el paradero de nuestros hijos. No obstante, muchos de ellos (después supimos) estuvieron en contacto con secuestrados y conocían perfectamente la metodología de la desaparición. Incluso algunos de los jueces se negaron a tomar declaraciones sobre apremios ilegales a prisioneros con signos evidentes de tortura, que apenas podían mantenerse en pie, provenientes de campos de concentración y que luego fueron legalizados. La alta jerarquía eclesiástica y muchos sacerdotes conocían las violaciones a los derechos humanos y se solidarizaron con la Junta Militar, como consta en numerosas denuncias. Hay otras muestras de complicidad. Muchos políticos conocían la existencia de los campos de concentración. Pero no decían nada. Optaban por callar.

Monseñor Plaza fue siniestro. Denunció hasta a su propio sobrino. Además, él iba a los campos de concentración sabiendo que ahí se torturaba y se mataba. También hubo puertas de políticos que uno esperaba que se solidarizaran con nuestro dolor, y se cerraron; o peor aún, escucharon y no hicieron nada. Hay una historia muy triste que involucra a Balbín, que duele contarla pero que es cierta. Recurrimos a él a través de un amigo de mi marido, y aunque prometió ocuparse de nuestro caso, cuando mi esposo fue a verlo, una semana después, y lo hicieron pasar, vio el papel con el nombre de nuestra hija en el mismo sitio que antes. No había hecho nada. Después, Balbín fue a decir a Europa que estaban todos muertos. A partir de diciembre del 83, con gobiernos constitucionales tuvimos acceso a expedientes de adopción, a partidas de nacimiento, y recorrimos muchas Casas Cunas buscando ese famoso libro negro, que era el "clandestino", el ilegal, donde se anotaban los chicos que provenían de madres en cautiverio. Pero jamás logramos que alguien nos lo mostrara. Es más, el entonces director de la Casa Cuna de La Plata siempre negó la existencia de ese libro. Lamentablemente, en el momento de tomar el poder, los militares contaron con un consenso nada despreciable en torno a su proyecto, uno de cuyos puntos centrales era la destrucción de la subversión. Y tampoco hay que olvidar que el terror había ganado las calles. Policía, ejército, marina, aeronáutica y parapoliciales se disputaban los militantes y el botín. Los Falcon verdes sin patente, recorriendo las calles, atemorizaban. Cualquier movimiento extraño en una casa, oficina o local implicaba un allanamiento y la detención de cualquier sospechoso. De esta manera, se fue anulando toda posibilidad de reacción de parte de la sociedad. Las actividades políticas y sindicales fueron prohibidas, se controlaban las listas de personal de las grandes empresas, la mayoría de los delegados fueron chupados, muertos, y los que se salvaron optaron por refugiarse en otros sitios. Para poder seguir vivo, lo mejor era no ver, no oír, no saber.

Así fue que buena parte del personal de los hospitales militares (médicos enfermeras) vieron prisioneros encapuchados y esposados en mal estado de salud, pero no dijeron nada. Finalmente, las leyes de obediencia debida y punto final fueron nefastas. Fue un agravio muy grande para la sociedad.

Estoy completamente segura de que Guido vive en la Argentina. Muchas veces tuve pistas que llevé a la Justicia, pero el resultado fue negativo. Hubo un caso de un nene que nunca se dilucidó, y yo aún conservo esa foto porque le veo algo familiar. No sé. Desconozco quiénes son las personas que lo criaron, qué cosas le gustan, cuáles son sus ilusiones, cómo es su cara, su cuerpo... Sólo sé que el 26 de junio de 1999 cumplió 21 años y yo voy a seguir trabajando para encontrarlo, porque quiero conocerlo. ✂

Capítulo IV
Los descamisados al acecho
(1943- 1955)

Cerró los ojos, preguntándose si su memoria le permitiría recordar con exactitud aquellos días. "Lo de las patas en la fuente no era joda -decía mi tío Osvaldo con los ojos humedecidos-. Era la primera vez que los cabecitas negras podíamos decir lo que nos pasaba. Que lo parió, no nos perdonaron nunca." Había llegado el peronismo con las obras sociales, el aguinaldo, las vacaciones, la casita propia y los sindicatos. Llegó Evita y fustigó a las burguesitas de Barrio Norte. Llegaron los negritos y le cambiaron la cara al país, a pesar de Raúl Alejandro Apold, la Secretaría de Prensa y la censura. No fue una revolución ni mucho menos, pero aun así le molestó al poder tanto "cabecita" junto y con ganas de existir.

Memorias

Los prohibidos. En 1951 el gobierno peronista clausuró *La Vanguardia*, el órgano tradicional del socialismo en la Argentina. La censura alcanzó a diferentes sectores del arco ideológico: fueron clausurados diarios radicales como *Provincias Unidas*, comunistas como *La Hora* y nacionalistas como *Tribuna*, que en 1946 había apoyado la candidatura de Juan Domingo Perón. Hubo otros casos como *El Intransigente*, de Salta, y *La Nueva Provincia*, de Bahía Blanca, este último uno de los baluartes de la dictadura genocida de Videla, Massera y Agosti iniciada en 1976. El liderazgo de la cadena oficialista lo ejercía el diario *Democracia*, órgano fundado en 1945. También integraban la red gubernamental *El Laborista* y *La Época*. La cadena oficial incluyó también a tradicionales vespertinos porteños: *Crítica*, fundado por Natalio Botana, y *Noticias Gráficas*, el tabloide creado por Jorge A. Mitre en 1931 y transferido en 1938 a Jorge Agusti. Una situación igualmente discutida fue la del vespertino *La Razón*, nacido durante la primera década del siglo y transferido al gobierno nacional mediante una operación oscura. Tras la caída de Perón, en ásperos y encrespados litigios el diario fue centro de un resonante hecho policial: el asesinato del abogado Marcos Satanowsky. También formaron parte de ese emporio periodístico las publicaciones de Editorial Haynes, que pasaron al gobierno como consecuencia de la estatización de los ferrocarriles. A esto hay que agregar un rígido control sobre las emisoras de radio privadas y oficiales. A la cabeza de todo ese andamiaje periodístico figuraba el legendario Raúl Alejandro Apold, a quien sus opositores más encarnizados llamaban con cierta desmesura "el Goebbels del peronismo". Obviamente, nada comparable con lo que sucedería a partir de la vilmente llamada Revolución Libertadora. Otra vez la censura de la muerte se haría presente en la Argentina.

Los isleros. Relato de Lucas Demare: "En 1950 iba a filmar *Los isleros,* con Francisco Petrone. Pero los dos tuvimos problemas políticos. A mí me levantaron la prohibición, pero él se tuvo que ir a México a pesar de que Homero Manzi hizo todo lo posible para ayudarlo. Decidí entonces hacerla con Sebastián Chiola, pero un día se enfermó, y se murió a los pocos días. Aquello fue un golpe terrible para mí. Elegí entonces a García Buhr, quien estaba muy fichado por su antiperonismo. Todos los de la barra del Ateneo estaban en contra del régimen. Así, hice *Los isleros* con Tita Merello y García Buhr. Era muy difícil trabajar con Tita, muy difícil. Mi antiperonismo nunca fue militante. A mí me hinchaba profundamente las pelotas la falta de libertad. Todo era un 'tachín-tachín' infernal y en realidad creo que los problemas de fondo no se solucionaban, seguían las villas miseria, la explotación de los pobres y la dependencia, y además la censura era terrible. Que no me jodan, creo que Perón siempre fue un mentiroso con mucho talento".

Los medios. En 1949 eran millones los trabajadores que gozaban del acceso a bienes antes inalcanzables: salarios dignos, estabilidad laboral, vacaciones pagas, indemnizaciones por despido, asistencia a través de las obras sociales, aguinaldo, jubilación, etc. Pero ese mismo año, el empréstito del Eximbank que se firmó para evitar la virtual cesación de pagos demostró el final de una etapa. Mediante una ley sancionada en 1949, se determinó que 1950 sería dedicado a la conmemoración del Libertador General José de San Martín. La ley -que entre otras disposiciones determinaba que en todos los documentos y publicaciones oficiales figurara la leyenda "Año del Libertador General San Martín" -sería utilizada como pretexto para la clausura de muchas publicaciones opositoras. El ejecutor de la tarea fue el diputado José Emilio Visca, a cargo de la comisión parlamentaria encargada de investigar las torturas a presos políticos denunciadas por la oposición. La Comisión intervino el stock de papel de diario y los pocos órganos de prensa que subsistieron redujeron sus tirajes.

El 25 de enero de 1951, a instancias de Eva Perón, el sindicato de los canillitas reclamó el periódico de los Gainza Paz, baluarte de la oligarquía argentina. Por la noche, piquetes del sindicato rodearon los talleres e impidieron la entrega de la edición. El personal hizo diversas gestiones a partir de una consigna: mantener la fuente de trabajo. Al cabo de un mes de paralización, un grupo de trabajadores intentó retornar a los talleres, por lo que se desató una dura batalla entre policías y trabajadores. Hubo 14 trabajadores heridos, dos de ellos de gravedad, y el obrero Roberto Núñez, muerto. Tras los acontecimientos se formó una comisión bicameral que tomó posesión del diario y ordenó la detención de su director, Máximo Gainza Paz, quien huyó al Uruguay y luego a los Estados Unidos, donde residió hasta después de la caída de Perón.

El enemigo es el pueblo. El desagravio a la bandera que debía realizar la Fuerza Aérea dio a los conspiradores la oportunidad de iniciar el levantamiento, del que también habrían de participar grupos de civiles católicos y nacionalistas. El clima les jugó una mala pasada y dio tiempo a que el ministro del Ejército, general Franklin Lucero, pudiera alertar al presidente, que se trasladó a la sede del ministerio. A las 12.40 los aviones comenzaron a bombardear la Casa Rosada y la Plaza de Mayo, mientras un grupo de infantes de Marina salía del ministerio de esa fuerza y avanzaba sobre la Casa de Gobierno, logrando entrar en ella a pesar de la resistencia que le presentaron la dotación de granaderos y los efectivos del regimiento motorizado. Como el propósito era matar al presidente, cuando vieron que éste no estaba en la sede oficial los soldados se refugiaron en una estación de servicio sobre Paseo Colón; de allí fueron desalojados tras un durísimo combate que duró casi cuatro horas. Mientras tanto, la ciudad era un caos. A esa altura se contabilizaban más de 300 muertos, en su mayoría pacíficos transeúntes que hacían sus diligencias en el centro. Esa era la verdadera cara de la bien llamada "Revolución fusiladora". A las cinco de la tarde del 16 de junio de 1955 el golpe había terminado; las fuerzas leales tomaron la base de Morón, de donde habían salido los aviones sublevados, y un grupo de tanques disparó sobre el Ministerio de Marina, consiguiendo la rendición de quienes lo habían tomado. El ministro de Marina, almirante Aníbal Olivieri, y el almirante Samuel Toranzo Calderón fueron detenidos; el almirante Benjamín Gargiulo se pegó un tiro. Miles de obreros se acercaron en camiones a la plaza vivando a Perón, y horas más tarde se produjo la quema de iglesias, episodio que ha quedado plasmado en la obra de escritores como Ernesto Sabato, Beatriz Guido, María Angélica Bosco y Héctor Lastra.

Solicitada. Octubre de 1965. Solicitada de la Federación Argentina de Entidades Democráticas Anticomunistas (FAEDA): "Que la Argentina lo sepa: una siniestra confabulación se cierne sobre la patria. Una organización internacional y nacional se ha dado cita en el país pretendiendo destruir nuestro sistema de vida y nuestra civilización. Aspiran a reemplazarlo por el sistema de esclavitud del mundo rojo; de ese mundo del terror y la ignominia. Para que el pueblo lo sepa, denunciaremos en sucesivas solicitadas las fuerzas del imperialismo rojo. El Partido Comunista Ruso-Argentino, la Federación Juvenil Comunista. Las colaterales y organismos de fachada comunista. La infiltración en las universidades y en el campo económico. Nuestra bandera es la azul y blanca. Ningún trapo rojo podrá reemplazarla."

Irreverencia. Setiembre de 1966. Un decreto municipal que prohíbe la representación de la revista musical *Esto es Music-hall*: "Mofa irreverente del oficio de la Santa Misa, que constituye una verdadera ofensa a los sentimientos religiosos de la población".

Desacato. Octubre de 1967. El director cinematográfico Armando Bo es detenido por desacato a causa de una denuncia presentada el 7 de octubre por el secretario del Consejo Nacional Honorario de Calificación Cinematográfica. Bo fue acusado de presentarse a reclamar por la demora en calificar la película *La mujer de mi padre*, ocasión en la que habría pronunciado términos agraviantes para los miembros de la Comisión.

TESTIMONIOS DE LA CENSURA
Luis Brandoni* : "El duro ejercicio de sobrevivir".

"El almirante Emilio Eduardo Massera les dijo adiós a las armas pero no adiós al país. No podía ser de otra manera. Hacía tiempo que tras el marcado paso político de las Fuerzas Armadas en el ámbito del poder, no emergía una figura como la de este jefe naval, tan dispuesto a participar, a ser, a no dejar dudas sobre su pensamiento. Y en un país donde lamentablemente no abundan los ejemplos de dedicación a la República, el paso de Massera por la más alta investidura naval y del Estado durante el actual proceso deja, sin duda, huellas políticas. Perdurables. Fuertes. Necesarias. (...) Ante todo, Massera fue un hombre de armas que amó la paz, jamás ejerció la censura y entendió claramente esa frase del hoy ausente Pablo VI cuando dijo que si se amaba la vida, había necesariamente que amar la paz..." Despedida del periodista Eduardo J. Paredes al almirante Massera, en un artículo titulado "El adiós de Massera: un 'hasta siempre'." Nota firmada en la revista *Somos*, 18 de agosto de 1978.

---

* Luis Brandoni nació en 1940. Es actor. Durante once años fue dirigente gremial en la Sociedad Argentina de Actores. Entre las obras en las que participó se recuerdan *El pan de la locura*, *Postdata* y *Convivencia*. También fue asesor cultural del ex presidente Raúl Alfonsín y hoy ocupa una banca en la Cámara de Diputados.

Una historia de la censura

Durante los años de aquella dictadura genocida fui "borrado" de todos los medios oficiales. Pasé ocho años sin aparecer en televisión ni en radio y mi nombre no podía ser mencionado en los diarios ni en las revistas. La consigna impuesta desde el poder era "eliminarme" del mercado. Esta misma teoría fue la que aplicaron los militares con respecto a los libros, la música, las películas, etc., que por algún motivo ellos consideraban que perturbaban o desprestigiaban los valores "cristianos". El principio que dominaba entonces era "no nombrar para que no exista". Algo realmente criminal. Así fue como empezaron a circular las famosas listas negras integradas por artistas y escritores cuestionados, donde se incluía mi nombre. Listas grises para aquellos que podían participar en un elenco estable como los del Cervantes o el San Martín, pero no en la televisión. Y las listas blancas con los nombres de los que sí podían atravesar las puertas de los canales. Fueron ocho años de padecimiento, de sentirme marginado, de sufrir cada vez que alguien con buena voluntad me proponía hacer una película y luego, por mi culpa, el crédito no le era otorgado al director. Fue difícil sobrevivir y salir a pelearla todos los días. Pero creo que puse tanto empeño y resistencia que al final les gané, porque no pudieron borrarme del todo.

El paroxismo de la censura se dio con el cine. Desde que tengo memoria, lo que se hizo con las películas fue lamentable, ya que detrás del pretexto moral siempre estuvo el tema político. Durante el gobierno peronista, del 46 al 55, se usaron otros métodos para prohibir este medio de expresión. Por ejemplo, se permitía que sólo algunos directores pudieran importar celuloide, y otros no. Con lo cual, desde el poder, se digitaban los permisos. El manejo de esto lo tenía el Secretario de Prensa y Difusión, el señor Raúl Apold, un personaje célebre en la historia de las restricciones impuestas al arte, como también lo fue Tato, un hombre de ultraderecha, un verdadero cavernícola, uno de los pocos funcionarios del gobierno justicialista que continuó durante la dictadura militar. Este hombre ejerció la censura de manera indiscriminada, y prohibió cerca de 600 películas.

Nos fuimos en setiembre del 74, dos meses después de la muerte de Perón. Y si bien en México nos recibieron muy bien y enseguida tuve trabajo, diez meses después estaba de regreso. Fue el tiempo máximo que toleré lejos de la Argentina. ¿Cuáles eran los cargos que pesaban sobre mí? Además de mi actividad gremial en la Asociación Argentina de Actores (siempre trabajé ad honorem) era el protagonista de *La Patagonia rebelde*, una película fuerte, conmovedora, que contaba de qué manera habían sido fusilados los obreros que se habían atrevido a reclamar por sus derechos. Por primera vez, el cine argentino se animaba a mostrar las caras ocultas del pasado, y las actuaciones de Luppi, Soriano y Terranova eran excelentes. En fin, formar parte de ese elenco, más mi actuación gremial, hacía que mi currículum resultara sumamente pesado.

Regresamos en el 75. En medio de ese caos, bajé del avión en Ezeiza junto a mi mujer y mis hijas. Ahí volvieron a amenazarme y a prohibirme oficialmente. Fue como si me amordazaran y me ataran los pies y las manos. A pesar de eso, muchos actores, escritores y músicos eligieron seguir acá, aunque el camino estuviera plagado de piedras. Para mí era más duro el exilio que soportar las amenazas. Afuera hubiera vivido más tranquilo, pero más triste. Seguí haciendo teatro, que era lo único que se podía hacer entonces. En el 76 estrené *Segundo tiempo* y en el 77 *El pan de la locura,* de Gorostiza. A raíz de este estreno hay una anécdota para contar. Me hicieron una nota para *La Nación* y luego el periodista que nos había entrevistado me comentó que la misma iría sin fotos por orden de la dirección, ya que en la redacción circulaba la lista del III Cuerpo del Ejército donde estaba mi nombre. Al final de la lista se leía la siguiente frase: "Esto no es una orden, es una sugerencia ordenada".

Cuando salimos con *Convivencia* nos pasaron cosas desagradables. En Rosario, en el Canal 5, yo tenía la entrada prohibida porque su director me había declarado su enemigo ideológico. En la provincia de Neuquén no podíamos entrar, y en Bahía Blanca en el fin de semana en que actuamos la compañía ni siquiera figuró en la cartelera. Fijate hasta qué punto la censura dominaba el medio. Otra de las cosas que pasaban en aquellos años era que cada comando o grupo del Ejército tenía sus propias listas y las hacía cumplir en las regiones que dominaba. El país se había dividido en seis zonas, y cada una de ellas era comandada por diferentes cuerpos del Ejército. La región del Tercer Cuerpo, que comandaba Menéndez, tenía su lista y ésta pasaba por encima del Poder Ejecutivo. Cuando hicimos *No toquen a la nena*, de Juan José Jusid, en las provincias que eran de Menéndez no se exhibió, porque el general no lo permitía. Y éstas eran Córdoba, La Rioja, Catamarca, Tucumán, Santiago del Estero, Salta y Jujuy. El clima que se vivía estaba saturado de violencia. Las presiones que sufrían los argentinos perseguidos eran agudas, porque no sólo tenían que trabajar como pudieran, obviando las limitaciones, sino que además de las condiciones de inestabilidad sentían sobre sus espaldas el temor de que en cualquier momento podían desaparecer o ser asesinados en la calle.

El 9 de julio del 76, cuando hacíamos *Segundo tiempo*, de Ricardo Halac, nos llevaron junto con mi ex mujer a Automotores Orletti, en dos autos diferentes. Fuimos encapuchados e interrogados. Fueron siete horas de terror, de no saber qué pasaría con nuestras vidas. En ese momento, los compañeros se movilizaron mucho y a la mañana siguiente fuimos liberados. ¿Por qué nos salvamos? Nos enteramos años después, cuando tuvimos que ir a reconocer a Aníbal Gordon. Allí nos comentaron que habíamos sido liberados gracias a la intervención de un general que se llamó Arturo Corbeta, que fue un hombre muy curioso, un abogado que registró algunos récords. Por ejemplo: fue el único militar que juzgó de acuerdo a la ley del Proceso de Reorganización Nacional a dos subversivos en Trelew y los condenó. El motivo por el cual decidió que nosotros siguiéramos vivos nunca lo supimos. En 1978 estrenamos *La Nona*, con un éxito resonante; en el 79, *Postdata, tu gato ha muerto*. Por esa época el poder militar empezaba a deteriorarse. También por ese entonces llegó al país una Comisión de Derechos Humanos para constatar la veracidad de las denuncias. De todas las entrevistas que mantuvieron con el presidente y los militares, las respuestas que recibieron fueron ambiguas y ninguno reconoció la existencia de los campos de concentración. Por otro lado, el gobierno militar trató siempre de evitar la publicación en los medios de toda noticia relacionada con la desaparición de las personas, los hallazgos de cadáveres, etcétera.

Pero la gente sabía que pasaban cosas raras, y por eso el teatro era un sitio donde siempre había público, ávido de escuchar lo que no se decía en otras partes. En este sentido, la llegada de la democracia y la abolición de la censura le hicieron un flaco favor al teatro, porque cuando se levantaron las prohibiciones la gente se dispersó. Con la democracia, ese fenómeno impresionante que se dio con Teatro Abierto nunca más volvió a repetirse. ✂

El golpe del 43. Si la revolución de 1930 fue preparada minuciosamente y todos -civiles y militares- sabían que el golpe era inevitable, la de 1943 ocurrió de un modo súbito y sorpresivo. Las tropas marcharon desde Campo de Mayo hasta Plaza de Mayo rodeadas sólo por una benévola curiosidad. El golpe de 1930 había sido contra un gobierno constitucional, revestido de absoluta legalidad. En cambio, el gobierno que cedía paso al golpe en 1943 procedía del fraude electoral y había vaciado su propia legalidad con métodos discutibles que lo llevaron progresivamente a un virtual autoritarismo. El 4 de junio de 1943 se produce el golpe del GOU contra el presidente conservador Ramón Castillo. Una logia militar lo depuso y lo sustituyó por su ministro de Guerra, el general Pedro Pablo Ramírez. Sus preocupaciones: el abastecimiento de armas, insumos y repuestos, que los países productores dejaron de vender porque los necesitaban para su esfuerzo bélico; la resolución pacífica de la cuestión social, conciliando los intereses del capital y el trabajo como forma idónea de canalizar la lucha de clases; y la continuidad del comercio exterior en las nuevas condiciones que presentaba la conflagración entre el Eje y los Aliados.

El exilio de Catita. Las autoridades del gobierno militar que habían tomado el poder el 4 de junio de 1943 prohibieron a Niní Marshall, por entonces una de las grandes estrellas de la radio. Niní venía de hacer seis temporadas consecutivas en Radio El Mundo y Geniol la contrató para que actuara en Radio Splendid. En esa ocasión la acusaron de que su personaje deformaba el idioma.

"Siempre surge, después de estos movimientos 'pseudo salvadores del pueblo', una especie de pretendida moral ramplona que quiere erigir en jueces o directores de cultura a los propios funcionarios. Incluso los de segundo y tercer orden. Bajo el pretexto de proteger el idioma se realizó por radio una acción tan elemental en el fondo como alucinante en sus formas. Si bien existían actores y locutores que cometían horrores de expresión, a veces asesinando el idioma, las autoridades de Radiocomunicaciones pretendieron en cambio olvidar el habla popular, el lunfardo, y esconder las realidades educacionales que la calle mostraba a diario. Se pretendió ignorar la forma de hablar de los argentinos y se excluyeron términos que años más tarde la Real Academia Española aceptó como formas de expresión popular y sinónimos que enriquecen la lengua. Aquella fue una introducción a la censura que se inició en 1943 y se prolongó hasta el presente de diferentes maneras. El ambiente tanguero también fue víctima de la campaña. Se prohibieron algunos tangos famosos, que no pudieron pasarse por radio, y en algunos casos la vieja pasó a ser la madrecita y la percanta, la mujer. Todo bastante ridículo. En medio de ese temporal fui advertida de cambiar el vocabulario de algunos de mis personajes, pues las autoridades consideraban que Catita en particular tergiversaba el idioma e influía sobre el pueblo, que no tenía capacidad de discernir. Me puse furiosa, defendí mi tesis, explicando que si bien Catita pronunciaba incorrectamente, el animador corregía la palabra resultando eso, al fin, educativo para el oyente. Al final, lo que tenía que ocurrir, ocurrió. Hacía un mes que había debutado cuando una noche entré a la radio y vi la preocupación de Carlos Ginés e Iván Casador, animadores del programa. -¿Qué pasa? -¿No lo sabe? No va la audición. -¿No va? ¿Por qué?

Desde la revolución del 4 de junio era frecuente que se cortara cualquier programa para transmitir un acto oficial. Pero no se trataba en este caso de un programa levantado, sino de un programa censurado. Los libretos había que presentarlos con anterioridad, y dos de las tres partes, correspondientes a los personajes de Cándida (una española) y Catita, habían sido censuradas. El programa de esa noche salió con imitaciones de Libertad Lamarque, Margarita Xirgu y Berta Singerman, que ya había hecho en teatro, y con mi personaje de Belarmina. Pero cuando terminé mi actuación no pude con mi genio y me despedí diciendo: 'Hasta el viernes, si nos dejan'. La ocurrencia no les cayó bien a las autoridades. Yo amenacé con irme si no me dejaban actuar con libertad, ellos me dijeron que yo era lo suficientemente inteligente como para encontrarle la vuelta.

Entonces lo que se me ocurrió fue matar a Catita: ella moría de un ataque de catalepsia, pero resucitaba y ya era otra: bien hablada, en palabras muy difíciles. Empecé a reemplazar el ya famoso 'As noches, muchachos' por un académico 'Buenas noches'. 'Lo juro por la luz eléctrica que me alumbra, incorporéme en el féretro, ante la estupefacción colectiva, bajéme del catafalco cual visión fantasmagórica y reintegréme al orbe de los vivos, de tal suerte metamorfoseada, cual crisálida que deja el capullo y se torna mariposa para revolotear de flor en flor', decía en un momento de la resurrección de Catita, así como la gallega Cándida hablaba en cuartetos versificados que lindaban con el español antiguo. Por ese motivo y por otros recibí un memo firmado el 24 de junio de 1943 por José Ramón Mayo, a cargo entonces de la Oficina Preventiva de la Dirección de Radiocomunicaciones, que en uno de sus párrafos decía: 'Como se ve es imposible autorizar la emisión de la pieza que se dirige a las personas de mayor cultura para acaso, con fin interesado, poner en evidencia a la capacidad crítica de esta oficina de fiscalización. Pero si algún mérito tiene el talento que la autora demuestra, mal empleado desgraciadamente, cree el suscripto que no correspondería por esta vez, aplicar una sanción severa, sino prevenir a la autora que cualquier reincidencia de esta índole la hará acreedora a las medidas que haya lugar'.

En medidas posteriores las autoridades confirmaron la prohibición de Catita, que fue una decisión antipopular y criticada por el público, que la entendió como un abuso de poder. Un periodista muy valiente escribió en mi defensa: 'La prohibición de Catita es un hecho tan superficial como impedir que se lea el *Martín Fierro* aduciendo que los consejos del Viejo Vizcacha son cínicos e inmorales'. Finalmente hablé con la emisora y rompí el contrato, me sentía muy molesta y herida por todo ese manoseo."
Extractado de *Libro de memorias de Catita*, 1985.

Poco tiempo después de su prohibición, Niní Marshall fue contratada por Radio Carve, de Montevideo, cuyos programas se captaban en Buenos Aires. La prohibición de actuar en radios argentinas se prolongó hasta 1954 cuando, en el final del gobierno peronista y sin que mediara alguna aclaración por la etapa anterior, fue nuevamente contratada por Radio Splendid. Desde 1947 la actriz tampoco pudo trabajar en cine, a partir de lo que se interpretó como una grave diferencia política con Eva Perón. Durante esos años trabajó en México, donde tuvo gran éxito. En 1957, el Departamento de Filología de la Universidad de La Plata reconoció la labor literaria de Niní solicitándole la grabación de algunos de sus libretos, incluidos los de Catita y Cándida, como ejemplos del "habla actual de los argentinos".

En 1934, el profesor de letras y fonética José Ramón Mayo ingresó en Correos y Telégrafos, que por entonces manejaba las radios. Con el golpe de Estado de 1943, el coronel Aníbal Imbert, como director de Correos, y el mayor Carlos Humberto Farías, en su cargo de director de Radiocomunicaciones, lo hicieron su hombre de confianza en la oficina de Radiocontrol. Hasta 1995, con 85 años, fue profesor de fonética y foniatría en la Universidad Católica Argentina. "Si volviera a tener poder la volvería a prohibir. Catita deformaba el idioma", dijo hace unos años en un reportaje publicado en la revista *La Maga*. Nacionalista de derecha, Mayo se inició como funcionario en ese gobierno militar, pero luego, durante los gobiernos de Perón, llegó a ser Subdirector de Radiodifusión y participó decisivamente en la fundación del Iser y del elenco teatral Las dos carátulas. En 1955, la llamada Revolución Libertadora lo dejó cesante, tras casi un año de cárcel.

La maldición del país burgués. La crisis de 1929 y las consecuencias que tiene para los países latinoamericanos marcan, en realidad, el momento clave del corte que teóricamente se puede realizar en la descripción histórica de los países latinoamericanos, y ello aparece con fuerza peculiar en el caso de Argentina.

El crecimiento industrial, que en algunos países se va a manifestar claramente a partir de la crisis del 29, se explica por varias razones. En primer lugar, porque el cierto crecimiento de la economía que se daba en América Latina se benefició con el relativo proteccionismo que implicó la Primera Guerra Mundial. Esta etapa marca por un lado la consolidación de algunas inversiones imperialistas pero, al mismo tiempo, un desarrollo manufacturero innegable. La manufactura es lo más significativo, porque indica la intención de sectores nacionales que se hacen pequeños empresarios. La Argentina, Brasil y México son ejemplo de una mayor diversificación. Desde el punto de vista del peronismo, hace su aparición un sector de la burguesía que se podría designar como burguesía industrial, en contraposición a la antigua burguesía terrateniente. Junto a esa burguesía surge una clase media de características diferentes y un proletariado fabril de viejo cuño. La pequeña burguesía se convierte cada vez más en una clase media urbana, que se mueve con pautas de salarios y dependencia totalmente distintas de las de la antigua clase media de pequeños propietarios y pequeños comerciantes independientes. Aparecen nuevos movimientos de masas, representados en Bolivia por el movimiento minero; en México con la reanimación del agrarismo revolucionario de Cárdenas; en Brasil con Getulio Vargas, y en la Argentina con el peronismo. Se sientan las bases para el desarrollo de la industria y el mercado interno. Perón realiza desde el gobierno una política que sustenta directamente la instalación de una industria nacional, a los efectos de establecer las bases de una independencia o un enfrentamiento con la política norteamericana para nuestros pueblos. Pero lo hace con gran debilidad. El desarrollo industrial es el de la industria liviana, de consumo. El peronismo debía satisfacer las necesidades de la clase obrera, y había un pequeño margen para el crecimiento de una industria de base, por otra parte siempre saboteada desde el exterior y con un frente interno quebrado. Se estatizaron los ferrocarriles, los teléfonos, el gas. Se creó un monopolio del comercio exterior a través del IAPI, aun cuando estas medidas no eran suficientes para romper la relación de dependencia estructural.

El 17 de octubre y la Unión Democrática. En el invierno de 1945, el gobierno de facto surgido dos años antes buscaba y no encontraba una salida decorosa. Preocupada por el giro de los acontecimientos, la dirigencia militar se había reunido para examinar la posibilidad de conseguir el apoyo de la Unión Cívica Radical, considerada el partido mayoritario. Pero el radicalismo no estaba dispuesto a apuntalar a un gobierno agonizante. Setiembre y octubre de 1945 fueron meses clave. Braden pronuncia una serie de discursos agresivos; la oposición organiza "la marcha de la

Libertad" y se produce un conato de insurrección en Córdoba. A partir de ese momento el gobierno reinstaura el estado de sitio, se producen centenares de detenciones y los estudiantes que ocupan las universidades son desalojados violentamente. Hay tiroteos en Berisso y Ensenada y la guarnición de Campo de Mayo exige el alejamiento de Juan Domingo Perón y la convocatoria amplia a elecciones: es la derrota del gobierno militar.

Perón renuncia el día 8 de octubre y al día siguiente es apresado, supuestamente para protegerlo de la ira de sus enemigos. Todo el gabinete también renunció y comenzó una semana de vacío de poder, pues los diversos grupos de la oposición no se podían poner de acuerdo. Algunos querían que el mando fuera entregado a la Suprema Corte de Justicia, otros aceptaban que Farrell siguiera en la presidencia y otros proponían que lo reemplazara una junta. Los partidarios de Perón preparaban la resistencia. Había un nuevo y revolucionario movimiento en gestación.

Recordando con ira. "Después de la prohibición de *El gran dictador*, de Charles Chaplin, que fue producida en 1940, estrenada en enero de 1941 en Montevideo, y recién cinco años después, en junio de 1945, en los cines Opera e Ideal de Buenos Aires, me dispuse a hacer su comentario. Ni qué decir que me entusiasmó, no por sus valores cinematográficos, que eran escasos, como siempre, en una película de Chaplin -porque Chaplin no servía al cine, sino que se servía de él para expresarse, con prescindencia de toda búsqueda formal-, sino por la fuerza y la oportunidad de su contenido. Había que estar contra Hitler y contra toda la clase de fascismo, con plena conciencia del peligro, de la potencialidad del absurdo, de la castración de la inteligencia, y de la institución de una servidumbre mental que- por desgracia- aún subsiste. Me precipité sobre el comentario con fruición. Estaba por terminarlo cuando me llamó el director, Carlos Muzio Sáenz Peña.

-¿Usted va a hacer el comentario de *El gran dictador*?- me preguntó.

-Lo estoy haciendo -le dije.

-Diga -me ordenó cansadamente- que ese discurso final está de más.

-A mí me parece lo contrario -le dije-. Es un discurso trascendental, que va más allá de la órbita del cine.

-Un cómico -me explicó pacientemente- debe reducirse a su misión: hacer reír. Los discursos políticos que se los deje a los que tienen autoridad para hacerlos.

Después me enteré de que era la opinión de mister Cole, el administrador de la empresa Haynes, recogida, después del desayuno, del editorial del Buenos Aires Herald o del Standard, asimilada con la disciplina de un buen inglés, como manda la reina Victoria, a quien le dan, con las tostadas y el café del desayuno, las opiniones que tiene que usar durante el día.

-¿Usted vio la película? -le pregunté al director.

-No tengo necesidad de verla -me contestó-. Haga lo que le ordeno.

-Lo siento -le dije-. Pero acabo de elogiar el discurso final.

-Elimine ese párrafo -me dijo-, o voy a tener que encargarle el comentario a otro.

-Yo soy el titular de la página -me encapriché.

-¿Y a mí qué carajo me importa? -gritó-. Le ordeno que haga lo que le dije o el comentario lo hace otro.

Mi comentario salió al día siguiente en *El Mundo*. No le habían sacado ni una coma. El director no me habló por varios meses...

Alrededor de 1940 empezó a reptar por la redacción un individuo -era Raúl Apold- con el cual nunca pude entenderme. Alto, fofo, de piel lechosa, rostro abotagado, aguachentos ojos celestes y escasos cabellos aplastados sobre una cabeza donde aparecía la calvicie. Tenía pies planos, pero eso lo averigüé después. Una persona así nunca debía haber hecho ejercicio, ni ascender a una sierra, ni tirarse en una pileta, ni poner la punta de su botín en contacto con una pelota de fútbol. Me producía cierta clase de instintiva repulsa. Escaló rápidamente posiciones y se hizo amigo del director. Pasó a ser pronto cronista de la Casa de Gobierno, lo cual era un trampolín. Cuando Perón asumió la presidencia lo nombró secretario de Prensa y Difusión. Una vez lo eché de mi mesa de trabajo. "Porque usted es un negado mental", le dije. Se calló la boca. Ya habría tiempo para sacar la flamígera y afilada espada vengadora. Cuando lo nombraron ministro de Propaganda del gobierno de Perón, los muchachos me dijeron sonriendo: Calki, prepará las valijas.

(...) Al señor A. se le presentó la oportunidad un tiempo después de mi viaje a Europa y se debió a una circunstancia absurda; podría considerársela cómica, si no hubiera resultado para mí trágica. Comenté en la revista *Rico Tipo* una película italiana, con esta frase final: "El argumento es más falso que una declaración de bienes". Justamente en esos días Perón había hecho, como un modesto ciudadano, una declaración de bienes respondiendo a una acusación que le formuló el diputado radical Ernesto Sanmartino. Juró que vivía con trescientos pesos por mes. La declaración pública se hizo sorpresivamente, porque no hubo ni siquiera acuerdo de ministros. Dos días después de la declaración de bienes de Perón apareció mi crónica en *Rico Tipo*. Fue una presa apetitosa, un pez imprevisto, una ocasión imposible de no aprovechar para el señor A.(...) Recibí un telegrama en mi domicilio de Querandíes 4333, que decía:

"Queda usted despedido por calumnias e injurias al presidente de la Nación. Firmado: Editorial Haynes." Perdí mi puesto en *El Mundo* y más tarde los demás, junto con la posibilidad de escribir argumentos de cine. En cierto modo el peronismo me hizo bien: perdí parte de mi soberbia, eludí el peligro de aburguesamiento, volví a la lucha y tuve oportunidad de comprobar quiénes eran mis amigos..." Extractado de *El mundo era una fiesta*, de Raimundo Calcagno, "Calki".

Listas grises y negras. A poco de iniciarse el gobierno peronista fue notable en el ambiente artístico la impresión de que existían activas "listas grises" o nefastas "listas negras" donde ingresaban, muchas veces sin saber por qué, actores, directores, actrices, argumentistas o técnicos, tanto del cine como de la radio, siendo el fenómeno mucho menor en el teatro, si bien a fines de 1946 habían sufrido agresiones Luisa Vehil, Pedro Quartucci y Celina Tell. Libertad Lamarque y Francisco Petrone fueron las primeras víctimas importantes de la persecución a los artistas antiperonistas.

De los 32 estrenos nacionales de 1946, sólo 12 películas tuvieron algún punto de contacto temático con la Argentina. El género más frecuentado era el de las comedias con figuras de gran arraigo popular, como Luis Sandrini, Olinda Bozán, Pepe Iglesias "El Zorro", Mirtha Legrand, Augusto Codecá, Niní Marshall, luego censurada, y Enrique Serrano. La tónica general de las películas, en su levísimo rozar de temas siempre candentes en el ámbito nacional, en una tácita censura, generaba una tendencia hacia la mediocridad. Fue la era de los estudios tipo Hollywood: Argentina Sono Film, Lumiton, E.F.A, Río de la Plata y San Miguel. Se hacían 30 películas por año y se empleaba a unos 4 mil trabajadores. Con jornadas de hasta 20 horas corridas de trabajo. La Asociación Gremial de la Industria Cinematográfica Argentina se funda en 1944 y estaba integrada por socialistas, comunistas y radicales. En mayo de 1944 se realiza en los estudios San Miguel una multitudinaria asamblea en la que se denuncia la existencia de "listas negras" que no sólo afectaban a los actores, sino también a los técnicos. El 4 de julio de 1945, en un masivo acto, un grupo de afiliados al sindicato concurrió a la residencia de la embajada de Estados Unidos, para entregar un petitorio al entonces embajador norteamericano, Spruille Braden.

El ex jefe de prensa de Argentina Sono Film asumió la Dirección General de Difusión. Se llamaba Raúl Apold y fue considerado el verdadero "zar" del cine argentino. Apold logró consolidar una enorme cadena de diarios y medios de difusión. Ni una sola línea en los diarios, ni una sola frase en las radios, ni una imagen en la pantalla escapaba al atento control de su Subsecretaría. Había una marcada escasez de película virgen, por lo que Apold manejó sus disponibilidades con calculada presión sobre los estudios cinematográficos. La protección oficial fue amplia. La Ley 13.651, de 1949, modificó la anterior aumentando el monto del alquiler de las películas, así como la obligación mensual de exhibición y reduciendo la recaudación mínima ("hold over") en salas de estreno para que un film nacional continuara otra semana en cartel. Se redujeron drásticamente los permisos de estreno de films extranjeros, llegándose a 1950 a la importación más baja (151 películas). Se creó un fondo para el fomento del cine argentino sobre la base de un sobrecargo de 10 centavos en cada localidad vendida en todas las salas cinematográficas del país.

Excluidos. En un breve lapso hubo un éxodo de figuras: Luis Saslavsky, Carlos Hugo Christensen, Tulio Demichelli, Ulyses Petit de Murat, Alberto de Zavalía, Alejandro Verbitzky, Orestes Caviglia, Niní Marshall, Delia Garcés, Susana Freyre, Arturo García Buhr, María Rosa Gallo, Camilo Da Pasano, Juana Sujo, Pedro López Lagar, Santiago Arrieta, Aída Olivier, Hugo Fregonese, Tilda Thamar, Susana Canales, Fernando Lamas y Carlos Thompson decidieron continuar sus carreras en el exterior. Paulina Singerman, Luisa Vehil, Miguel Faust Rocha, Niní Gambier e Irma Córdoba fueron borrados de los sets cinematográficos y de la radio.

La Sección Especial. "Lo imperdonable hubiera sido no crear la Sección Especial", había dicho Leopoldo Melo, ministro del Interior del presidente Justo, en la Cámara de Diputados. Era el 5 de setiembre de 1934 y Melo respondía así a una interpelación del diputado socialista Luis Ramiconi, quien lo responsabilizaba de "torturas aplicadas a los presos políticos transferidos a esa ignominiosa dependencia policial". La Sección Especial siguió funcionando tal como la imaginaron sus creadores tres años antes (en 1931, durante el régimen militar de José Félix Uriburu y la gestión del ministro Matías G. Sánchez Sorondo), aplicando terribles tormentos a quienes caían en sus manos. Las primeras víctimas habían sido militantes radicales empeñados en restaurar a Hipólito Yrigoyen en el poder, y luego los comunistas, perseguidos por la ley que reprimía sus actividades. Los únicos cambios operados en esa dependencia habían sido de orden técnico; su ubicación, primero en la seccional segunda, de Bolívar al 200, y luego en la comisaría octava, de General Urquiza 556; y sus métodos, iniciados con el simulacro de fusilamiento y perfeccionados con el tarro de excrementos, donde las víctimas eran sumergidas cabeza abajo. Estas iniciativas se le atribuyen a Leopoldo Lugones hijo, a cargo de la sección Orden Social y Político, quien las ponía en práctica en los sótanos de la desaparecida penitenciaría nacional ubicada en Las Heras y Coronel Díaz. El ingreso de nuevos funcionarios especializados en arrancar confesiones introdujo una flamante herramienta, que la Gestapo comenzaba a emplear en Alemania con diabólico éxito: la picana eléctrica. Cuando Perón asumió el poder, la Sección Especial era ya un organismo definitivamente incorporado al sistema policial del gobierno. Había servido entre 1943 y 1946 para ablandar a no pocos opositores, y su utilización no sería descartada en lo sucesivo, lo que estimuló la designación de Solveyra Casares como asesor policial de la presidencia. Su compañero Lombilla estaba ya al frente de esa tétrica dependencia, para "cumplir finalmente las instrucciones emanadas de los superiores", según declaró años después en un proceso que terminó con su exoneración.

Con el propósito de fortalecer ese aparato represivo, Perón modificó la legislación creando el fuero de la justicia policial; de este modo, los acusados por torturar a los detenidos serían juzgados por otros policías. Luego se agregarían otras piezas importantes al mecanismo, como fueron las leyes de desacato, estado de guerra interno, sabotaje y espionaje, y delitos contra la seguridad del Estado.

En agosto de 1947, a raíz de un conflicto gremial se detuvo a una docena de trabajadores de la Aduana de la Capital. Tres de ellos se animarían poco después a revelar los castigos corporales soportados en el último piso del Ministerio de Hacienda, lugar elegido para hacerlos hablar. Manuel Boulan exhibió las heridas producidas por el apaleamiento sufrido en uno de los baños; Jorge Guerrero, a quien pasearon desnudo por la azotea del ministerio, envuelto únicamente por un fuerte viento helado, tuvo serias lesiones pulmonares; y Andrés Villaverde, con la frente deformada por los puntapiés, acusaba pérdida parcial de la memoria. Los tres habían podido identificar entre sus victimarios a un hombre alto, moreno, fornido, encargado de castigarlos: era nada menos que el ex campeón argentino de peso pesado Guillermo Lowell, que había sido empleado por la policía. Volvió al ring en 1951, para enfrentar al campeón mundial Archie Moore, pero la pelea fue un fiasco. Lowell, interesado sólo en la taquilla, eludió el castigo y se tiró sobre la lona al primer derechazo, ante la rechifla de un público mayoritariamente joven. Los universitarios de la FUBA habían adquirido la mayoría de las entradas para silbar al torturador y regocijarse con su derrota.

Muchas denuncias fueron registradas por la Liga Argentina por los Derechos del Hombre, que asumía la defensa legal de los torturados y se ocupaba de reclamar ante las autoridades. Cuando las denuncias llegaron a unas cincuenta carpetas, la policía resolvió adueñarse de los expedientes y allanó el local donde funcionaba la Liga, en Rodríguez Peña 69. Fue el mismo día en que Perón juraba fidelidad a la nueva Constitución.

El país cambalache. Relato de Jorge Palacio, "Faruk": "Siempre hubo censura, pero nunca como en la década del cuarenta. Hubo muchos tangos que no se podían difundir, pero el tema más censurado de la historia argentina fue *Cambalache,* de Enrique Santos Discépolo. La censura en el tango se inició en 1943 con el gobierno del general Pedro Pablo Ramírez. Esa censura no fue específicamente dirigida al tango como música popular, pero éste cayó en la volteada de una campaña por la 'moralidad'. El Ministerio de Educación, que en esa época se llamaba de Instrucción Pública, estaba a cargo de Gustavo Martínez Zuviría, que firmaba Hugo Wast, un reaccionario absoluto, racista extremo, un tipo de cruz y espada que vivía obsesionado por prohibir y que además renegaba de nuestro idioma y de nuestra cultura. Hizo una campaña para prohibir el "vos". Decía que lo correcto era hablar de tú. Había una norma no escrita para las radios mediante la cual se prohibía la difusión de cualquier tema que incluyera términos del lunfardo o del lenguaje popular. Prohibieron a ese personaje entrañable, la Catita de Niní Marshall, y hasta se llegó a prohibir tangos instrumentales que tenían títulos chocantes para los censores. Se les pedía a los autores que cambiaran los títulos, y para modificar las letras de los tangos que pertenecían a los autores de la guardia vieja se consultaba a los herederos. Los autores, con tal de que se pasaran los tangos, aceptaban modificar las letras. Había letras escritas totalmente en lunfardo que no se podían cambiar, como por ejemplo *Ché papusa oí*, tango escrito de punta a punta en lunfardo. Los discos de Carlos Gardel no se podían pasar en su mayoría. Salvo algunos tangos de sus películas, como *Soledad*, *Volver* y *El día que me quieras*, que eran más light.

Algunos títulos modificados realmente eran muy graciosos, por lo absurdos. A *Qué lindo es estar metido*, de Pascual Contursi, el inventor del tango, le pusieron *Qué lindo es enamorarse*, y así se cantaba en esa época. *Lunes* era un tango al que le sacaron algunas partes sueltas. Decía: "El almanaque nos bate que es lunes, que se ha acabado la vida bacana", y pasó a "El almanaque nos canta que es lunes, se ha acabado la vida galana". Obviamente, de esa manera los tangos perdían mucho, no sólo en sentido, sino en fuerza. Pero lo curioso es cuando se acabó esa censura, la orquesta de De Angeli, que tocaba ese tango, lo siguió interpretando con la letra modificada. Ellos decían que se cantaba con la versión corregida porque ya la gente creía que el tango era así. *Malena, María, Uno, Cada vez que me recuerdes, Naranjo en flor*: fue el auge de los poetas que no trabajaban con el lunfardo. Homero Manzi, por ejemplo nunca escribió en "lunfa"; Cadícamo, en cambio, escribió verdaderas joyas en lunfardo, como *Compadrón, Muñeca brava, Ché papusa oí* y *Garúa*. Hay que aclarar que los tangos prohibidos se podían cantar en confiterías y teatros, y en algunos casos hasta se podían grabar; el tema era que no se podían pasar por radio, y esto no le convenía a nadie. Las letras eran censuradas en las oficinas de Correos y Telecomunicaciones. SADAIC les enviaba una copia de la letra y ellos las devolvían corregidas y con "sugerencias" tipo: "evite esta grosería", "esta palabra es desagradable", o cosas por el estilo. De a poco muchos de esos tangos se dejaron de interpretar. Hay un tango de Leopoldo Díaz Vélez que estrenó Alberto Castillo, que se llama *Muchachos, se armó la milonga* que decía: "Muchachos se armó la milonga, oigan que lindo compás, aquí en el baile del lengue, se baila canyengue, canyengue no más". A las autoridades no les gustó y hubo que ponerle: "Muchachos, comienza la ronda". Era una censura no dirigida contra los autores, sino contra las letras. El que más problemas tuvo fue Discépolo. Él siempre había usado el "lunfa" en sus letras como *Yira, yira, Esta noche me emborracho, Qué sapa, señor*. En la década del 40 se dedicó a escribir tangos sin lunfardo, como *Uno* y *Canción desesperada*.

En 1946, cuando ya estaba Perón en el poder, fue una delegación de SADAIC a verlo para que levantara algunas prohibiciones. La delegación estaba presidida por Cadícamo y Vacarezza. Perón sabía a qué iban y ya le habían contado que a Alberto Vacarezza le habían robado la billetera esa mañana cuando viajaba en colectivo. Entonces, cuando entraron, el general lo recibe y le dice: "Don Alberto, así que esta mañana le afanaron la billetera en el bondi"... Así quedó todo resuelto y el lunfardo volvió a escucharse en las radios."

Testimonios de la censura
Andrew Graham-Yooll* : "Nunca tener miedo de recordar".

> "Batallar en holocausto del deber y del honor. Servir a la patria. Censurar todo lo que sea propaganda comunista, subversiva y apátrida. Terminar con la infiltración disfrazada de filosofía. La crisis de la hora impone que las casas de estudio hagan tanto escuela de inteligencia como escuela de sentimiento. El 'yo moral' debe servir para derrotar la prédica marxista." Comodoro René Julio José Salas, director de la Escuela de Comando y Estado Mayor de la Fuerza Aérea, junio de 1977.

La Argentina me "duele", pero paradójicamente aquí me siento cómodo, con todo lo bueno y lo malo que tiene esta sociedad, y siento que mi responsabilidad como hombre de letras es informar, contar lo que sé y no tener nunca miedo de recordar.

Mis problemas comenzaron en 1971, cuando la redacción del *Herald* estaba en 25 de Mayo y Tucumán y publiqué la historia de una mujer que había sido detenida en el departamento central de Policía y que fue violada contra el lavabo por uno de sus custodios. El artículo no fue con mi firma, pero enseguida se supo que yo había sido el autor. Después de esa nota, que fue muy comentada, comencé a ser catalogado como "guerrillero", a pesar de que siempre se había dicho que el *Buenos Aires Herald* era un medio de derecha. Las amenazas aumentaron. El golpe estaba cerca y otro episodio me colocó en una situación de grave riesgo. Los Montoneros me citaron para el 20 de junio, Día de la Bandera, a una conferencia de prensa. No fui solo. El encuentro se realizó en el bar La Biela y ahí

---

* Andrew Graham-Yooll fue Secretario de Redaccción del *Buenos Aires Herald* y representante en la Argentina de Amnistía Internacional. Es autor de numerosos libros, entre ellos *Retrato de un exilio* (1985), *Goodbye Buenos Aires* (1997) y *Memoria del miedo* (1999).

descubrí que Pablo Giussani, otro periodista, también había sido citado para lo mismo. De pronto, una persona desconocida se presentó como "guía" y nos dijo que nos conduciría hasta Acassuso, a una casa enorme, lugar elegido por Firmenich para la conferencia. El encuentro en realidad era para que los periodistas supieran que ese día, ahí mismo, liberarían a Jorge Born, después de nueve meses de cautiverio. En esa oportunidad, a pesar de yo había sido testigo de todo lo que allí se dijo y sucedió, el director del diario, Robert Cox, me sugirió precaución. "Es mejor que cuentes todo fríamente, como si la noticia hubiera sido levantada de un cable, sin firma -me dijo-. Con una causa pendiente, dos detenciones y los problemas económicos que tiene el diario, no podemos correr el riesgo de que nos cierren."

De todos modos, en octubre del 75, aún con María Estela Martínez de Perón, fuerzas de seguridad allanaron el diario, y entraron a la redacción con intenciones de matarme. Curiosamente, uno de los hombres que integraba el grupo de tareas, nueve años despues resultó ser el jefe de la custodia que Alfonsín puso a mi disposición cuando en noviembre del 84 vine a declarar en el juicio contra Firmenich.

La casualidad, el destino o la buena suerte quiso que aquel día primaveral de 1975 yo no estuviera en la redacción, porque había nacido mi tercera hija. Sin embargo, la noticia de que me estaban buscando para "matarme" me llegó. En esa época era muy difícil hablar por teléfono, pero cuando lo conseguí, temiendo que algo le pasara a mi familia, decidí, sin decirle nada a mi mujer, ir para el diario. Cuando llegué a la redacción, me detuvieron. Y me salvé porque para entonces ya se había movilizado mucha gente. Entre los nombres más conocidos que recuerdo que se preocuparon por mi situación están los de la diputada Cristina Guzmán y Fernando de la Rúa, desde el Senado.

La idea de que algún día tendría que abandonar el país empezó a rondar en mi cabeza. La situación en la Argentina era cada día más complicada. Solamente en el Gran Buenos Aires se registraba un promedio mensual de 400 recursos de hábeas corpus (desapariciones), y otro tanto en el interior del país. La ciudad de La Plata se había convertido en un campo de batalla. El número de NN era cada vez más alarmante, y mientras en el extranjero Buenos Aires empezaba a considerarse "la capital de los secuestros", los militares, con Videla a la cabeza, insistían en que aquí no pasaba nada. Poco después del golpe del 76, el director de prensa de la presidencia, Carlos Corti, un ex piloto naval, me entregó un papel sin membrete ni firma que decía que a partir del 22 de abril del 76 quedaba prohibido informar, comentar o hacer referencia a temas relativos a hechos subversivos, aparición de cadáveres y muerte de elementos subversivos. El *Herald* lo publicó textual, en una tira a lo ancho de la primera plana, mientras que *Clarín*, empleó una página entera para informar a sus lectores que en la Argentina no existían restricciones para la prensa. Eso fue un viernes y casi nos cierran el diario. Tanto Robert Cox como yo, después de publicarlo, desaparecimos el fin de semana. Yo me fui a la casa de mi suegra, en Acassuso, y él se fue a Del Viso. Un mes después, en mayo del 76, el mundo, además de los amigos y periodistas, se enteró del secuestro de Haroldo Conti, uno de los escritores más conocidos de América Latina, porque el *Herald*, a pesar de las amenazas previas, se animó a dar la noticia. Para poder publicar las noticias de los desparecidos, nosotros habíamos ideado algo muy loco. Les pedíamos a los familiares que presentaran un hábeas corpus ante la secretaría de turno del juzgado correspondiente, y con la copia del documento dábamos a conocer la información. Hacíamos esto para cubrirnos. Cubrirnos de qué, me pregunto ahora. A raíz de esto, todos los días había colas de personas esperando que las atendiéramos. También era común que la gente se presentara en otras redacciones, donde les sugerían que fueran al *Herald*, porque ellos no podían publicar nada.

La situación en el país era caótica. Se vivían momentos muy tristes. Violaciones, torturas, desapariciones, asesinatos, y en algunos ambientes empezaba a mencionarse la existencia de los centros clandestinos de detención. De todos modos, en el extranjero sabían mucho más de lo que aquí pasaba. Y yo, aunque nunca lo había hecho público, era representante de Amnesty International. Pensaba que era sólo un informante y que había otras personas más famosas que yo trabajando. Sin embargo, mi nombre circulaba por todas partes. Durante esos días trágicos, donde el terror era moneda corriente, fuimos invitados a almorzar a la Casa Rosada por el secretario de Información Pública de Videla, el almirante Carlos Pablo Carpintero. En la mesa estaba además Carlos Corti, el director de prensa. El menú era muy sencillo: pollo al horno con papas y había bastante vino tinto marca Norton, y whisky Old Smuggler. La comida fue la excusa elegida para persuadirnos de que lo mejor era evitar seguir publicando determinadas historias. El país, según ellos, estaba enfrentando una guerra sucia y todos teníamos que colaborar, callando las muertes, ignorando las desapariciones y afirmando que aquí todo estaba bien. De repente, Carpintero se hartó de nuestros argumentos, vio que no iba a llegar a ninguna parte y en un exabrupto me dijo: "O te dejás de joder o te la damos". A lo que yo atiné a responder: "Gracias", y tragué un poco de vino para disimular el susto. Me fui de ese almuerzo pensando qué podía hacer y al hablar con Amnesty me confirmaron lo que yo sospechaba: esto no daba para más.

"No tenemos mecanismos para defenderte. Tenés que salir cuanto antes. Nosotros nos ocuparemos de que lo hagas con tu familia." Así fue como en 72 horas yo tenía los pasajes listos para viajar a Francia. Los amigos, los familiares nos llamaban para preguntarnos cómo estábamos, y a todos les decíamos que a punto de partir y que si querían, podían pasar a saludar porque haríamos una fiesta de despedida. La casa empezó a llenarse y terminamos invitando hasta a un asesor de Videla. Era un actor, un tipo muy raro, que se ganaba la vida como asesor, no sé bien qué hacía. Después de la reunión, a pesar de que la partida ya estaba casi lista, intenté demorar el viaje una semana porque teníamos cosas pendientes. Fui hasta el centro para hablar con un empleado de la línea aérea y este señor, con mucha amabilidad y paciencia, me quitó la ilusión: "Aquí hay instrucciones precisas de que usted y su familia se tienen que ir ya". Después supe que existía un convenio con Air-France, autorizado por Giscard D'Estaing, presidente conservador de derecha, para emitir pasajes sin pérdida de tiempo cuando la situación era grave.

A Ezeiza fuimos en dos o tres autos. Nos llevaron amigos y mi suegra se despidió convencida de que no nos vería por mucho tiempo. En ese momento, nuestro hijo varón tenía 7 años, la mayor nueve y la más chica no había cumplido el año. En París hicimos un poco de turismo. Fueron 4 o 5 días y a través del corresponsal del *Daily Telegrah,* que estaba en esa ciudad, me enteré de que si quería tenía un puesto en Londres para empezar ya. Eso fue muy alentador. Era un buen presagio de que todo iría bien, y además, tanto Micaela (mi mujer) como yo estábamos seguros de que al cabo de un año regresaríamos. A Londres llegamos el 25 de setiembre de 1976. En la estación Victoria estaba mi prima Liz esperándonos. Los trámites en la aduana fueron muy rápidos, gracias a mi pasaporte británico. Los primeros días nos alojamos en un hotel en Belgrave Road y luego nos instalamos momentáneamente en Colindale, al norte de Londres, lejos del centro, en una zona arbolada. La casa era muy pequeña y al mismo tiempo acogedora, abierta para los que necesitaban alojarse por unos días. En el living había un sofá con almohadones cuadrados que al abrirse se convertía en una cama matrimonial y la verdad es que estuvo ocupada muy seguido. Pasó gente como el diputado Héctor Sandler y su mujer, un matrimonio de amigos con cinco hijos que dormían hasta debajo de las sillas. Por mi parte, empecé a trabajar enseguida en el *Daily Telegraph,* y ahí me di cuenta de que a pesar de que hablaba muy bien inglés, tenía mucho que aprender. No entendía los chistes, me sentía extraño entre mis nuevos compañeros de trabajo. En realidad, sentía que era extranjero en el terruño de mi padre. Pero al mismo tiempo, celebraba estar vivo, tener a mi familia fuera de peligro. Además, estaba la correspondencia con los amigos: Daniel Moyano (escritor riojano que vivía en Madrid y luego murió de cáncer), Héctor Tizón, Robert Cox (que tuvo que abandonar la Argentina en 1979, bajo amenaza de muerte contra su hijo), Ernesto Sabato, y los encuentros con otros exiliados que pasaban por casa para vernos.

Tanto en la correspondencia como en los encuentros que se armaban, el tema recurrente era la vuelta. Todos soñábamos con lo mismo. Y cada vez que imaginábamos ese momento, brindábamos y nos abrazábamos. De todos modos, el entusiasmo era efímero como las burbujas del champagne, porque nadie tenía fecha de regreso y eso para alquien que está lejos de su mundo, de sus cosas, es muy frustrante.

En el 80, después de haber terminado un libro que se llamó *La historia de los ingleses en la Argentina*, decidí gastar parte de lo que había cobrado en un viaje a la Argentina, porque no podía seguir viviendo con la fantasía del exilio. La aventura en la que me embarqué fue agotadora. Primero fui a Chile, porque no me atrevía a bajar directamente en Ezeiza. De allí, encontré un extraño vuelo de Avianca que iba a Montevideo, donde aproveché para reencontrarme con Roberto Vaca y recabar más información acerca de lo que sucedía en Buenos Aires. El abrazo con mi amigo fue largo y emocionante. Ahora faltaba el último tramo. Mi ciudad me estaba esperando y yo no la iba a defraudar. ¿Qué recaudos tomé? Decidí tachar con una birome negra el lugar de nacimiento que aparecía en mi pasaporte británico, dado que ya tenía otra corrección. De esta forma, yo suponía que se eliminaba todo tipo de sospechas. Era una trampita que si me salía mal podía resultar peligrosa, pero estaba decidido a jugarme. Al llegar a Aeroparque me sorprendió ver la cantidad de soldados y de policías que había. Estaba muy nervioso, un sudor frío me corría por la espalda. ¿Si me descubrían y quedaba detenido? ¿Volvería a ver a mi familia? Un cúmulo de pensamientos catastróficos se apiñaban en mi cabeza. Por eso, cuando un joven muy educado miró mis papeles y en un inglés muy rudimentario me dijo: "Welcome to Argentina, sir", yo suspiré y con el resto de aliento que me quedaba le agradecí su bienvenida. Con los bolsos en la mano, lo primero que hice fue comunicarme con el suegro de Cox y le dije que iría para su casa. Nadie sabía que yo estaba acá, salvo mis amigos en el extranjero.

Después de ese viaje de incógnito, volví en el 82 a cubrir la Guerra de las Malvinas, y aun con un cretino como Galtieri en el gobierno yo supe que mi lugar, definitivamente, estaba acá. Todos esos procesos y pedidos de captura que tenía no se notaban, porque el país estaba en otra parte. Más tarde, en el 84, bajo el gobierno de Alfonsín, me piden que venga a declarar en el juicio contra Firmenich. Viajé en un vuelo de Aerolíneas y a Buenos Aires llegué un 17 de noviembre. En la pista del aeropuerto había una fila de policías y de funcionarios del gobierno que habían ido a recibirme. Recuerdo perfectamente seis automóviles con hombres armados. Me pusieron custodia de día y de noche y, curiosamente, el jefe de ellos resultó que había sido el mismo hombre que en el 75 había ido a buscarme al *Herald* para matarme.

Apenas cruzamos las miradas me dijo: "Yo lo conozco a usted. ¿De dónde puede ser?" A lo que respondí que era periodista y que hacía muchos años vivía afuera. "Cómo cambian las cosas ¿no? El que iba a matarte ahora te cuida": esas fueron sus palabras textuales. Yo creo que esta anécdota que cuento es un redondeo perfecto para explicar y entender este país. Así es la Argentina.

CAPÍTULO V
*Revolución Libertadora:
la Patria fusilada* (1955- 1966)

Fusilaron a gente indefensa en la Plaza de Mayo. Fusilaron a inocentes en José León Suárez tras el fracasado alzamiento del general Juan José Valle. Fusilaron por si acaso. La Revolución "fusiladora" del 55 hervía en apuros. No quería dejar ni vestigios del "tirano prófugo" y para eso hizo de la censura una bandera de lucha. Intentó matar dos pájaros de un tiro. Alinearse a Estados Unidos contra el comunismo y bajarle el copete a los "cabecitas negras". Los ricos al poder y los pobres a las villas. Así de simple. La leyenda peronista se iniciaba entre censuras y proscripciones. Una tragedia prolongada que tendría sus momentos de gloria.

Memorias

Proscripción. En las elecciones del 7 de julio de 1963, continuó la proscripción del peronismo. Los candidatos de la entonces Unión Cívica Radical del Pueblo, UCRP, obtuvieron el 25,2 por ciento de los votos -170 electores-, la Unión Cívica Radical Intransigente, UCRI, el 16,5 por ciento-107 electores-, y la Unión del Pueblo Argentino, UDELPA, el 7,5 -75 electores-. Los votos en blanco totalizaron 1.700.000 contra los 2.403.451 del Dr. Arturo Umberto Illia. Desde el 12 de octubre de 1963 hasta el 28 de junio de 1966, el Dr. Illia ejerció el cargo de Presidente, del cual fue depuesto por un golpe militar. El 6 de agosto de 1964 en la "V Reunión de Comandantes de Ejércitos Americanos" el representante argentino -que era el comandante en jefe-, general Juan Carlos Onganía, expresó que "nuestros ejércitos no están en condiciones de enfrentar a los enemigos externos. Hay que hacer frente a la insurgencia castro-comunista, ya que los agentes del terrorismo internacional eligieron como apoyo táctico y estratégico nuestros países". Onganía agregó allí que "desde el punto de vista institucional es necesario implementar una férrea censura contra toda ideología extraña que sirve de apoyo para la guerrilla. Se trata de construir una frontera ideológica muy clara y precisa".

Bomarzo. "Estoy sumamente sorprendido por esta resolución y no consigo aún salir de mi asombro. Ante todo, considero una falta de elemental cortesía el hecho de que tratándose de dos creadores (Mujica Lainez como autor del argumento y yo como músico) reconocidos dentro del país por cargos académicos y distinguidos como Ministros Plenipotenciarios por las actuales autoridades nacionales, no se nos haya ni siquiera citado para informarnos personalmente de la resolución. En cambio, advierto que se fundamenta la medida sobre información periodística fragmentaria, por cuanto ni siquiera han sido consultados todos los especialistas que asistieron a la representación en Washington. Por otra parte, el argumento de Bomarzo es bien conocido en la Argentina, ya que la novela de Mujica Lainez ha recibido las más altas distinciones para la literatura argentina: el Premio Nacional y el Premio Presidente Kennedy. Por tanto, cuando las autoridades municipales aprobaron la programación para esta temporada, no sólo conocían el libro, sino también la

Cantata Bomarzo, estrenada en el mismo Colón, algunos de cuyos textos son los mismos que los de mi ópera. Será difícil para el director del teatro Colón justificar la inclusión de casi todas las óperas clásicas o contemporáneas. Habrá de ahora en adelante que revisar a fondo el repertorio, pues el tema de casi toda la literatura operística parece reñido con los principios que sustenta la reciente disposición municipal." Alberto Ginastera, 18 de julio de 1967.

Radio libre. En 1958, el Comité de Defensa de la Radio Libre, que preside Héctor Lagos Beitía, da a conocer un comunicado para denunciar que la Comisión Administradora de Emisoras Comerciales y Televisión ha dispuesto prohibir toda alusión política en las audiciones humorísticas, con el argumento de que el país se halla en vísperas de elecciones y que cada libretista, de acuerdo con su filiación política, utilizaría dichos programas para ridiculizar a determinadas tendencias partidarias.

India. Luis María Ragucci, juez en lo correccional, dispone la devolución de las copias de la película *India*, dirigida por Armando Bo y protagonizada por Isabel Sarli, por no encontrar mérito suficiente para el secuestro de esa producción ni tampoco para el procesamiento de sus actores, director y productor, por presuntas infracciones al artículo 128 del Código Penal -que sanciona las publicaciones obscenas o inmorales-, no haciendo lugar a lo demandado por el denunciante. El mismo demandante dispone proceder al secuestro de la película *Los buscas* de todos los cines donde ésta se exhibe, por considerar que el film podría hallarse encuadrado en el citado artículo 128 (marzo 1960).

Allanamientos. Personal de la Dirección de Coordinación Federal allana las editoriales Ediciones Culturales,

Cartago y Signo Publicación, y secuestra libros considerados como propaganda comunista. La Cámara Argentina del Libro se dirige al ministro de Educación y Justicia, al presidente del Concejo Deliberante y al Intendente de la Ciudad de Buenos Aires para denunciar la gravedad de una campaña de censura "llevada a cabo a través de organismos municipales locales y aun a través de la organización judicial". La Cámara indica que la actuación de la Municipalidad en procedimientos de índole inconstitucional, y del fiscal Guillermo de la Riestra en la gestión de procesos, lesionarán el prestigio de los acusados cualquiera sea la resolución dictada. La Cámara también señala que sería preferible el establecimiento de la censura previa, por considerarla "más valiente, en algún aspecto más leal y, tal vez, hasta menos arbitraria" para sus publicaciones (junio de 1960).

Diario La Razón. A raíz de una noticia sobre la crisis en los altos mandos del Ejército, se impide la circulación del diario *La Razón* de Buenos Aires y se detiene a su director, Ricardo Peralta Ramos. Con la firma de su presidente, Enrique Ríos Escobar, el Círculo de la Prensa comunica una resolución con motivo de la clausura del diario, en la que considera "que la censura impuesta a las noticias de carácter nacional en las radioemisoras dependientes de la Comisión Administradora de Emisoras Comerciales y TV y en una emisora privada durante los sucesos ocurridos en la semana pasada en el país, han reeditado una peligrosa intromisión del Estado; que las afirmaciones del ministro del Interior sobre la publicación de informaciones configuran el establecimiento de un aval previo o de una conformidad oficial, lo que equivale a una fiscalización o censura de las noticias; que el secuestro de la edición del diario *La Razón* de Buenos Aires (14 de octubre de 1960), y la clausura por medio de la fuerza pública de su edificio y la detención de los principales dirigentes de esa empresa constituye otro manifiesto atentado contra la libertad de prensa."

El reposo del guerrero. Fallo del juez Eduardo Malbrán, por el cual se absuelve de culpa y cargo al editor Gonzalo José Losada y al traductor Miguel de Amilibia en el proceso por el delito de publicaciones obscenas a raíz de la edición de la novela *El reposo del guerrero*, de la escritora francesa Christiane Rochefort: el libro es "un desafío a los mayores, a quienes una joven mujer agravia groseramente al atacar sus principios morales con los conocimientos que tiene de la vida. El libro es obsceno no porque pueda excitar los apetitos groseros y los bajos instintos sexuales, sino porque su realismo excesivo y su cinismo afectan el pudor al resentir las bases morales del lector. Esto es lo obsceno de la obra, y lo que la ley penal protege en el capítulo Ultrajes al pudor, puesto que la sucesión de impactos similares puede echar por tierra todas las resistencias morales con la consiguiente relajación de las buenas costumbres, por las que el Estado debe siempre velar".

Libro secuestrado. La Sala en lo Criminal y Correccional de la Cámara Federal de Apelaciones hace lugar a un pedido de amparo presentado por Rogelio García Lupo con el fin de obtener la libre circulación de su libro *La rebelión de los generales*. El libro fue secuestrado de las librerías por personal de la Dirección de Coordinación Federal en cumplimiento del decreto 7131 del 23 de julio, que estableció que el libro estaba comprendido en el artículo segundo del decreto 4965-59, represivo, genéricamente, de las actividades comunistas. El tribunal revoca el fallo del juez Jorge Alberto Aguirre, que rechazó el amparo fundándose en que el estado de sitio imperante concede al Poder Ejecutivo poderes especiales de policía entre los cuales figura el de prohibir la circulación de un libro, ordenando su secuestro. El nuevo fallo señala que el libro de García Lupo no puede ser comprendido en los términos del decreto 4965-59, pues no se advierte que a través de sus páginas se haga difusión o propaganda de la ideología comunista. Agrega que no puede reconocerse al Poder Ejecutivo una atribución sin límites para impedir la publicación y difusión de obras por el solo hecho de referirse a episodios incorporados a la historia, por recientes que sean, creando una censura peligrosa para la cultura argentina. (Diciembre de 1962).

Obscenidad. El juez Edmundo F. Sanmartino impone la pena de un año de prisión, en suspenso, al escritor Germán Leopoldo García, argentino, casado, de 24 años, y a Juan José Lecuona, argentino, casado, de 34 años, gerente de la librería y editorial Jorge Álvarez S.A., por el delito de publicación obscena cometido en relación con la edición y distribución de la novela *Nanina*. "Es evidente que la obra *Nanina* es una osada obra de lenguaje impúdico, de incoherente contextura y de exhibición de escenas reñidas con el más elemental decoro. El protagonista no tiene ubicación precisa en el tiempo ni en la geografía. Tan pronto es un niño, como un adolescente. Está en Junín, en Rawson o en Buenos Aires. Sin transición, sin etapas intermedias. Sin un proceso lógico de cambio y de transformación. Por puro afán de ser original, de espantar al lector equilibrado, o simplemente por incorregible incoherencia mental. Esa técnica es frecuente en la simulación del talento. La obra carece de una sólida arquitectura argumental y es, en general, un sucio canto al desamor filial y al sexo animal e indiscriminado. No tiene tampoco pretensión de protesta social ni de mensaje. El protagonista es un testigo impávido del infortunio que lo rodea. La novela no está ni siquiera justificada por la rebeldía que despierta la injusticia que se siente en carne propia o los males de la sociedad en que se convive. Esta valoración de la obra por el juzgador, fuera de lo común en un fallo judicial, es necesaria, ya que la falta de méritos literarios y de justificado sentido social de rebeldía contribuye a destacar con mayor crudeza la obscenidad reiterada y machacona que aparece en cada momento en su contexto."

Prohibidos y colaboracionistas. Testimonio del periodista José Sbarra.
"La censura del Proceso tuvo sus raíces en la censura de Onganía. Onganía tenía una visión corporativista, y todo sospechoso de socialismo fue eliminado, por eso desmanteló la universidad. Entre la numerosa lista de prohibidos figura el Neruda de *Incitación al nixoncidio*, las novelas eróticas de Alberto Moravia, Manuel Puig, el *Libro de Manuel*, de Julio Cortázar, Antonio Di Benedetto con su espléndida novela *Zama*, premiada en Italia, David Viñas, Dalmiro Sáenz, Raúl González Tuñón, Álvaro Yunque, Ernesto Cardenal, César Vallejo, Nicolás Guillén, Nicanor Parra y tantos otros por motivos políticos o aduciendo inmoralidad para los ojos del clero y la milicia. El caso de Cortázar y su *Libro de Manuel* es interesante para reflexionar acerca del colaboracionismo de otro sector de la intelectualidad. Las críticas y comentarios sobre la obra señalaban que era una novela panfletaria, que al internarse en terreno político perdía en calidad artística. Retaceaban los méritos literarios del libro -y de todo libro que a la censura no le gustase- para congraciarse con los censores y evitar que sus propias obras corriesen la misma suerte.

Hubo una crítica que apoyó la actitud discriminatoria y censora del régimen militar de turno. En su momento me decepcionó la actitud de Ernesto Sabato, que concurrió a un almuerzo dado por Videla. Videla invita a comer, entre otros, a los escritores Jorge Luis Borges y Ernesto Sabato. Las cámaras de televisión recogen y difunden el hecho. Borges, acerca de qué le pareció la comida, respondió, irónicamente: "La comida fue muy buena porque cada grano de arroz mantuvo su individualidad". Sabato, en cambio, a esta misma pregunta contestó diciendo que se había encontrado (refiriéndose a Videla) "con una persona inteligente y culta". Dentro de los escritores que no tuvieron problemas con la censura, y agregaría, como decían los que apoyaban al Proceso cuando desaparecía algun persona: "por algo será", figuran Luisa Mercedes Levinson, Alicia Jurado, Abelardo Arias, Silvina Bullrich, Beatriz Guido y Manuel Mujica Lainez. Los libros de "Manucho" no fueron censurados; sí la ópera *Bomarzo*, durante el gobierno de Onganía. Tampoco se censuró a Julio Menvielle, presbítero, que se encargó de adoctrinar militares en el fascismo, anticomunismo, antisemitismo y anti todo lo que no fuese doctrina tomista. Entre sus discípulos figuraban el general Tomás Sánchez de Bustamante y el presbítero Sánchez Abelenda, quien luego, durante el Proceso, tendría un cargo relevante en la universidad."

La Corte Suprema. La Corte Suprema de Justicia mantiene el fallo de la Cámara de Apelaciones en lo Civil por el cual se rechazó la impugnación contencioso-administrativa de la Editorial Sur SRL contra el decreto municipal 77718, de 1959, que calificó de inmoral a la novela *Lolita*, de Vladimir Nabokov, y prohibió su circulación y venta en todo el territorio nacional. "Con fundamento en la necesidad y el deber de preservar la moral pública que asiste al Estado, facultades indispensables para impedir la circulación y venta de obras inmorales (...) Toda la obra es un trasunto de desquiciamiento moral cuyos efectos perniciosos no logran amenguar los méritos literarios del libro ni la jerarquía intelectual del autor..."

TESTIMONIOS DE LA CENSURA
Miguel Ángel Estrella* : "Me castigaron por demostrar que los pobres podían entender a Bach".

> "Se sigue hostilizando a nuestro país. Se trata de la continuación de una campaña de hostilidad que es impulsada, en varias partes del mundo, por grupos de argentinos opuestos al actual gobierno del país, ora exiliados, ora exiliados sediscentes, en ciertos casos elementos de izquierda más o menos extrema, en otros, activistas de ideología indefinida, adictos al peronismo, ex usufructuarios de él, así como de miembros de organizaciones terroristas que han logrado crearse la aureola de ser luchadores libertarios. La acción de tales grupos, de composición y motivación heterogéneas, se hizo sentir, por ejemplo, también en un país como Venezuela, durante la visita que está efectuando allí el almirante Massera." Manfred Schonfeld, 23 de julio de 1978.

La historia de mi padre se repitió en mí, pero de otro modo. Mi viejo, que murió a mediados de los 90, nunca entendió por qué yo era peronista, y al principio se avergonzaba, decía que se me iba a pasar, era difícil para él entender que habiendo estado él mismo preso en los tiempos de Perón, su hijo se hiciera peronista. Siempre fue una contradicción muy grande, pero cuando me fue a ver a la cárcel, en Uruguay, vio a algunos de los 1.500 hombres que allí estaban y recordó que ese tipo de visitas no tenían nada que ver con las que yo le hacía a él cuando estaba

---

* Miguel Ángel Estrella, pianista tucumano, intérprete de música clásica. Fundador, en la década del 80, junto a un grupo de músicos sudamericanos y europeos, del grupo Música Esperanza. Actualmente reside en Francia.

preso en Tucumán. Recuerdo que cuando visitaba a mi padre veía un cartel que decía: "La cárcel es un lugar para reflexionar, superar los problemas y no engendrar vicios". Lo firmaba Juan Domingo Perón. Tuvimos historias diferentes, porque vivimos épocas diferentes. Yo soy una mezcla de esa pareja. De cosas que nos metió mi madre muy fuertes, que tienen que ver con el peronismo. Mi vieja y su familia eran radicales, pero ella nunca se definió por un partido, ella comprendía que mi viejo hubiera pasado por el PC, pero no se involucraba, no le interesaban las cosas partidarias. Nos enseñaba cosas muy fuertes con las palabras de Perón: "Mejor que decir es hacer, mejor que prometer es realizar".

En el Conservatorio había una sutil censura ideológica. Por ejemplo, en los exámenes de armonía (elegir una melodía de bajo y armonizarla con otra pieza) yo elegí para el bajo una baguala, la empecé a cantar bajito para inspirarme sobre cómo la iba a armonizar y me sacaron afuera, diciendo que el folclore era música de tercera. Para ese conservatorio, que a fines de los cincuenta funcionaba todavía con los códigos de París del 1900, todo era transgresor. También les inquietaba el hecho de que promoviéramos la música nacional, era muy mal visto eso. Nos trataban de comunistas porque pedíamos que cambiaran los programas de estudio, porque queríamos que la música argentina tuviera un lugar preponderante o que los jóvenes compositores fueran escuchados, que las clases para intérpretes no podían durar diez minutos para decidir quién era bueno y quién no. Por todas esas actividades éramos considerados subversivos.

De joven no tenía un mango pero queríamos (con la que después fue mi mujer, Martha) ir a Rumania, donde vivía una profesora extraordinaria de piano. Había una beca a la que me había presentado que tenía prácticamente ganada, pero me vetó el PC. Ellos dieron un mal informe mío, dijeron que era talentoso pero que dentro de la juventud comunista había muchos chicos talentosos que lo merecían más; la beca se la dieron a la hija de un dirigente del PC. Eso siempre coexistía en esa época, no había santos en ningún lado. Todavía pienso que si hubiera estado en el conservatorio a mediados de los setenta seguramente habría sido un desaparecido.

Siempre estuve en las listas negras. Ya en el 64, habiendo ganado mi primera beca francesa, mi nombre no formaba parte de los "autorizados" para tocar en intercambios culturales en países como Finlandia, Rumania, Bélgica. Algunos diplomáticos que eran amigos míos me decían que no me podían auspiciar a mí porque la Cancillería era la que decidía la lista de los argentinos que podían actuar en el exterior. Las embajadas podían pedir excepciones, pero en mi caso siempre decían que no y eso que recién era mediados de los sesenta. Fue Perón el que me ayudó a darle forma a mi intención de tocar para los pobres. El recuerdo está tan vivo en mí que hasta puedo recitar las palabras de Perón de memoria: él me abrió los ojos para acercar la música a los pobres porque nosotros, de hecho, ya lo veníamos haciendo. En el conservatorio nos decían que la música es el lenguaje universal y todo ese doble discurso que no tiene consistencia, porque jamás nos hablaban de los barrios, de la gente que nunca había escuchado a Bach, de los que nunca escucharían a Beethoven, ni a la música clásica argentina, todo eso nació de perversidades o desviaciones del espíritu de gente muy jodida que había decidido que ese público, el de los pobres, nunca accedería, no sólo a Beethoven, sino a ninguna forma de cultura universal, ni educación, ni salud, ni nada. Cuando íbamos a esos lugares, los campesinos o los villeros nos decían algunas verdades que nos quedaban atragantadas. Cuando llegó

Perón fue diferente. Ya teníamos unos veintiséis años y el viejo nos decía, en 1967: "Ustedes, chicos, son de izquierda. Tienen razón, el mundo va para ahí. Ustedes todos provienen de familias humildes y están estudiando en Europa: ustedes son hijos de Evita, porque gracias a ella han podido estudiar". Con esas palabras nos metió en el bolsillo a casi todos; esa fue una gran lección para mí. Él tenía una información impresionante de todos los que se reunían con él: sabía de dónde eras, el nombre de tus padres, tu profesión, siempre alguna referencia de vos sacaba... les pedía a los médicos que colaboraran con el padre Mujica en la villa de Retiro, por ejemplo, nos instaba a dar una parte de nuestra profesión como una señal de compromiso político. Yo en esas palabras las reconocía a mi vieja y a mi abuela, que decían que lo mejor que uno tiene es para compartirlo con los demás.

En diciembre de 1979, preparo todo para dejar el Uruguay, país en el que me había establecido para evitar el desgaste de la Argentina y escapar de las falsas acusaciones que me hacía la Junta Militar. Tenía dispuesto participar de la fiesta de fin de curso de mis hijos, pasar la Navidad en Buenos Aires y luego partir a México a trabajar para alejarse lo más posible del Cono Sur. El 10 de diciembre apareció en mi casa un conocido dirigente montonero, Carlos Valladares, un hombre de Tucumán a quien conocía. Estaba de paso por Uruguay, con documentos falsos. Contó que habían secuestrado a su madre, que su mujer estaba presa y había tenido un bebé, en definitiva había ido a pedirme ayuda. Le contesté que no me era posible ayudarlo, ya que yo mismo estaba acorralado, y Valladares se fue. Unos días más tarde, sabría que esa conversación había sido filmada por los militares desde un helicóptero. Una vez secuestrado, los milicos me apaleaban salvajemente para que les dijera de qué hablábamos. Querían convencerme de que Carlos les había relatado que en ese encuentro él me había nombrado capitán montonero. Un año más tarde me enteraría de que en realidad Carlos se suicidó el día de mi secuestro, al verse cercado en el aeropuerto de Carrasco. Yo y todos los habitantes de la casa (salvo los chicos que escaparon con unos vecinos) fuimos secuestrados el 15 de diciembre a la noche. Tenía pasajes de regreso a Buenos Aires para el día 17. Del 15 al 21 de diciembre estuve detenido ilegalmente y fui torturado: los milicos me decían "lo que no te vamos a perdonar nunca es que vos le hayas hecho creer a la negrada que ellos podían escuchar Beethoven. Vos sos un traidor, a vos se te educó para las elites y resulta que te convertiste en uno de ellos. Les hiciste creer que ellos podían entender lo que vos tocabas en el piano. Te vamos a destruir, no te podemos matar porque no somos tan asesinos como nuestros colegas de la otra orilla, pero nunca más vas a tocar el piano, jamás vas a volver a sonreír, jamás vas a ser el padre de tus hijos, vas a salir de aquí hecho una piltrafa porque esto es una máquina de relojería y sabemos muy bien cómo destruirte. Ese va a ser el castigo por haber elegido a la negrada. Al sexto día de mi secuestro y detención ilegal y antes de esas palabras, habían amenazado con cortarme las manos como a Víctor Jara y me habían dicho que después me matarían. En ese momento ellos se jugaban a que yo firmara algo, que jamás consiguieron porque yo nunca firmé nada. Querían datos de gente, teléfonos, citas; la verdad es que ni sé cómo pude reaccionar de esa manera porque yo tenía terror de caer, justamente por la tortura. Pensaba que si me tocaban un dedo, pianista como soy, sería capaz de cantar cualquier ópera, cualquier tango. Pero no fue así; uno tiene reservas que no conoce y que en esos momentos salen. La última tentativa que ellos hacen para hacerme cantar es hacer sonar una sierra eléctrica y decirme que con ella me cortarían las manos. Yo no la veía, sólo la oía porque teníamos algodones en los ojos, una venda y una capucha. Hicieron el simulacro, me desataron las manos que estaban siempre esposadas atrás y me las pusieron sobre lo que sería una mesa y entonces les dije unas palabras que no sé de dónde me salieron, y que hay gente que no me las perdona, les dije "que Dios los perdone, yo voy a tratar de perdonarlos", ahí se paró la tortura. Nunca más me tocaron.

Cuando salí en libertad, dos años y medio después, comencé a atar cabos y me enteré de que justamente ese día habían llegado a Uruguay dos emisarios secretos de Naciones Unidas enviados por la Unesco para hacer una investigación. Ellos ya habían hecho un relevamiento en el barrio y sabían que me habían secuestrado ahí, que no podía estar fuera. Mi familia se había trasladado al día siguiente al Uruguay y me habían buscado por todas las comisarías, por todos los cuarteles, y la respuesta era siempre "desconocido"; ellos estaban seguros de mi detención ilegal. Como los militares no podían con Naciones Unidas, entonces ese día me tenían que legalizar a toda costa. Los que fueron de la Unesco desde París hicieron un informe y negociaron con ellos. Les dijeron que sabían que yo estaba en Montevideo y les exigieron que me "muestren". Todos sabían que, como estaba previsto, a todos los secuestrados en Uruguay les esperaba como destino final la ESMA. El plan Cóndor era así: te secuestraban en cualquier lugar del Cono Sur, te torturaban, te sacaban información ahí y después te trasladaban clandestinamente a tu país de origen.

También una ex desaparecida que vive en Suiza me contó algunas cosas. Ella era tucumana, una de las viudas célebres de jefes montoneros y estuvo en la ESMA. Cuando nos reencontramos me contó que un día en la ESMA hicieron circular una foto mía preguntando quién me conocía. Nadie me conocía, ni siquiera ella, a la que le habían insistido mucho. Ella les respondía que no me conocía, porque en realidad no me había reconocido en esa foto, entonces le dijeron que me tenía que conocer porque yo era de Tucumán y además era un pianista famoso. Ella entonces dijo mi apellido y ellos le dijeron que me tenían en Uruguay y que en unos días me reuniría con ella en la ESMA. Otra cosa que hacían era mandar prisioneros de la ESMA a reconocer presos que había en Uruguay.

Yo me salvé de que me trasladaran por la negociación de Naciones Unidas. Los delegados les dijeron a los militares uruguayos que sabían que yo vivía con mi secretaria y con una pareja de amigos y mis dos hijos. Sabían que los chicos se habían salvado del secuestro y que estaban con unos vecinos. Ellos pidieron que tanto yo como las personas secuestradas en mi casa fuéramos legalizados. Yo estoy casi seguro de que si me traían a la Argentina no contaba el cuento. Como Uruguay es un país chico y en general se lo llamaba "la Suiza América del Sur", y nunca estaban involucrados en nada, la amenaza de las Naciones Unidas surtió efecto.

Los milicos me liberan en el 80 porque mis colegas consiguieron por primera vez que el Uruguay esté en el banquillo de los acusados en las jornadas de Naciones Unidas realizadas en Ginebra sobre Derechos Humanos. Ellos denunciaron mi caso de una manera incansable, a ellos les debo mi libertad. Mi amigo, el que más luchó por mí, hoy tiene unos ochenta años, pero entonces sabía muy bien cómo tratar a los milicos, porque él había estado en un campo de concentración nazi.

"Música Esperanza" nació en una sesión de tortura. Yo apelaba mucho a Dios en esos momentos, y en una de esas me puse a conversar con el barbudo de arriba y le dije: "Señor, yo hasta ahora hice muchas cosas con la música con un imperativo social, yo nunca tuve una doble vocación, porque para mí es lo mismo, sé que por eso me pegan. Por tocar para campesinos y pobres... Ayudame a vivir, yo soy muy joven para morir y tengo hijos muy chicos, mi mujer se murió. Dejame que viva y yo voy a hacer algo que sea contra toda esta bestialidad que estamos viviendo, contra la tortura, contra el Apartheid, contra las guerras, contra las perversidades. En un momento, yo mismo me cansé de decir "contra, contra, contra" y una voz de adentro mío me dijo "hacelo por la positiva", y de ahí nació la idea de Música por la Esperanza, que terminó llamándose "Música Esperanza". ✂

Despolitizar y prohibir. Caído el gobierno peronista se desmanteló rápidamente la estructura económica, social y política. La vuelta al liberalismo económico -con algunas concesiones que hubo que hacer a la etapa histórica que vivimos- se cumplió. A partir de entonces hubo inconvenientes insalvables para establecer el régimen de democracia política. Como explicación del carácter mayoritario que tenía el régimen depuesto en 1955, se aplicaban fórmulas europeas de interpretación: era un sistema "totalitario", que mediante la técnica de utilización de los resortes estatales manipulaba la opinión de las masas. Los "gorilas libertadores" llevaron su desprecio hasta el punto de solicitar por vía del Ministerio de Relaciones Exteriores la legislación antifascista y antinazi para ser aplicada al movimiento caído.

El programa del régimen militar tiene los presupuestos del desarrollismo neocapitalista: la lucha de clases es superable mediante acuerdos concertados por la mediación del Estado "despolitizado". Los grandes empresarios y financistas son quienes proclaman con mayor entusiasmo estas efusiones moralizantes; viven en paz con sus conciencias, con Dios, con Occidente y con la Patria, mientras acumulan riqueza.

La Argentina después de Perón. El derrocamiento de Perón fue promovido por un amplio frente político que incluyó a todos los partidos no peronistas, los representantes corporativos e ideológicos de la clase media y la burguesía urbana y rural, las Fuerzas Armadas y la Iglesia. Sus miembros persiguieron objetivos dispares. Ese frente pudo mantenerse unido poco tiempo bajo la bandera de la "democracia", que fue levantada oponiéndola al carácter dictatorial y totalitario atribuido al peronismo. Creyeron que la mera denuncia de la dictadura o la tiranía alcanza para concretar un proyecto político. El movimiento no sólo sobrevivió a la caída de su gobierno, sino que además se constituyó en el eje del movimiento opositor mayoritariamente popular, y con la clase trabajadora como baluarte. El corolario fue la exclusión del peronismo, tanto del plano electoral como del correspondiente a la acción política legal.

Rebelión. El 16 de junio de 1955 se había frustrado la rebelión armada contra el gobierno de Perón, que llevaron a cabo oficiales de la Marina y la Fuerza Aérea con la conducción del contralmirante Samuel Toranzo Calderón. El bombardeo a la Casa de Gobierno y a la Plaza de Mayo dejó el saldo, entre muertos y heridos, de más de un millar de víctimas, la mayoría ajenas al hecho. El 27 de abril de 1956, mediante una Proclama del Gobierno Provisional se anuló la Constitución de 1949 y se reimplantó la de 1853. Entre los días 7 y 8 del mes de junio estalló la rebelión armada que encabezaron los generales Juan José Valle y Raúl Tanco, y cuyos epicentros debían ser Rosario, Campo de Mayo, Santa Rosa (La Pampa) y la ciudad de La Plata.

El día 9, a través del decreto-Ley Nro. 10.362, el gobierno implantó la Ley Marcial en todo el país. El primer comunicado del gobierno -recogido por los diarios- informaba que habían sido fusilados 80 "perturbadores del orden público" y 48 "militares rebeldes" Al finalizar el día 10 el total de ejecuciones totalizaba 114, y se elevaban a 252 el día 11. Según las noticias de las agencias periodísticas -suministradas por fuentes oficiales- "el número de fusilados no pasaba de 400".

El 9 de junio de 1956 una insurrección con la que el peronismo pensó por primera vez recuperar el poder por la fuerza fue reprimida de una manera sin antecedentes y sin justificativos: hubo 34 muertos, de los cuales sólo 7 cayeron en acción. El resto fue pasado por las armas sin mayores consideraciones por las leyes de guerra. El caso más dramático entre esas ejecuciones fue el de un grupo de civiles fusilados en el basural de José León Suárez, provincia de Buenos Aires. Algunos de ellos estaban vagamente conectados con la conspiración y otros ni siquiera sabían de su existencia. Unos pocos consiguieron escapar de la muerte. En un extraordinario trabajo de reconstrucción paciente y minuciosa, Rodolfo Walsh investigó a través de sus miedos a estos protagonistas sobrevivientes para elaborar un libro ya clásico de la literatura argentina: *Operación Masacre*. Su nombre integra desde el 25 de marzo de 1977 la larga lista de desaparecidos durante la dictadura militar iniciada el 24 de marzo de 1976. La "Carta abierta" a la dictadura militar fue su última palabra pública, palabra que no pudo ser silenciada con su secuestro ni con su muerte.

"Una de mis preocupaciones, al descubrir y relatar esta matanza cuando sus ejecutores aún estaban en el poder, fue mantenerla separada, en lo posible, de los otros fusilamientos cuyas víctimas fueron en su mayoría militares. Aquí había un episodio al que la Revolución Libertadora no podía responder ni siquiera con sofismas. Se trataba de presentar a la Revolución Libertadora, y sus herederos hasta hoy, el caso límite de una atrocidad injustificada, y preguntarles si la reconocían como suya, o si expresamente la desautorizaban. La desautorización no podía revestir otras formas que el castigo a los culpables y la reparación moral y material a las víctimas. La clase de gobiernos como el de la "Revolución Libertadora" se solidariza con aquel asesinato, lo acepta como hechura suya y no lo castiga simplemente porque no está dispuesta a castigarse a sí misma", dice Walsh.

Las ejecuciones de militares en los cuarteles fueron, por supuesto, tan bárbaras, ilegales y arbitrarias como las de civiles en el basural. Los seis hombres que al mando del coronel Yrigoyen pretendieron instalar en Avellaneda el comando de Valle y a quienes se capturó sin resistencia, son fusilados en la Unidad Regional de Lanús en la madrugada del 10 de junio de 1956. El coronel Cogorno, jefe del levantamiento en La Plata, es ejecutado en los primeros minutos del día 11 en el cuartel del regimiento 7. El civil Alberto Abadie, herido en la refriega, es previamente curado. Recién el día 12 al anochecer está maduro para el pelotón, que lo enfrenta en el Bosque. El 10 de junio a mediodía son juzgados en Campo de Mayo los coroneles Cortínez e Ibazeta y cinco oficiales subalternos. El tribunal presidido por el general Lorio resuelve que no corresponde la pena de muerte. El Poder Ejecutivo pasa por alto la "cosa juzgada" y dicta el decreto 10.364 que condena a muerte a seis de los siete acusados. La orden se cumple a las 3.40 de la madrugada del 11 de junio, junto a un terraplén. Al mismo tiempo se fusila en la Escuela de Mecánica del Ejército a los cuatro suboficiales que momentáneamente la habían tomado, y en la Penitenciaría Nacional a tres suboficiales del Regimiento 2 de Palermo presuntamente "complicados". El 12 de junio se entrega el general Valle, a cambio de que cese la matanza. Lo fusilan esa misma noche. Suman 27 ejecuciones en menos de 72 horas, en seis lugares. Todas ellas están calificadas por el artículo 18 de la Constitución Nacional, vigente en ese momento, que dice: "Queda abolida para siempre la pena de muerte por motivos políticos". En algunos casos se aplica retroactivamente la ley marcial. Se trata en suma de un vasto asesinato, arbitrario e ilegal, cuyos responsables máximos son los firmantes de los decretos que pretendieron convalidarlos: generales Aramburu y Osorio Arana, almirantes Rojas y Hartung, y brigadier Krause.

El 29 de mayo de 1970 un comando montonero secuestró en su domicilio al teniente general Aramburu. Dos días después la organización lo condenó a muerte, y enumeraba los cargos que el pueblo peronista alzaba contra él. Los dos primeros incluían "la matanza de 27 argentinos sin juicio previo ni causa justificada, el 9 de junio de 1956". El comando llevaba el nombre del fusilado general Valle. Aramburu fue ejecutado a las 7 de la mañana del 1º de junio, y su cadáver apareció 45 días después en el sur de la provincia de Buenos Aires.

Vencedores y vencidos. Como Jefe del Estado Mayor del Ejército, desde el cual fue llevado a la primera magistratura, Lonardi jugó un papel muy deslucido. Con Aramburu se terminaron las ambigüedades. Se demostró que había vencedores y había vencidos. A partir de noviembre de 1955, quienes habían sido partidarios de Perón sintieron en carne propia lo que es el revanchismo y la canallada elevada al rango de verdad absoluta. El Ejército, además de no tener una posición monolítica, había acompañado durante años las políticas nacionales de Perón. El ala liberal, con una suerte de complejo de culpa, alzó las banderas de un enconado antiperonismo. Producto de esa explosiva situación es el decreto 4.161 de marzo de 1956, que debe ingresar en una antología del despotismo y la censura de ideas. Prohibía "las imágenes, símbolos, signos, expresiones significativas, doctrinas, artículos y obras artísticas" que fueran o pudieran ser tenidas por lo que el decreto llamaba "afirmación ideológica peronista". A partir de allí no se podía exhibir la imagen de Perón, ni escribir su nombre, ni el de sus parientes. Estaban prohibidas las palabras "tercera posición" y las iniciales (J.D.P.) del ex presidente. En ese clima sofocante de delirio y paranoia, se fue gestando la "resistencia peronista". La prensa nacionalista fue la única que salió a denunciar los fusilamientos de José León Suarez. Los diarios se limitaban a reproducir sucesivos comunicados que difundía la Secretaría de Prensa. Marcelo Sánchez Sorondo funda el periódico *Azul y Blanco,* cuyo primer número sale el día 6 de junio de 1956. Un mes más tarde es clausurado por su "prédica peronista". Mientras tanto, Américo Ghioldi escribía en *La Vanguardia* sobre los fusilamientos de José León Suárez: "Hay que reprimir con energía todo intento de retornar al pasado. Se acabó la leche de la clemencia. Parece que en materia política los argentinos necesitan aprender que la letra con sangre entra".

Azul y Blanco fue definitivamente sacado de circulación en mayo de 1957. En diciembre de ese mismo año fue clausurada la revista *Propósitos,* dirigida por Leónidas Barletta. La resistencia se expande como una mancha de aceite. Arturo Jauretche publica *Los profetas del odio,* que aparece a fines de 1957. Se venden en la primera edición 25 mil ejemplares. "He recurrido al lenguaje esquemático de las cifras -dice Jauretche- para demostrar cómo se adulteraron éstas y cómo se deformó su interpretación, para preparar con el informe Prebisch los fundamentos teóricos para justificar un plan económico que es sólo parte de un plan más vasto, cuya finalidad última es la restauración y consolidación del coloniaje."

Censura cultural . Nunca como durante la década del sesenta, hasta iniciado el período democrático, fue tan claro que en la Argentina la censura fue la base de desarrollo de un plan que culminó en una represión feroz.

Tantos años de control político civil suspendido o condicionado, y el ritmo ascendente de las intervenciones militares son datos básicos para evaluar en qué medida ha sido afectada la vida nacional y, dentro de ella, la producción cultural. A partir de 1960 el ritmo de intervenciones militares se acelera y aparecen los dos períodos de máxima permanencia en el poder de facto. También en la década del sesenta se inscriben dos acontecimientos que influyeron decisivamente en la Argentina: la Revolución Cubana, con un recrudecimiento de la fermentación contestataria que incluye experiencias de guerrilla urbana y rural, y el golpe de los militares brasileños en 1964, que propuso un marco de referencia y un modelo viable de respuesta militar al nuevo esquema de fuerzas. El Decreto ley 16386 de 1957 dispone en el artículo 29 que "ninguna producción argentina o extranjera podrá ser exhibida sin tener previamente el certificado otorgado por el Instituto Nacional de Cinematografía". En consecuencia, le otorga al Estado la facultad de disponer prohibiciones de películas y abre las puertas para la legislación futura en la materia.

Los medios de comunicación. Los medios son objeto de un cuidado aún más atento. El Decreto ley 15460/57, conocido como Ley de Radiodifusión, reglamentado a mediados de 1965 durante la presidencia de Illia, establece claramente que "en los programas de proselitismo político o dedicados a entidades gremiales, patronales, religiosas o culturales no se ejercerá censura previa, siendo los oradores o las agrupaciones que representan los únicos responsables de lo que se difunda". Según la misma reglamentación, las transmisiones deberán "respetar los símbolos, prohombres e instituciones nacionales o extranjeras"; evitar los temas relacionados con ciencias ocultas, adivinación o astrología; y "abstenerse de exaltar el triunfo del mal sobre el bien, la disolución de la nacionalidad, la burla a los defectos físicos, el desvío sexual o el erotismo" (17/7/65). Una consecuencia de esto es la multiplicación de los censores y el consiguiente aumento de lo censurado.

Los desnudos y los muertos, de Norman Mailer, fue recibida como la novela más extraordinaria sobre la Segunda Guerra Mundial. La primera edición fue lanzada por el sello editorial SUR en 1954, durante el gobierno peronista. Se distribuyeron 5 mil ejemplares de 800 páginas. En octubre de aquel año el libro fue secuestrado de las librerías por orden de la Sección Moralidad, dependiente de la Policía Federal. La editorial y el escritor Juan Goyanarte, entonces su administrador, afrontaron una durísima pérdida económica. A pesar de la escasísima difusión de esta primera edición, el libro conmovió a los privilegiados que accedieron a su lectura. Juan Goyanarte lanzó una segunda tirada, ya durante el gobierno de la Revolución Libertadora. Fue en mayo de 1956. Se entregó a la Comisión de Cultura un volumen con 300 correcciones y tachaduras, efectuadas de puño y letra por el editor, que se comprometió a que la segunda edición fuera la versión fiel, con todas las correcciones presentadas previamente ante el organismo de control. En julio de 1956 la Municipalidad notifica a la editorial que el libro será prohibido definitivamente por "inmoral". Se ratificaba de esa manera la orden de incineración. Paralelamente se conoce la prohibición oficial de *El matrimonio perfecto,* de Van de Veide y de *Sadismo y masoquismo,* de Wilham Stekal.

Testimonios de la censura
Marcelo Simón* : "De listas y cuarteles".

> "De nada valdrán grandes planes económicos, políticos y sociales en pro de la familia y de la comunidad, si no combatimos la inmoralidad en todos los terrenos, desterrando el erotismo, la pornografía, la violencia en los medios de comunicación social y el comunismo en todas sus formas." Comunicado de las Ligas de Madres y Padres de Familia en ocasión del 25º aniversario de su creación por el Episcopado Argentino en 1951.
> Noviembre de 1976.

Me daba bronca estar prohibido, me parecía enormemente injusto. Me hicieron perder mucho tiempo, años de mi vida, como a muchos otros. A algunos les hicieron perder la vida. Era injusto porque yo tenía cosas para decir y ellos no me las dejaron expresar. Además, yo me ganaba la vida trabajando en los medios de comunicación. En esa época mi pensamiento era: si no me quieren está bien, no tengo que estar donde no me quieren. Ahora me da bronca. Sobre todo porque los veo, veo lo que han sido, lo que siguen siendo, veo estos tipos que emergen y dan argumentos disparatados, no fundados en pensamientos racionales. Además, se robaron todo lo que pudieron.

He visto mi propio nombre y apellido en la lista de artistas prohibidos. Lista que estaba en distintas partes y en todos los cuarteles. No me acuerdo el nombre de quien me

---

* Marcelo Simón es periodista de aquilatada experiencia en los medios. Ganador de varios Martín Fierro por su programa "Voces de la Patria Grande".

la mostró. Era un coronel, creo que era interventor en el COMFER. Él tenía interés de entrar en el mundo del espectáculo. Por eso me pidió que le escribiera unos textos. En su despacho me mostró las fichas. Me dijo cuáles eran los cargos que había contra mí. Me pidió que lo acompañara. Me llevó al baño, rompió el papel como si se tratara del testamento del rey Salomón, y lo tiró al inodoro.

En 1979 o 1980, como todos los años, yo hacía las presentaciones en el Festival de Villa María, Córdoba. Me habían contratado de nuevo. Cerca de ahí había un establecimiento militar. Cuando vieron los afiches con mi nombre les dijeron a los organizadores que yo no podía actuar. Con el apoyo del que era entonces mi representante, decidí presentarme igual. Me acuerdo de que él me dijo: "Hacés bien, no hay que quitarle el culo a la jeringa". Me acuerdo de esa frase. El mismo día que comenzaba el Festival me dijo: "No te presentes, lo vamos a hacer de una manera tal que... el segundo día vas a estar". Entonces yo confié en mi representante, un civil. Al segundo día le digo ¿esta noche voy? Y el muy desgraciado me contesta: "no porque las personas del Festival aducen que vos no te presentaste el primer día". Es decir, este miserable, Aldo Baravalle, que ha muerto ya, se puso del lado de los censores. Esto es lo que pasaba. Los censores actuaban por informes, informes de estos espías de entrecasa, tan ridículos, que hacían sus propias interpretaciones. Le preguntaban a los demás cómo era uno y con eso hacían informes.

Yo vi mi ficha confeccionada por la SIDE. Decía que era asalariado de la empresa marxista Docta. También decía que yo actuaba en los sitios donde había mayor dispersión de la subversión, el ERP (Ejército Revolucionario del Pueblo) y los Montoneros. Esto es Córdoba, Tucumán, todo el noroeste. Era la zona donde estaban estos espectáculos. Además, me pagaban por ello. La ficha decía también que yo había sido durante muchos años guionista del "Festival Troskista de Folklore" de Cosquín. Fui libretista desde 1963 hasta 1974, cuando me peleé con Julio Mahárbiz. Volví en 1978, pero para una producción particular con los bailarines Santiago Ayala y Norma Viola.

De todas maneras, a mí no me hubiera sorprendido que figurara en las listas, por los dos libros que publiqué en 1973 en contra del general chileno Augusto Pinochet. Uno se llama *Allende detrás de la muerte* y el otro *Adiós Neruda*. Eso era suficiente para prohibirme. También fui amenazado de muerte por la Alianza Anticomunista Argentina. La lista en la que aparecía mi nombre era muy pequeña. Estaban Inda Ledesma, Víctor Laplace y Federico Luppi. Había otras con 15 o 18 nombres. A cada uno le llegaba a su lugar de trabajo. Esto fue en 1975, antes del golpe militar. En esa época hubo días en que tuve miedo. Sobre todo porque tuvimos custodia policial. Era una farsa porque en realidad ellos nos despreciaban. Y yo lo veía a Luppi. Él no tenía miedo, los desafiaba. ✂

Triste, solitario y final. Hasta las 22.30 del 30 de abril de 1958 los ministros militares pudieron sancionar cuantos decretos-leyes creyeron necesarios a fin de ordenar las distintas fuerzas en vísperas de su retiro a los cuarteles. Contaban con el compromiso del presidente electo, el doctor Arturo Frondizi, de que no serían revisadas las medidas que adoptaran ni las promociones correspondientes. Frondizi recibió presiones de los militares nacionalistas para que ordenara la reincorporación de los caídos en desgracia durante las purgas sucesivas. Y también fue presionado por los que permanecían en actividad para que no cediera y así condicionar los nombramientos en su gobierno. Entonces el presidente electo se comprometió a respetar lo que resolvieran los mandos liderados por Pedro Eugenio Aramburu en el Ejército y por el almirante Isaac Rojas en la Marina.

Al llegar al gobierno, Frondizi se inclinó claramente por el grupo desarrollista liderado por Rogelio Frigerio, que quedó como secretario de Relaciones Económico Sociales de la Presidencia, especie de monje negro del nuevo gabinete. Frigerio era muy resistido por la derecha y las Fuerzas Armadas. Frondizi fue permanentemente hostigado por levantamientos y "planteos" militares. En el frente cultural intentó cooptar a un grupo de izquierda nucleado en la nueva revista *Contorno*, que se autodefinía como "denuncialista". La revista fue clausurada en dos oportunidades por el Ejército. Expresaba las actitudes de búsqueda de nuevas orientaciones por parte de intelectuales que comenzaron a reanalizar el peronismo ante un estado de cosas signado por el autoritarismo y la censura. La derechización de la política gubernamental impidió que la relación con este sector fuese más fluida. Particularmente irritante para los estudiantes fue la propuesta del gobierno de una Ley de Enseñanza Libre, que permitía el establecimiento de universidades privadas, lo que en la práctica quería decir, en la mayoría de los casos, católicas. La controversia, conocida públicamente como "la laica contra la libre", agitó a multitudes, con manifestaciones masivas que ocuparon por semanas las calles de las principales ciudades del país. Finalmente, la ley fue sancionada. Este era el precio de la reconciliación de Frondizi con la Iglesia, que desde entonces pasó a apoyar decididamente su gestión. En el campo sindical, Frondizi aceleró las elecciones en los gremios y promovió la formación de una CGT unificada. Pero el antagonismo de los dirigentes peronistas (de una nueva generación, pues los otros estaban inhabilitados) y de los "libres", que se habían posesionado de varios sindicatos durante la Revolución Libertadora, determinó la ruptura. En 1959 tuvo que enfrentar un intento golpista por parte del general Carlos Severo Toranzo Montero, que no pudo ser reprimido. El gobierno, que había querido destituirlo de su posición como Jefe del Ejército, tuvo que dar marcha atrás y enfrentar una seria pérdida de prestigio. Episodios similares se repetirían a lo largo de su gestión, sumándose -entre pequeños y grandes- unos treinta pronunciamientos militares. En varios de ellos se mencionaba el "libertinaje" de la cultura y una "peligrosa tendencia izquierdizante" en la juventud.

A fines de 1959 pararon los trabajadores de Correos y los mercantiles. A comienzos de 1960, un grupo bajo el mando del oficial retirado Ciro Ahumada robó en una mina mendocina 4.000 kilos de gelinita. El 22 de enero de ese año, las 62 Organizaciones decidieron propiciar el voto en blanco en las siguientes elecciones legislativas. El 15 de febrero de 1960, coronando una seguidilla de casi treinta atentados, murieron 6 operarios cuando una bomba hizo volar el depósito de la Shell Mex en la ciudad de Córdoba. El 12 de marzo, en Mar del Plata, estalló la planta de almacenamiento de gas, y en Buenos Aires, la casa de un agente del Servicio de Inteligencia del Ejército, episodio en que murió una niña y quedaron cinco heridos. Al día siguiente, tras los reclamos de los militares que exigieron la implantación de la ley marcial, Frondizi decretó el plan CONINTES (Conmoción Interna del Estado). El 27 de marzo, en las elecciones legislativas para renovar 110 bancas, la UCRP (Unión Cívica Radical del Pueblo) obtuvo 52, incrementando su representación a 76 bancas; la UCRI (Unión Cívica Radical Intransigente) redujo su caudal y los peronistas votaron en blanco. Desde junio de 1959, Alvaro Alsogaray ocupaba el ministerio de Economía. Mientras tanto, el más entusiasta promotor de la vía insurreccional, John William Cooke, soportaba un aislamiento creciente en el seno del ala política peronista La elección de Alfredo Palacios como senador nacional en la Capital Federal, el papel de mediador de la Argentina en el enfrentamiento entre Estados Unidos y la revolución cubana, con el consiguiente peligro del avance comunista para los "cuadros" militares, el levantamiento de la intervención a la CGT y su encuentro con Ernesto "Che" Guevara hicieron que los sectores más reaccionarios del Ejército trabajaran para el golpe de Estado definitivo, que no tardaría en llegar.

Las elecciones clave de marzo de 1962 para gobernadores en varias provincias cerraron un círculo. El peronismo obtuvo 2 millones y medio de votos y la UCRI 2.100.00. Esa misma noche los militares se congregaron en el Ministerio de Aeronáutica, donde redactaron un planteo terminante en cuatro puntos: 1) Intervención federal a todas las provincias donde hubiera triunfado el peronismo, con excepción de Salta, Jujuy y San Juan (el resto era Buenos Aires, Chaco, Misiones, Neuquén, Río Negro y Tucumán); 2) Purga total de todos los elementos frigeristas; 3) Lucha frontal contra el comunismo; y 4) Proscripción del peronismo y encarcelamiento de sus principales dirigentes. El destino de Arturo Frondizi sería la isla Martín García.

El derrocamiento de Frondizi. 29 de marzo de 1962.
La mediación de Aramburu fracasa. Frondizi no acepta renunciar y las Fuerzas Armadas lo derrocan. El presidente del Senado, José María Guido, prestará rostro civil al golpe. "Las Fuerzas Armadas han tomado hoy una grave responsabilidad ante la historia. No lo han hecho sin meditar sobre las razones y las consecuencias de su acción y sin agotar previamente todas las instancias que

la situación política y jurídica de la patria les ofrecía. El 1º de mayo de 1958 las Fuerzas Armadas, cumpliendo su compromiso con el pueblo, entregaron el poder a los candidatos triunfantes en las elecciones del 23 de febrero. Pasaron inmediatamente a una situación de prescindencia política que no coincidía, sin embargo, con el absoluto mutismo que la tradición liberal asigna a los mandos en el quehacer político. Respaldo del nuevo orden, punto de partida de la empresa democrática, las Fuerzas Armadas no podían ya despreocuparse por la suerte institucional del país, aunque debían abstenerse de actuar en todos y cada uno de los problemas políticos, sociales y económicos que enfrentaba el nuevo gobierno. Se mantuvieron, por lo tanto, en una actitud de expectación. Vigilaron la marcha del proceso institucional con la mirada puesta en un solo objetivo: la plena realización de los ideales de la Revolución Libertadora. Tuvieron, por ello, que intervenir activa y enérgicamentecuando la subversión totalitaria amenazó la vida y seguridad de los argentinos. Hicieron más de una vez llegar sus sugerencias y su consejo al gobierno en los temas vinculados con la defensa de la democracia. Y señalaron más de una vez las graves contradicciones de la política gubernamental interferida e inficionada de paralelismos nocivos e inconstitucionales con nuestra vocación de nación libre, cristiana y democrática. Urgieron, pues, al Jefe de Estado a rectificar las actitudes que parecían llevarlo por caminos peligrosos para la estabilidad y el orden constitucional. Es en nombre de esta función de vigilancia sobre el proceso iniciado el primero de mayo de 1958 que las Fuerzas Armadas enfrentaron sucesivas crisis que tuvieron culminación en las elecciones del 19 del actual. Como consecuencia de esta última crisis, el presidente quedó sin autoridad. Éste no fue un hecho promovido por las Fuerzas Armadas sino por la conducción política del jefe del Poder Ejecutivo. Encerrado entre los términos de su propio dilema, el gobierno enfrentaba, por una parte, el resurgimiento de fuerzas extremistas infiltradas en la democracia; por la otra, la inminente posibilidad de disturbios sociales de magnitud. Carecía de fuerza, de autoridad moral y política para resolver la situación. Ni la unión nacional ni el mantenimiento del orden público estaban dentro de la esfera de sus posibilidades reales. Las Fuerzas Armadas recibieron así otra vez la responsabilidad de restaurar aquellos valores. Sugirieron, entonces, la formación de un gabinete de coalición para apuntalar la autoridad menguada del presidente. Su sugestión, aceptada por el primer mandatario, no pudo realizarse por la negativa de sectores políticos, económicos y sociales a contribuir a la tarea. La renuncia o alejamiento del primer mandatario quedó entonces como única solución. El país estaba ante una situación definida, sean cuales fueren sus responsables. El presidente había agotado sus posibilidades de poder, esto era un hecho sin contenido político ni emocional, una pura realidad de nuestra vida institucional. Otros hombres se han encontrado en otros tiempos y en otros lugares en la misma coyuntura. Tuvieron, en la mayoría de los casos, la percepción de su propia situación y supieron resignar sus posiciones en aras al bien común. El presidente se negó a seguir la vía del alejamiento. No juzgamos su actitud, dejamos para el futuro la apreciación de estas jornadas dolorosas. Pero no podemos, por otra parte, permitir que la República y los principios democráticos marchen a la deriva, mientras el país espera la decisión de un hombre y suspende su actividad con angustia para atender a la crisis."

Lucha. En los meses de mayo y junio de 1964, durante la gestión de Arturo Umberto Illia, se llevó a cabo un Plan de Lucha de la CGT y el 21 de mayo son ocupados 1.200 establecimientos en todo el país, simultáneamente. El 18 de junio 850 mil trabajadores están en estado deliberativo, con asambleas y movilizaciones. La burguesía y la prensa cómplice se lanzaron furiosamente en contra. En 1965 se produce en Tucumán una gran movilización y se ocupan los ingenios. En Buenos Aires, tres jóvenes trabajadores: Mussi, Retamar y Méndez son asesinados por la policía.

Testimonios de la censura
José Carlos Chiaramonte[*] : "El poder de la autocensura".

"Se necesita un 'hombre nuevo', pero no éste que se pregona en un período demencial de la historia. Las voces se han tornado en gritos y las ideas en desesperación. El cine, el arte, la moda, el baile, la literatura o la canción, han vehiculizado de todo para asombrar o aturdir. Surgieron movimientos de liberación de la mujer y hasta de los homosexuales. Apareció una nueva clase de héroes, comprometidos en destruir cualquier pilar del orden establecido: el *Che* Guevara, Ho-Chi-Min, Herbert Marcusse, Angela Davis. Es un tiempo en que se necesita más que nunca la censura para recuperar una moral perdida." Monseñor Vicente Zazpe, arzobispo de Santa Fe, mayo de 1976.

Bajo el efecto del fascismo y de la derecha francesa, digamos que el clima ideológico se había endurecido en Europa y también en América. La tolerancia hacia las disidencias se restringió y eso se empezó a percibir aquí después del golpe del 30, en parte también bajo los efectos que derivaban del temor generado por los movimientos revolucionarios populares que se dieron en México y en Rusia,

---

[*] José Carlos Chiaramonte nació en Santa Fe en 1931. Es profesor de Filosofía, egresado de la Facultad de Filosofía y Letras de Rosario. Actualmente está a cargo de la Dirección del Instituto de Historia Argentina y Americana "Dr. Emilio Ravignani". Además, es Investigador del Consejo Nacional de Investigaciones Científicas y Técnicas (CONICET).

más los conflictos desatados en el país, como las huelgas agrarias, la reforma universitaria y la Semana Trágica.

Lo que observa la gente que está investigando las primeras décadas del siglo es que, pese a incidentes como el que relaté en mi nota periodística (el de Miguel Cané, decano saliente de la Facultad de Filosofía y Letras de la UBA, que en su discurso de despedida tuvo que referirse al problema suscitado por un joven historiador, David Peña, quien había dado una serie de conferencias sobre Facundo Quiroga, hecho considerado como algo "subversivo"), había bastante respeto hacia las disidencias. Pese a que el incidente provocó críticas de diversa índole, sin embargo el criticado profesor no fue sancionado ni se le impidió el ingreso a la Junta de Historia y Numismática Argentina. Eso demuestra que había más tolerancia que ahora. Por ejemplo, ciertas interpretaciones de la historia que carecían de prestigio en los grupos dirigentes podían ser editadas en ciertos círculos, y la gente no era castigada por eso. Ni Saldías ni Ibarguren, ni otros historiadores que escribieron biografías laudatorias sobre Rosas fueron sancionados. Emilio Ravignani, que también se ocupó del período histórico de Rosas en los años 20, tampoco sufrió discriminación por eso. Sin embargo, a partir del 30, las cosas cambian mucho, por las razones ya apuntadas y también por el clima que transmitió la Guerra Civil española. Eso influyó mucho en nuestra sociedad. Y ya a partir de la presidencia de Uriburu, las sanciones hacia algunos intelectuales se incrementaron, como así también se empezó a observar una menor tolerancia hacia el adversario. Y aun parte de los que se sintieron discriminados por su actitud revisionista en el terreno de la historia se convertirían en discriminadores cuando tuvieran alguna cuota de poder.

Claro que el término censura es muy elástico y que todo ser humano la practica diariamente en función de regular sus relaciones con el prójimo. El autocontrol, en el fondo, es algo psicológicamente similar a lo que llamamos autocensura desde el punto de vista político o ideológico. Lo que observo, respecto del campo científico y universitario, es que muchas de las víctimas de las discriminaciones, sobre todo los más jóvenes, no se atreven a denunciar lo que les pasa ni a protestar, por temor a que quienes las cometen puedan volver a tomar represalias en cuanto conservan posiciones de poder académico. Se trata de un tipo de autocensura muy malsana para cualquier actividad cultural y, además, mucho más generalizada de lo que uno cree. También es cierto que estamos en un ámbito donde aún quedan residuos de épocas del pasado, que provocan diversos tipos de censura por razones ideológicas. En el sector científico y universitario aún hay incrustada gente absolutamente intolerante que tiene una visión muy estrecha de lo que es la vida social y cultural. Ese es un aspecto de algo que todavía existe, a veces encubierto o enmascarado, que por momentos parece que se extinguió, pero luego reaparece una y otra vez. Por otro lado, hay otra práctica que se ha dado a lo largo de la historia y también en los círculos intelectuales de la Argentina, que es la constitución de grupos de intereses. A veces se los designa en la jerga del oficio con las palabras de trenza, camarilla o lobby. Esto es una manera de ejercer una parte de poder, un control de los beneficios que emergen de esa capacidad de decisión que tienen estos grupos y, por lo tanto, una forma de censura quizás no ideológica sino dada por intereses puramente personales. Hay un ejemplo del siglo XVIII que parece escrito para los días que corren. Por aquellos días, había un monje benedictino, Fray Benito Jerónimo Feijoo, uno de los escritores mas leídos en

España e Hispanoamérica, que al ser consultado sobre quiénes debían ser designados para determinadas cátedras, se quejaba de la presión que ejercían los que buscaban discriminar a los concursantes en función de relaciones de amistad, de paisanismo o de coincidencias ideológicas. Muy graciosamente decía que "llegado el caso de una oposición, más trabajan los concurrentes en buscar padrinos que en estudiar cuestiones y más se revuelven las conexiones de los votantes que los libros de la facultad". Y esto se aplica muy bien a la actualidad.

Hubo otro caso célebre, aunque no recuerdo bien el año, pero casi seguro era en 1811. Se trataba de un concurso para una cátedra en la Facultad de Medicina y el primer lugar en la terna lo ocupaba José Ingenieros. Era privativo del Presidente de la Nación variar la terna y así lo hizo, con lo cual Ingenieros se sintió obligado a abandonar el país, a autoexiliarse. Bueno, había evidentemente ahí un acto de censura de parte del Poder Ejecutivo con respecto a un intelectual socialista, pero esos eran actos aislados. A partir del 30 hubo represión abierta. Un historiador famoso, Ángel Rosemblat, de origen rumano, fue privado de una beca que estaba utilizando en Europa, y luego de su pasaporte, y tuvo que trasladarse a Venezuela donde vivió hasta su muerte.

Pero yo quería señalar otra cosa. Cuando uno habla de censura está pensando inmediatamente en una cuestión de carácter político, que evidentemente es algo antiguo. Al respecto, estaba leyendo hace poco en una biografía de Diderot todos los problemas que tuvieron para publicar la *Enciclopedia*, las artimañas de que se valieron para eludir la censura, cómo hicieron para engañar a los censores, en algunos casos recurriendo a un juego de referencias cruzadas entre diversos artículos, especialmente por cuestiones delicadas para la censura religiosa. En esta biografía hay ejemplos muy graciosos de cómo se eludía la censura en asuntos que podían juzgarse lesivos para la religión. También existió esa censura en tiempos de nuestra Independencia. Por ejemplo, cosa que discutimos más de una vez con colegas y con alumnos, la Primera Junta y el Triunvirato, en 1811, promulgaron sendos reglamentos conocidos como de libertad de imprenta. Si uno se fija bien en esos textos, en realidad no son reglamentos de libertad de imprenta sino reglamentación de la censura. Se trata de normas que amplían mucho la libertad de expresión en el terreno político, pero que establecen un tribunal de censura para publicaciones que pudiesen afectar a la religión oficial.

Asimismo, más tarde, las famosas reformas liberales de Rivadavia, sobre todo la reforma religiosa, no establecían la libertad de culto sino sólo la tolerancia religiosa. Y la tolerancia religiosa no es realmente un principio moderno sino más bien de antiguo régimen. Aunque significa un gran avance, supone siempre una religión de Estado y por lo tanto es proclive a estimular discriminaciones, censura y autocensura. Mientras que lo que vamos a tener a partir de 1853 es libertad de culto.

Posteriormente al gobierno de Uriburu, entre los militantes universitarios objeto de sanciones figuró un estudiante que después se haría muy conocido en el campo nacionalista. Fue sancionado por su actividad estudiantil. Entre otros, fue enviado a prisión Héctor Agosti, y Aníbal Ponce tuvo que exiliarse. En estos casos son intelectuales de izquierda. Fueron objeto también de censura los docentes de la Facultad de Derecho de la UBA José Peco y Mario Sáenz, castigados por negarse a dar clases mientras durase la intervención a la universidad. Y hasta los historiadores Ricardo Levene y Diego Luis Molinari fueron cesanteados como profesores de la misma universidad.

Pero faltaríamos a la verdad si no nos refiriéramos a otros períodos, como los de los gobiernos de Perón. Fueron años de mucha represión y de una verdadera instalación de la censura. Por ejemplo: no se podía acceder a un cargo docente sin estar afiliado al partido peronista. Esta discriminación estimulaba también de hecho la autocensura entre todos aquellos que profesaban otros criterios políticos. Y lo mismo ocurría en otros campos de la actividad cultural. Por otro lado, también se produjo el encarcelamiento de disidentes políticos.

Pero también hubo censura durante lo que se llamó la Revolución Libertadora. Y además, vaivenes de diferente índole: los conatos de golpe de Estado ya llevan consigo la generación de temores propicios a la autocensura. Al respecto (esto es una opinión personal), conociendo a mucha gente que se formó y pasó su adolescencia y juventud en los años de influencia del fascismo y después del golpe de Estado del 43, se nota una notable autocensura en la expresión de las opiniones, un notable cuidado en la manifestación de ideas que podrían ser censuradas, sobre todo si son de izquierda. Y esto mismo sucede hoy en ciertos ámbitos intelectuales y del periodismo.

Un caso singular es el de otros dos personajes famosos, que por ser militantes del Partido Comunista fueron censurados durante el gobierno de Perón: Atahualpa Yupanqui y Osvaldo Pugliese, a quienes se le prohibió la actuación pública. Luego, Atahualpa Yupanqui, después de satisfacer las exigencias del gobierno, pudo volver a actuar. Claro que ese acontecimiento le ocasionó otra manifestación de censura: el Partido Comunista al cual pertenecía lo expulsó.

Posteriormente, en época de Onganía, todo lo que sucedió es demasiado conocido. Destaco la destrucción de uno de los mejores lugares de investigación, el que había en la Facultad de Ciencias Exactas de la UBA, y el exilio forzado de muchos intelectuales, además de aberraciones tales como la pretensión de Onganía de que los diarios debían limitar al máximo las noticias internacionales porque eso era un germen de ideas peligrosas. En fin, en nombre de la censura, hay anécdotas de todo tipo, hasta las ridículas que prohibían las expresiones lunfardas en las letras de tango en el 43. Recuerdo que un profesor mío de la secundaria comentaba muy risueñamente que a un poema de Joaquín Castellanos que se llamaba "El borracho" se le había obligado a cambiar el nombre por "El temulento".

Creo que desterrar absolutamente los defectos del ser humano es imposible. Uno los encuentra en toda época, hasta en la Antigüedad, como se puede observar leyendo autores griegos y romanos. Lo que sí se puede hacer es reducir el riesgo al mínimo posible. Voy a hacer una cita, de valor metafórico. Escribiendo sobre el abuso de poder, un famoso liberal inglés del siglo XIX, John Stuart Mill, en un texto de 1864 sobre el gobierno representativo, decía lo siguiente: "El verdadero principio sobre el cual reposa el régimen representativo es la presunción de que quienes detentan el poder abusarán de él en provecho propio". Después (estoy haciendo un resumen), agregaba que el deber de quienes diseñan las instituciones libres es tratar de que eso ocurra lo menos posible. Es lo máximo que se puede hacer.

¿Por qué tuve que irme? Yo había vivido casi toda mi vida en Rosario, donde durante algunos años fui Director en la Escuela Normal Nº 3 y profesor -viajero- en la Facultad de Ciencias de la Educación de Paraná. Luego, durante 3 años fui profesor de Historia Argentina y Americana en la Universidad del Sur, en Bahía Blanca. Cuando estaba allí fui, con otro grupo de gente, una de las primeras víctimas de lo que se llamó "Misión Ivanisevich", ese famoso ministro represor que durante el gobierno de Isabel Perón cerró la Universidad y expulsó a todos los profesores para luego reincorporar sólo al 7%. Como yo tenía ofertas de trabajo en México, al ser despedido me fui del país con la idea de que estaría ausente sólo un año. En el ínterin ocurrió el golpe de Estado y ya no pude volver.

Me fui con mi segunda esposa y mi hija menor. Acá quedaron los hijos de mi primer matrimonio, a quienes estuve tres años sin ver, hasta que gracias a la ayuda de un familiar pude reunirme con ellos en la ciudad de Porto Alegre. Esos años fueron muy duros. Aunque, lógicamente, si uno compara todo lo que sufrieron los que se quedaron, lo mío no fue tan terrible. Lo que más nos intranquilizaba era la idea de que al principio no sabíamos si podríamos quedarnos allí. La primera renovación de la visa que hice fue rechazada y eso resultó dramático. Después me enteré de que el rechazo era una cosa burocrática habitual, pero en ese momento me pareció catastrófico. Las tramitaciones de las visas eran penosas. Cada tres meses había que hacer enormes colas ante la Secretaría de la Gobernación y esos trámites eran complicados y engorrosos.

A veces siento tristeza por este país, por las cosas que le pasaron y le siguen pasando.

Cuando nos fuimos a México yo sentí que llegábamos a un país al que, aunque realmente bonito, uno llegaba con la sensación de que venía de un país muy avanzado a otro no tanto. Al regreso a la Argentina me encontré con la misma sensación. México había progresado mucho mientras que éste resultaba un país muy deteriorado, muy empobrecido. Pero mucho de lo que se pudo revertir inmediatamente, después del fin del régimen militar, se perdió en los últimos años, sobre todo con la enorme corrupción, especialmente la de la Justicia. El ejemplo que se ha dado a las nuevas generaciones es que se puede robar impunemente mientras se goce de protección política. Esto es muy triste. Y resulta muy patética esta obsesión por contratar servicios de seguridad cuando el gran problema es la ampliación de la pobreza y la marginalidad, disfrazada muchas veces bajo el rótulo de subocupación. También pienso en todo lo que se sacrificó en pos de una política económica que aún no ha mostrado los resultados prometidos. Una política económica que libró al país de la hiperinflación, pero a costa de encadenarlo a una rigidez económica, sobre todo en el terreno cambiario, que le hace imposible salir de la recesión, mientras que otros países del mundo sobre todo EE.UU. se permiten el lujo de tener alrededor de 5, 6 o 7% total de inflación anual. ✂

Capítulo VI
Dios, Patria, hogar y palos
(1966- 1976)

La primavera camporista
Le decían "la morsa", tenía mirada de cuchillo, sonrisa helada y carecía de ideas. Era un militar de carrera, obsesivo por la disciplina. Entre la nada y la pena eligió la nada. Una vida dedicada a dar órdenes y a no pensar. Se llamaba Juan Carlos Onganía y era un ferviente adicto a la doctrina contrainsurgente de las "fronteras ideológicas". El 28 de junio de 1966 a las siete de la mañana, tras una noche de discusiones con los coroneles Prémoli y Perlinger y el general Julio Alsogaray, el Presidente de la República, Arturo Umberto Illia, fue expulsado de la Casa Rosada por una compañía lanzagases de la Policía Federal. Hubo un solo gesto de rebeldía, cuando Ema Illia, la hija del presidente, le gritó "¡Hijo de mil putas!" al general Alsogaray. No era el único.

Desde la "Noche de los bastones largos" hasta el Cordobazo, atravesando una sistemática censura, la juventud iniciaba un camino de lucha. Alguien dijo que los años 70 empezaron con la generación política del Cordobazo. Los jóvenes fueron partícipes de una indignación silenciosa pero tenaz. La "rebelión moral" de la pequeña burguesía se intensificó en la militancia activa y tiempo después muchos de ellos fueron cuadros políticos que soñaron con el poder. Estaba escrito en las paredes, se gritaba en las universidades, se pensaba en las fábricas. Fue una convicción universal que ni siquiera intuía la futura derrota.

Memorias

Cruzar el río. Durante el gobierno militar de Onganía y durante el Proceso, los argentinos que querían estar al tanto de la cultura no censurada cruzaban el Río de la Plata y se volcaban a las librerías uruguayas, que en sus vidrieras exhibían los libros junto al letrero: "Prohibido en la Argentina". Las mesas tenían obras de Carlos Marx, Paulo Freyre, Eduardo Galeano, y todo intelectual de izquierda o sospechoso para el régimen argentino. Con la arena de Punta del Este, las valijas incluían libros prohibidos, los discos interdictos, y los que podían veranear o cruzar a Montevideo o Colonia sabían que debían cambiar las etiquetas reemplazándolas por otras "inocentes", forrar los libros, ocultar el "pecado" del deseo de información.

Revolución congelada. Con motivo de la prohibición de exhibir en el país el film *México, la revolución congelada*, dirigido por Raymundo Gleizer, dispuesta por el Ente Nacional de Calificación Cinematográfica, la Asociación de Cronistas Cinematográficos de la República Argentina dio a conocer un comunicado en repudio por la medida: "En reiteradas ocasiones nuestra entidad ha fijado su posición con absoluta reprobación de toda censura que se ejerza sobre el arte. Igualmente ha señalado que entre nosotros, a este mal inicial se suma la arbitrariedad y el autoritarismo que caracterizan las decisiones de quienes asumen la función, que la comunidad no les ha delegado, de establecer lo que el público adulto puede o no puede ver del arte cinematográfico. Pero el caso de *México, la revolución congelada* desborda los precedentes señalados ya que la prohibición responde a un pedido de la Embajada de México, es decir, que ahora la censura además de tener un carácter político se subordina a los requerimientos de un país extranjero, lo cual supone una abdicación de las más elementales normas de nuestra soberanía. Un país dueño de su destino jamás acepta imposiciones ajenas, cualquiera sea el terreno en que estas se manifiesten. El Ente Nacional de Calificación Cinematográfica no lo ha entendido así, y ha cometido un acto que esta Asociación denuncia y somete al juicio de la opinión pública." 29 de octubre de 1971.

Último tango en París y la Triple A. El recordado caso de *Último tango en París*, película de Bernardo Bertolucci, no fue el primero en la larga serie de prohibiciones y censuras. El 22 de noviembre de 1973 Octavio Getino es destituido de sus funciones en el Ente de Calificación Cinematográfica. Para el cine nacional, de todos modos, comienza un año brillante, asentado básicamente en el éxito de tres películas: *La tregua*, de Sergio Renán; *Quebracho*, de Ricardo Wulicher, y *La Patagonia rebelde*, de Héctor Olivera. De las tres, *La tregua* era la única que no tenía problemas con la censura. *La Patagonia...* debió aguardar durante meses la aprobación del Ente de Calificación. Un voto en contra dentro de ese organismo -el del representante del Ministerio de Defensa- impide la exhibición de la película, basada en el libro de Osvaldo Bayer que narra las huelgas obreras de la Patagonia entre 1920 y 1921. El 13 de junio de 1974, finalmente, se autoriza la exhibición. *Quebracho* comienza con mejor suerte: se estrena sin problemas el 14 de mayo de 1974. Pero el 20 de agosto el señor Miguel Paulino Tato asume frente al Ente de Calificación Cinematográfica, una gestión que se prolongará incluso durante el gobierno militar. En su transcurso se cancelaron muchos permisos de exhibición otorgados en 1973 por Octavio Getino. En octubre de 1974 se revoca la autorización a *Estado de sitio* de Costa Gavras y a *Los cuentos de Canterbury*, de Pier Paolo Passolini. También le llega la hora a *Quebracho*: se prohíbe su exhibición en todo el territorio nacional y la exportación de cualquiera de sus copias.

La Ley de Censura Cinematográfica 18019, sancionada por el régimen de Juan Carlos Onganía, logra por entonces su convalidación en el Congreso y se transforma en el arma más efectiva para la instrumentación de prohibiciones y restricciones de todo tipo. El 27 de octubre de 1974, el Ente dispone prohibir en todo el país la exhibición de nueve películas, por considerar que "exaltan el sexo, realizan apología de la violencia y atacan alevosamente a las instituciones". Ese es el año que marca, también, el surgimiento de una temible forma de censura. La organización asesina de extrema derecha Triple A (Alianza Anticomunista Argentina) amenaza de muerte, si no abandonan el país en pocas horas, a personalidades del cine, la televisión y el teatro. Figuran en la lista Alfredo Alcón, Norman Briski, Federico Luppi, Héctor Alterio, Pepe Soriano, Juan Carlos Gené, Roberto Cossa, Ricardo Halac, Carlos Somigliana, Sergio Renán y David Stivel. Propietarios de teatros, productores y empresarios comienzan a prescindir de los amenazados por temor a represalias. Nacha Guevara sufre un atentado con bombas el día en que estrena su espectáculo unipersonal en el teatro Estrellas. Un operario de la sala muere como consecuencia de la explosión. El 8 de mayo de 1975 Tato prohíbe siete películas, entre las que incluye *Traigan la cabeza de Alfredo García*, del director norteamericano Sam Peckinpah. Entre el 20 de agosto de 1974, día en que asumió el cargo, y el 28 de febrero de 1975, Tato prohíbe o cancela el permiso de exhibición de 50 películas. En junio de 1975 prohíbe por primera vez durante su gestión una película nacional: *Los años infames,* de Alejandro Doria, a pesar de que el guión había sido aceptado por el Ente antes del rodaje. Como consecuencia de la prohibición, la productora Glori Art debe cerrar sus puertas definitivamente, afectada económicamente por la medida. Para fines de 1974, los filmes censurados o prohibidos son 134. Tato celebra sus primeros quince meses de gestión con 146 películas prohibidas. "Nos hemos limitado a aplicar la ley -dice-. Quienes se oponen son los ideólogos extremistas, antinacionales y sobre todo ateos."

Con *Mi novia el travesti,* inteligente comedia dirigida por Cahen Salaberry sobre libro de Oscar Viale, Tato objetó el título y quedó definitivamente *Mi novia el...* Finalmente se estrenó, pero el Instituto de Cine le quitó el subsidio. En aquel entonces el secretario de Información Pública era José María Villone, un señor que odiaba todo lo que tenía que ver con la cultura.

Prohibido exigir. Un grupo de periodistas argentinos quiso enviar desde un correo del barrio de Congreso un telegrama al presidente uruguayo, reclamándole la liberación de varios colegas orientales que habían sido detenidos, entre ellos el escritor Juan Carlos Onetti. No fue posible: el empleado que los atendió consultó a su jefe, y éste les informó que el correo argentino no transmitiría el mensaje por los términos en que estaba redactado; objetó en particular la palabra "exigimos" que encabezaba la misiva, y les sugirió que se presentaran en la oficina central para pedir asesoramiento sobre la forma adecuada de protestar.

En setiembre de 1973 se conocieron las primeras clausuras de medios televisivos, como Canal 9, y de prensa como el diario *El Mundo,* que solía sortear la prohibición de mencionar al ERP (Ejército Revolucionario del Pueblo) dándole invariablemente el nombre de "organización ilícita" y transcribiendo a renglón seguido los puntos de vista de la organización. En ese mismo mes un ejecutivo del diario *Clarín* fue secuestrado por el ERP-22 de agosto, imponiendo como condición para liberarlo la publicación de dos comunicados. A las 48 horas de este hecho, una facción armada de extrema derecha atacó a balazos las instalaciones del diario, provocando un principio de incendio y seis heridos. También se clausuró el diario *Noticias,* cuya redacción integraban entre otros Rodolfo Walsh, Haroldo Conti, Miguel Bonasso y Horacio Verbitsky. Días más tarde se prohibió la revista *Cabildo,* de la extrema derecha peronista, y se detuvo al director del diario *El Litoral* de Corrientes. A fines de 1974 cerró la revista *Satiricón*. La Triple A (Alianza Anticomunista Argentina) seguía ejerciendo el terror en la sociedad, amparada por Isabel y López Rega. Paralelamente, a los diarios se les prohíbe usar los despachos de la prensa extranjera en los que se reflejaban aspectos de la política interna. Los diarios *Última Hora*, *La Opinión* y *Buenos Aires Herald* sufren clausuras temporarias, mientras a otros se les retira la publicidad oficial. Fueron prohibidas las revistas *Emmanuelle* y *El ratón de Occidente* y se detuvo a sus directores.

Detenidos. "Anoche fueron detenidos los actores Juan Carlos Gené, Raúl Ramos y Carlos Carella, este último secretario general de la Asociación Argentina de Actores, que en las respectivas salas donde actúan dieron lectura al comunicado expedido por la institución que los agrupa, que ordenó guardar un minuto de silencio 'en repudio por la inmolación de jóvenes argentinos perpetrada en los últimos días'. Gené y Carella están detenidos en la seccional 14, y Ramos en la 1ª. La entidad que nuclea a los actores denunció el hecho al ministro del Interior, exigiendo la inmediata libertad de sus afiliados. También se informó al gremio lo sucedido, declarando 'el estado de alerta y movilización'. Infructuosa fue hasta ahora la gestión para obtener la excarcelación de los actores. En la policía se esperan los antecedentes." *La Razón*, 2 de junio de 1969.

Artistas plásticos. Cerca de las siete de la tarde del lunes 26 de mayo de 1969, en la nutrida esquina de Córdoba y Florida, un grupo de artistas integrantes de la Sociedad Argentina de Artistas Plásticos (SAAP) inicia un acto relámpago en solidaridad con las manifestaciones estudiantiles que conmovían en esos días varias ciudades del interior del país. Durante el período que va desde 1967 a 1969 la conducción de la SAAP tenía una comisión directiva que integraban entre otros Ignacio Colombres, Ricardo Carpani, Luis Felipe Noé y León Ferrari. Un mes después del Cordobazo, la SAAP llevó adelante una movilización en repudio por la visita oficial al país de Nelson Rockefeller, representante del gobierno norteamericano en misión por América Latina. La declaración señalaba que "El desasosegado y provocador viaje de Nelson Rockefeller por América Latina, la violencia policial, las puertas cerradas que encontró en Perú, Venezuela y Chile, la impotencia de llegar a La Paz y Montevideo, la erizada camisa de bayonetas que debió protegerlo y los muertos que dejó a su paso, todo eso indica que América Latina dividida por arriba en sus gobiernos, se une a través del lenguaje de la resistencia de sus pueblos." El texto está firmado por más de 60 plásticos, entre los que figuran Antonio Berni, Juan Carlos Castagnino, Alberto Cedrón, Humberto Rivas, Pablo Suárez y Margarita Paksa. El comunicado no fue publicado por algunos medios gráficos, por sugerencia del Ministerio del Interior. 25 de junio de 1969.

Escritores y editores. Un nutrido grupo de escritores y editores, representativo de las más variadas tendencias, da a conocer el día 22 de mayo de 1969 una dura declaración ante la represión desatada contra los estudiantes, la falta de libertad de expresión y el menoscabo de la Constitución Nacional. "Escritores y editores argentinos sentimos llegado el momento de manifestar claramente nuestro enérgico repudio a la violencia desatada contra ciudadanos, cada vez que éstos ejercen su libertad de opinión. No podemos silenciar nuestra protesta, cuando en escaso margen de dos días las fuerzas represivas en Corrientes y Rosario cobran dos víctimas en las jóvenes vidas de los estudiantes Juan José Cabral y Adolfo Ramón Bello, y el miércoles 21 hieren mortalmente al joven de 15 años Luis N. Blanco. El saldo trágico de esta coerción inusitada e injusta, está en el conocimiento público y enluta no sólo a los hogares de las víctimas, sino a todos los argentinos." Cuando pocos meses después *Cuadernos de Marcha* Nº 27 las reproduce, se la considera una respuesta frente al silencio de la SADE (Sociedad Argentina de Escritores) y los monstruos sagrados de la intelligentsia local ante los hechos de mayo. Firman entre otros Bernardo Canal Feijóo, Pedro Orgambide, Marta Lynch, María Rosa Oliver, Germán Rozenmacher, Leopoldo Marechal, Marco Denevi, Gregorio Selser, Alberto Vanasco, Juan José Manauta, Nira Etchenique, Humberto Constantini y Rodolfo Walsh.

Julio Cortázar. Desde París, un grupo de intelectuales argentinos residentes en la capital francesa, encabezado por el escritor Julio Cortázar y los artistas plásticos Antonio Seguí, Julio Le Parc y Alicia Penalba, convocó a un acto callejero en el que dio a conocer una declaración en adhesión a la huelga dispuesta para el 30 de mayo, planteando que los estudiantes muertos fueron "inmolados ante el altar del orden fascista". Denunciaban también que "la dictadura militar que somete a Argentina desde 1966 acaba de mostrar su verdadero rostro. Desde hace tres años se lleva a cabo en las universidades y en los medios obreros una persecución sistemática contra todos aquellos que osan expresar sus ideas". 29 de mayo de 1969.

Pornografía. Por Decreto 2345 del 14 de julio de 1971 se crea una Comisión Calificadora del material impreso que ingresa al país por vía aduanera o postal: "Vista la necesidad de establecer un procedimiento administrativo expeditivo para el despacho de publicaciones pornográficas o subversivas cuyo ingreso en el país se tramita por vía aduanera o postal (...) y Considerando: (...) Que es menester dejar en claro que ello no importa el deseo de imponer un criterio unilateral, en razón de las dificultades intelectuales de calificación de material, las diversidades de criterio, y, además, que no se alberga ningún propósito de censurar la producción literaria extranjera, sino arbitrar medios de preservación uniformes de la moral, la paz, la tranquilidad y la soberanía del país. Artículo 2: La comisión permanente de calificación estará constituida por 3 miembros titulares y 3 suplentes, designados por el Poder Ejecutivo Nacional a propuesta de los Ministerios del Interior, de Cultura y Educación, y de la Secretaría de Informaciones del Estado. (Los integrantes) deberán tener título universitario superior y ser mayores de 35 años. (...) Artículo 5: Dependerán de ella, además, 4 inspectores delegados que se desempeñarán respectivamente ante la Administración Nacional de Aduanas y la Subsecretaría de Comunicaciones, en la forma que la propia comisión establezca. Artículo 6: Los inspectores delegados serán designados por el Ministerio del Interior a propuesta de la comisión permanente, entre personas con educación superior y cultura general amplia. Artículo 9: A los fines de proceder a la calificación del material que le sea sometido, la comisión permanente queda facultada a recurrir en consulta a cualquier organismo que pueda cumplir una función de asesoramiento objetivo. La Comisión permanente cuidará que la calificación de Entrada Prohibida que se imponga a material detenido bajo la presunción de ser pornográfico, no afecte a publicaciones en las que prive fundamentalmente el valor literario o artístico y no persiga propósitos exclusivos de incitación. En cuanto al material cuya entrada se prohíba por considerárselo subversivo, la Comisión deberá atender a no impedir el despacho del material impreso de valor histórico, cultural, científico o material bibliográfico de las asignaturas universitarias, limitándose a la exclusión de aquel material que persiga una finalidad inmediata y actual de subversión totalitaria, contra el régimen jurídico del país."

Mal gusto. Comodoro José Italo Rasso, presidente del Ente de Radiodifusión y Televisión (ERT), en nota remitida a los directores de radioemisoras: "Es dable advertir que quienes tienen a su cargo la conducción de dichas transmisiones, como así también los intervinientes, realizan comentarios, charlas, o hacen chistes, algunos de mal gusto, o de sentido equívoco, empleando un lenguaje impropio y hasta soez, reñido con normas idiomáticas elementales. Por otra parte, esos comentarios y chistes son festejados con risas y otras manifestaciones que exceden todo límite de objetividad". El presidente del ERT también envió una nota a los responsables de las estaciones de televisión, en la que señala que debe evitarse que actores de sexo masculino aparezcan en pantalla con ropas femeninas. Señala que ello sólo se permitirá en los casos en que se difunda alguna obra clásica que lo exija.

Misa. La dirección de LV14 Radio Joaquín V. González de la ciudad de La Rioja, filial de Radio Splendid de Buenos Aires, cursa una nota al obispo diocesano monseñor Enrique Angelelli, en la que le comunica que "se ha recibido comunicación telefónica manifestándonos que a partir del domingo 12 (diciembre de 1971) no se irradiará la misa desde la iglesia catedral". La misa se venía irradiando desde hacía diez años y era habitualmente celebrada por el obispo Angelelli, autor asimismo de las homilías pronunciadas durante su transcurso. Su posición política irritaba a las autoridades. El obispo fue asesinado.

Comisión calificadora. Decreto 804 del 10 de febrero de 1972. Modifica los artículo segundo y diecisiete del Decreto 2345-71, que crea una comisión calificadora del material impreso que tramite su ingreso al país por vía aduanera o postal. "Artículo 2: Podrán ser delegados de la Secretaría de Informaciones del Estado miembros del personal superior de las Fuerzas Armadas. Artículo 17: el control de calificación no será ejercido cuando se tratare de material de cualquier tipo, impreso para su exportación. Si, por cualquier circunstancia, ésta se frustrare y se pretendiera proceder a su comercialización interna, será de aplicación el control del presente decreto".

Prisión preventiva. Eduardo H. Munilla Lacasa, vocal de la Cámara Federal en lo Penal de la Nación, dicta la prisión preventiva del editor Miguel Armando Schapire, por considerarlo incurso prima facie en el delito de incitación a cometer delitos y apología del crimen. Schapire fue detenido por personal del Departamento de Informaciones

Policiales Antidemocráticas (DIPA) en atención a que la Secretaría de Informaciones del Estado consideró que el libro *Actas Tupamaras*, editado por Schapire, favorece la implantación y adoctrinamiento de la ideología comunista.

Actores. Declaración de la Asociación Argentina de Actores: "En el Teatro Municipal General San Martín acaban de ocurrir hechos de franca censura de las autoridades municipales sobre la libertad de creación por parte de los elencos. Hay trampa y proscripción en lo cultural, como las hay en lo político. ¿Quién puede separar una cosa de la otra?". El director general del Teatro Municipal General San Martín, Kive Staiff, dio a conocer un comunicado en el que afirma que la obra *Un enemigo del pueblo* subirá a escena según la adaptación que realizara Arthur Miller del original de Henrik Ibsen y en traducción castellana de Manuel Barberá, "sin cercenamientos ni censuras de ninguna especie. Por otra parte, es sobre esta versión de Miller que el Teatro tiene derechos adquiridos".

Reseña anónima de *Un enemigo del pueblo*, de Henrik Ibsen: "El director Roberto Durán buscó un desentrañamiento del texto -según explicó en una entrevista- mediante improvisaciones de cada actor, hasta llegar con una comprensión profunda de todo el elenco a una versión que había ganado en universalidad conceptual, por eliminación de referencias concretas a lugares y fechas. Uno de los ensayos generales habría preocupado a un asesor municipal. Desde una instancia superior a la de Kive Staiff se habría sugerido postergar su representación, por el que consideramos inexplicable temor a la probable repercusión que originaría, teniendo en cuenta los entonces muy actuales hechos que habían conmovido al país, la muerte del empresario Oberdam Salustro y del general de división Juan Carlos Sánchez. La obra se reestrenó meses más tardes sin las modificaciones planteadas por el director."

Primera Plana. Por Decreto 6243 se prohíbe la impresión, publicación y circulación de la revista *Primera Plana*. "Considerando: Que el semanario *Primera Plana*, a pesar de las disposiciones preventivas adoptadas mediante el Decreto 5735 del 28 de agosto de 1972, mantiene una actitud contumaz en su información, opiniones e imágenes, por las cuales incita abiertamente a la subversión y se deforman los hechos con el inocultable propósito de desprestigiar al gobierno y a las instituciones nacionales utilizando expresiones atentatorias contra la cultura argentina." Agosto de 1972.

Jesucristo Superstar. En enero de 1974 hay atentados con bombas en los cines Grand Splendid y Lorena, con motivo del estreno de la película *Jesucristo Superstar*. Son liberadas seis personas acusadas de haber producido los atentados en las salas Grand Splendid y Lorena.

Librerías. Funcionarios de la División Moralidad de la Policía Federal efectúan varios procedimientos en librerías céntricas (Fausto, Atlántida, Rivero y Santa Fe), en las que se secuestran libros y se detiene a personal de esos comercios. Secuestran ejemplares de *Territorios*, de Marcelo Pichón Rivière, *Sólo ángeles*, de Enrique Medina, *La boca de la ballena*, de Héctor Lastra, y *The Buenos Aires Affaire*, de Manuel Puig (los tres primeros editados por Corregidor, el cuarto por Sudamericana). El punto inicial de los procedimientos fue una denuncia efectuada por la Liga de Madres de Familia de la Parroquia del Socorro. (Año 1974)

El Peronista. Por Decreto 1704, se prohíbe la impresión, publicación y circulación de la revista *El Peronista*. El decreto se refiere al artículo "Habla la Juventud Peronista de las Fuerzas Armadas", aparecido en las páginas 12 y 13 de la edición correspondiente al 28 de mayo de 1975. Los considerandos del decreto señalan que el artículo intenta lesionar la disciplina castrense y el principio de autoridad, sus elementos esenciales.

Seguridad Nacional. En octubre de 1974, la ley 20840, de Seguridad Nacional, establece penas por actividades subversivas con prisión de dos a seis años al que realice actos de divulgación, propaganda o difusión tendientes al adoctrinamiento, proselitismo o instrucción de las conductas previstas en el artículo primero (alterar o suprimir el orden institucional y la paz social de la Nación).

Folklore. Por resolución 470-0200 de la Secretaría de Prensa y Difusión de la Presidencia de la Nación se suspende en todo el país la realización de los festivales folklóricos, de acuerdo con las atribuciones que le fueran conferidas por el decreto 1-75 del Poder Ejecutivo. "Dichos festivales no han traducido hasta el presente -señala- el verdadero sentimiento del pueblo, ni han resultado menos aún la expresión de la auténtica alegría, de la renovada fe y de la fundada esperanza del trabajador argentino y sus realizaciones. Lejos de ser genuina manifestación de acervo nativo, las canciones presentadas en esos espectáculos incitan, en realidad, a agresiones y violencias no queridas por los habitantes de nuestro país, además de no reflejar el pensamiento nacional y aprovechando sólo a minorías extrañas a nuestra nacionalidad (...)". La resolución dispone asimismo que sólo excepcionalmente serán autorizados algunos festivales.

Che y Lenin. En 1975, la Empresa Nacional de Correos y Telégrafos (ENCOTEL) informa que ha prohibido la circulación por los servicios postales del libro *Che Guevara,* del autor Andrew Sinclair, editado por Grijalbo S.A. La Secretaría de Comunicaciones dispone prohibir la circulación de los libros: *Obras Escogidas,* de Lenin (Editorial Cartago), *Radiografía del Che*, de Enrique Salgado (Editorial Dopesa).

Memorándum. Carlos Guillermo Suárez Mason (actual ex general) y Estela Carlotto (actual presidenta de Abuelas de Plaza de Mayo) aparecen en el mismo memorándum del 20 de noviembre de 1978. Suárez Mason lo firma, como comandante del Cuerpo de Ejército I. Estela Carlotto es la primera en una lista de 26 docentes sobre quienes se elevan antecedentes. Allí se dice que "la nombrada es madre de Laura Estela Carlotto" a quien se acusa de ser "miliciana de prensa de la BDT (banda de delincuentes terroristas) Montoneros (prófuga)". En realidad Laura Carlotto había desaparecido un año antes, el 26 de noviembre de 1977. Tenía 21 años, estaba embarazada. Su cuerpo apareció el 25 de agosto de 1978 con un disparo en la cabeza y otro en el vientre, efectuados a menos de 30 centímetros de distancia. Durante su cautiverio había tenido un bebé (nació el 26 de junio de 1978). Se lo quitaron, y aún hoy es un desaparecido. El prófugo terminó siendo Suárez Mason, quien huyó del país al retornar la democracia, fue destituido y echado del Ejército, y luego capturado por Interpol en los Estados Unidos. La Justicia norteamericana lo deportó en 1988 para que fuese juzgado en la Argentina por 39 homicidios, entre ellos el de Laura Carlotto. Finalmente, fue uno de los indultados. Aunque públicamente los militares negaban la existencia de desapariciones, en este memorándum secreto de Suárez Mason se menciona como "todos desaparecidos" a tres personas de Luján (Erramuspe, Doronzoro y Maggio). El dato era correcto: las tres personas figuran en las listas de la CONADEP (Comisión Nacional sobre la Desaparición de Personas).

Enfrentamientos. En febrero de 1976 comenzaron a suministrarse noticias cuya formulación pronto resultaría sintomática. En forma cotidiana daban cuenta de enfrentamientos entre militantes y fuerza represivas. La crónica protocolar consistía en un ataque a alguna comisaría o a la guardia de algún puesto militar. Según la norma, las autoridades no proporcionaban los nombres de los caídos, apenas el desenlace: "Los atacantes fueron abatidos". A partir del 24 de marzo de 1976, y por largos meses, ese fue el reflejo oficial de la represión. La dictadura argumentaba ante la prensa que dar a conocer la identidad de los muertos habría permitido a la guerrilla reconstruir su red de militantes. De acuerdo con la entidad Familiares de Desaparecidos, antes del golpe ya se habían consumado 800 desapariciones. En la noche misma del 24 de marzo se produjeron 26 detenciones clandestinas, y en los tres primeros meses de la dictadura el número se elevaba a 2.104, según esa fuente. La metodología se caracterizaba por su absoluta clandestinidad. Pocos meses después del golpe, algunos abogados aceptaron presentar recursos de hábeas corpus para interceder por los desaparecidos. Dos años después, ya se registraban presentaciones aluvionales de centenares de familias. Pero fue la movilización de familiares de detenidos lo que sacaría a la superficie la rutina del terror. El 30 de abril de 1977, las Madres de Plaza de Mayo daban la primera vuelta a la Plaza de Mayo. A comienzos de setiembre de 1979, durante una visita a Buenos Aires, la Comisión Interamericana de Derechos Humanos de la OEA recibía las denuncias de millares de argentinos que buscaban a sus familiares. En los últimos meses del régimen militar, la opinión pública tomó contacto con una verdadera tecnología del horror: 340 campos clandestinos dirigidos por oficiales, y aberraciones incorporadas como estándar de los interrogatorios. En 1984, la Comisión Nacional sobre la Desaparición de Personas (CONADEP) habría de contabilizar 8.960 denuncias de desaparecidos -entre los que figuran 140 niños y 232 adolescentes- pero se estima que el número total supera casi el doble. Siempre según su informe, el 30 por ciento de los desaparecidos eran obreros; el 21 por ciento, estudiantes, y casi el 18 por ciento, empleados. Por su concentración fabril y universitaria, la ciudad de La Plata fue la más castigada.

Camilo Torres. En el mes de abril de 1971, el editor Peña Lillo publicó una investigación de Habegger sobre el sacerdote guerrillero Camilo Torres. A los pocos días de publicarse el libro, efectivos de la Policía Federal ordenaron secuestrar la edición por el contenido "subversivo" del texto, aunque los agentes pudieron llevarse sólo diez ejemplares. "El comisario que encabezaba el allanamiento me ordenó entregarle todo -recuerda Peña-, porque según él lo iban a analizar. Inocentemente lo enfrenté, y le dije "mire, los vendí todos. Lo lamento mucho pero se va a tener que ir con ocho o diez libros, los últimos que tengo". El hombre se puso loco. "Después de todo no armemos tanto lío, es nada más que la historia de un cura", le dije al comisario. "Sí -contestó- pero hay cada curita en este mundo."

Fernando Ferreira

TESTIMONIOS DE LA CENSURA
Octavio Getino* : "Este es el país de la censura y hay que combatirla".

> "Es necesaria una política cultural conforme con las tradiciones católicas de nuestra patria, en la que se viera más la llama de un gran pensamiento que solamente la obra fría de técnicos sin sentimiento. Hay que levantar los grandes valores espirituales contra el comunismo. Hay que censurar todo lo que no responda a esos valores que tienen que ver con Dios, la familia y la patria. No sólo hay que luchar a muerte por la religión, sino también en defensa de la propiedad privada." Grupo de madres y padres de familia, integrantes del grupo Cruzada, en una carta abierta al general Juan Carlos Onganía, 27 de septiembre de 1966.

La censura obedece a la necesidad de algunos sectores de la sociedad de ejercer un papel paternalista sobre otros sectores de la sociedad a los que no atribuyen condiciones para elegir libremente. En la Argentina, si uno estudia la historia de este siglo desde que aparece el cine, los grupos más retrógrados encontraron a veces, en ciertos sectores de la Iglesia, la expresión de ese paternalismo, de esa suerte de vigilancia sobre la moral que había que preservar. El Estado en general se desentendió del problema. Casi toda la experiencia de los ministerios de Educación en nuestro país, con peronistas, radicales, militares y civiles, constituyó en derivar la educación, como si se tratase de un estado privativo de la Iglesia. Con la excepción de un gobierno de muy corta duración que intentó hacer otra cosa, el de Héctor José Cámpora en 1973, Iglesia, educación y medios de comunicación fueron las tres instancias en las que se apoyó la censura. La Iglesia fue la única institución nacional que tuvo con-

---

* Octavio Getino es director cinematográfico, productor, escritor e investigador. Fundador del grupo Cine Liberación junto a Fernando Solanas y Gerardo Vallejos.

ciencia de la importancia de los medios, y a través de la Acción Católica inventaron eso de las calificaciones que iban desde "apta para todo público" a "prohibida" para todos. Esto fue desde la década del cuarenta hasta parte de la década del sesenta. No tenían un poder jurídico, pero la recomendación llegaba a todos los feligreses. Dictaban normas acerca de la moral desde el Papa hasta los cardenales, pasando por las encíclicas y otros documentos que bajaban una línea retardataria. El papel de la Iglesia en la censura argentina ha sido fundamental. Ha coincidido generalmente con gobiernos de derecha, autoritarios.

Uno era enemigo de la censura, como buen liberal progresista; digamos que la censura era el mal de los males y había que combatirla. Pero ¿qué hacer con una ley y con una política que había que tener en cuenta no sólo para el cine, sino para la cultura argentina en general? Cuando asumo como funcionario de un organismo del que dependía la censura en 1973, el problema de su aplicación no era sólo de índole moral, sino algo mucho más complejo. La censura mayor que estaba viviendo nuestro cine no pasaba por los cortes, sino por la imposibilidad de producir imágenes. El Poder Ejecutivo nacional me encargó que elaborase un proyecto de ley para la calificación de películas. La censura económica que ejercía el cine norteamericano sobre las pantallas nacionales era enorme, y hoy es aún mayor. El cine argentino está de alguna manera "censurado", en la medida en que no puede crecer para traducir desde su perspectiva lo que quiere ser o no ser. El problema es si se utiliza el lenguaje liberal de la libertad absoluta. Libertad absoluta la ejerce el que tiene el poder de hacerlo. Y en cine, el poder de hacerlo no lo tenía la industria nacional, sino la industria americana. La censura no sólo es mala porque prohíbe, sino también porque promueve.

En esos años se prohibían ciertas películas -de elevado nivel artístico- y se promovían otras de espantoso nivel, de corte racista, xenófobo, y belicistas, de canto épico a los marines americanos que invadían pueblos del Tercer Mundo, que hacían un canto a la colonización de Asia y África. Este era un problema que no tenía solución a corto plazo, lo único que podíamos hacer, primero, era liberar el material que estaba prohibido. Y todo fue autorizado. No el material explícitamente pornográfico, que ahora se pasa codificado por canales de cable. De todas maneras, los distribuidores mezclaban una parte de ese material con el resto del paquete de películas. En realidad a ellos jamás les interesó defender el producto nacional, siempre pensaban en el negocio. Nosotros dijimos: vamos a trasladar el problema de calificación de películas, no a las catacumbas donde lo hacía Ramiro de la Fuente, en la avenida Córdoba, en una oficina del Ministerio de Educación -nadie sabía quiénes eran y hacían lo que querían-. Como teníamos que acatar la ley, no podíamos estar al frente de un Ente de Calificación contrariando lo que la ley nos imponía, estábamos obligados a hacer la calificación en un determinado lugar. Entonces decidimos hacerlo públicamente. La primera experiencia fue en el Instituto de Enseñanza Religiosa Superior. Lo hicimos ahí con entrada libre. No pretendíamos exhibir películas excesivamente provocativas. Después hicimos otra en el Sindicato de Luz y Fuerza y en entidades de tipo cultural. Entraban como mil y pico de personas, muchos jóvenes. Ponía a tres asesores, que ya no eran anónimos, sino que venían de la facultad de Psicología, de Pedagogía y hasta de la CGT. También tenían su espacio los trabajadores del cine, como René Mujica, Rodolfo Khun, Agustín Mahieu y otros no menos conocidos. Yo coordinaba el debate. Los asesores emitían su opinión sobre lo que habían visto y recomendaban una determinada calificación. Ese era un debate que tenían que hacer frente a mil y pico de personas, que no era la representación de la sociedad en su totalidad, pero implicaba más representatividad que si no hubiese participado nadie. Esa experiencia terminó como terminó todo eso: con la muerte de Juan Domingo Perón en 1974. La experiencia en aquel momento tuvo mucha repercusión, pero ya se anticipaban las fuerzas reaccionarias que tomarían el poder en poco tiempo.

Hubo un hecho concreto con *Último tango en París*. Como todas esas exhibiciones eran públicas, se calificaba y se difundía a través de la prensa; con films difíciles como lo era ese para la época, se convocaba no ya a tres asesores, sino a doce asesores, para que el juicio fuese más ecuánime. Recuerdo que estaba Elba Marechal, la mujer de Leopoldo Marechal, como asesora. Todos coincidieron en autorizarla y yo también, porque creía que era una obra cultural y artística. Se autorizó y estuvo dos semanas en cartel, hasta que apareció un juez a secuestrar la película e iniciar un proceso en el cual estuvo involucrado Mario Soffici, que en ese momento estaba al frente del Instituto de Cine. El juicio se inició por "incumplimiento de los deberes de funcionario público" y fui sobreseído en 1976, aunque la película no se dio más. Fue el factor político el que decidió mi salida del Ente de Calificación.

Todo empezó con la autorización de la película chilena *Voto más fusil*, de Elbio Sotto. Me llamó un funcionario para preguntarme por qué la había autorizado. Y le dije: "tengo autarquía y creo que ésta es una película que debe difundirse". En ese momento ya había estallado el golpe militar en Chile. El funcionario me dice que eso nos enfrentaría con el gobierno chileno, y le respondí: "Mi propósito cuando estoy en un Ente de Calificación y Cultura no es saber si nos enfrentamos o no con otro gobierno.

Lo único que valorizo es si el material que se está dando ahí tiene ciertos méritos para que la población argentina elija si quiere ir a verla o no". La película no era ninguna apología Yo me remití a Taiana, que era el ministro de Educación. Le mandé una nota en la que expresaba mi creencia en que la democracia que la gente había elegido se trasladase también al terreno de la cultura, y otras consideraciones sobre la película chilena. Taiana eligió prohibir la película y además dio por terminada mi gestión al frente del Ente de Calificación. Las presiones eran muchas. Ocurre que yo tenía alguna experiencia en la materia. *La hora de los hornos* por ejemplo se hizo totalmente al margen del Instituto, del Ente de Calificación, y fue prohibida. *El camino hacia la muerte del viejo Reales* de igual modo. Pero lo peor fue el exilio. Yo me fui el 8 de julio de 1976, luego de escaparme de una tentativa de allanamiento y secuestro en mi propia casa, donde perdí todo. Fui a Perú y a la semana de estar allí aparece una reactivación de la causa por la que había sido sobreseído. Interpol estaba siguiendo mis pasos por indicación de los militares argentinos. En Perú secuestraron a ciudadanos argentinos que nunca más aparecieron. Supongo que por la aplicación del siniestro Plan Cóndor. Me entero por los diarios de que el Consejo de Ministros de Perú había rechazado un pedido de extradición hecho por el gobierno argentino para traerme al país y juzgarme por *Último tango en París*. Cosas de un país sin destino. Que destruye a su mejor gente. Siempre. ✄

La Revolución Argentina. Una Junta de Comandantes desaloja orgánicamente a un presidente que había sido elegido con el 23 por ciento de los sufragios y con el peronismo proscripto.

El general Juan Carlos Onganía ocupó la presidencia desde el 28 de junio de 1966 hasta el 8 de junio de 1970. El 3 de junio, seis días antes de ser destituido por sus propios camaradas, Onganía promulgó la ley 18.701 que aplicaba la pena de muerte "si con motivo u ocasión del hecho, resultare la muerte o lesiones gravísimas para alguna persona". En febrero de 1967, el Consejo Nacional de Radio y Televisión -CONART- por nota reservada se dirigía a las autoridades de las estaciones bajo su jurisdicción, para indicar que "se adopten las medidas que son necesarias para impedir la emisión de noticias, comentarios o avisos que directa o indirectamente aludan a los reclamos de los trabajadores, a las medidas de acción directa que proyecten y a la actual situación económica". El 1º de abril de 1971, tras la destitución del general Roberto Marcelo Levingston, el Dr. Arturo Mor Roig -ministro del Interior- anunciaba el levantamiento de la veda a los partidos, al mismo tiempo que creaba una Comisión para estudiar el futuro plan político que, en esencia, significaba instrumentar un "Gran Acuerdo Nacional" (el GAN). El 17 de septiembre de 1971, el teniente general Alejandro Agustín Lanusse daba a conocer las fechas de las elecciones: el 11 de marzo de 1973, y de la entrega del poder: el 25 de mayo. El 13 de junio de 1971 la Justicia condenaba a diferentes penas de prisión a 42 policías responsables del secuestro y asesinato del sindicalista Felipe Vallese -ocurrido en el mes de agosto de 1962-. El 22 de agosto de 1972 se fugaron del penal de Rawson 25 detenidos miembros de las organizaciones armadas Montoneros, FAR (Fuerzas Armadas Revolucionarias) y ERP (Ejército Revolucionario del Pueblo). Ocho dirigentes consiguieron su objetivo y 19 se rindieron en el Aeropuerto de Trelew. Horas más tarde fueron asesinados en la Base Aeronaval de esa localidad: Carlos Astudillo, Pedro Bonet, Eduardo Copello,

Mario Delfino, Carlos Alberto Del Rey, Alfredo Kohon, Clarisa Lea Place, Susana Lesgart de Yofre, José Mena, Miguel Angel Polti, Mariano Pujadas, María Angélica Sabelli, Humberto Suárez, Humberto Toschi, Jorge Ulla y Ana María Villarreal de Santucho. Perón, aunque no fue contundente respecto de la masacre, justificó "la violencia de abajo" y condenó la represión de la dictadura. El 17 de noviembre de 1972 llega al país el general Juan Domingo Perón y durante veintiocho días realiza numerosas entrevistas y reuniones con la dirigencia política.

Los programas malditos. La revista *Confirmado* publicó el 12 de agosto de 1965 una nota con los programas de televisión censurados hasta ese momento: *Apelación pública*, conducido por Ray Millares y Hugo Guerrero Martinheitz. En dicho espacio hubo un duro enfrentamiento entre el delegado de la Liga Árabe en la Argentina, Houssein Triki, y Patricio Kelly. *Incomunicados*, conducido por Bernardo Neustadt. Levantado luego de un reportaje a Arturo Frondizi. *Vivamos sin miedo* y *No previsto*, también conducidos por Neustadt. *Vivamos sin miedo* dejó de emitirse luego de una nota sobre el caso Penjerek, en la que entrevistó a Pedro Vecchio. Todos los programas eran emitidos por Canal 9.

En el Canal 7 se levantó *Sala de periodistas,* que salió al aire entre 1958 y 1959. *Séptima Edición* duró menos de un mes. En el canal 13, *Archivo secreto*, dirigido por Ray Millares. *Sucedió en Buenos Aires,* a cargo de Horacio de Dios y *Parlamento 13*, conducido por Simón Stolar, notorio informante de servicios militares. En Canal 11 se levantó *¿Cuál es la duda?*, diálogo entre el periodista Raúl Urtizberea y el sacerdote católico Joaquín Aduriz. Y más tarde *Visto y oído*, animado por Mauricio Faberman y especializado en reportajes de actualidad.

Testimonios de la Censura
Manuel Antín* : "Todo tiene que ver con la censura".

"Lo obsceno es algo más que lo impúdico, es lo que ofende torpemente el pudor. Se trata de un concepto valorativo cultural que depende de la sensibilidad moral media de un pueblo dado en un momento determinado, la que se quiere preservar de lo torpe, lo grosero, lo asqueroso, para evitar su paulatina degradación (...)." Fallo del juez en lo Criminal y Correccional Justo O. Getino, ratificando la prohibición de *Último tango en París*, película dirigida por Bernardo Bertolucci. 28 de julio de 1976.

Hay muchos significados atrapados en el término censura. No se trata de un simple acto administrativo, sino que también es un acto de conciencia, de moral, de entendimiento, de responsabilidad, de miedo. La mejor manera de ilustrar lo que viví a lo largo de tantos años es a través de las anécdotas, de lo que yo llamo "cuentos de guerra".

De diez películas que filmé, sólo obtuve tres veces crédito. Es decir que hice siete películas sin contar con el apoyo oficial y en casi todos los casos se debió a situaciones parecidas a la siguiente. Cuando yo me disponía a filmar *Don Segundo Sombra*, al presentarme en el Instituto de Cinematografía para pedir el crédito que necesitaba me fue negado, a pesar de que yo tenía la ilusión de que me condecorarían por la idea que llevaba. ¿Por qué abrigaba esa esperanza? Corría la época de Onganía, era una película donde aparecían caballos... tenía que ver con nuestro pasado histórico. En fin, se suponía que contaba con todas las condiciones éticas y estéticas de moda. Sintiéndome un gran creador, pedí una entrevista con el director de Cinematografía de ese momento y lo que yo percibí de

---
* Manuel Antín fue director de *La cifra impar* (1961), *Circe* (1964), *Intimidad de los parques* (1965), *Don Segundo Sombra* (1969), *La sartén por el mango* (1972) y *La invitación* (1982). Hacia finales del 83 asumió como Director Nacional de Cinematografía y actualmente es el director de la Universidad del Cine.

aquella reunión fue en principio una gran desconfianza. Él dudaba de que yo pudiera hacer bien mi trabajo y, en realidad, nunca supe de dónde surgía ese sentimiento hacia mi persona. Seguramente, provenía de la propia cultura del director del organismo, que en realidad era un señor que estaba en ese puesto para administrar el dinero y no entendía demasiado. Creo que detrás de sus temores se escondía esa forma de censura solapada que dice "no hagas nada que yo no haga, haz lo que yo digo o lo que yo haría".

En aquella oportunidad, el director, después de hacerme un pequeño test sobre mi capacidad intelectual, sacó un libro que tenía preparado y marcado seguramente por alguien, algún asesor de esos que nunca faltan, y me preguntó cómo iba a filmar una escena que aparecía en el texto y que decía exactamente así: "Y el sueño cayó sobre mí, como una parva sobre un chingolo", fragmento de *Don Segundo Sombra,* antes del primer arreo de Fabio, uno de los personajes protagónicos. No pude evitar la respuesta que le di, burlándome. "Mire -le dije-, usted sabe cómo es el cine. Uno coloca un chingolo sobre una mesa y por encima de la mesa alguien con una parva la deja caer y aplasta al pobre chingolo." Eso fue suficiente para perder el crédito. Porque naturalmente este hombre era lo que era pero no idiota. Por lo tanto, lo ofendió profundamente lo que yo le dije y me echó del despacho. Yo me fui y no volví nunca más hasta que la película fue designada por el mismo Instituto como la adecuada para representar al país en el Festival Internacional de Cannes. Me llamaron para hacerla pero me privaron de todos los honores. ¿Cuál es la moraleja de esta anécdota? La verdad es que me dieron el crédito para que la hiciera, pero cuando llegó el momento de filmar esa famosa frase por la que me habían censurado y echado la primera vez, me quedé sin imágenes para hacerla. La censura había actuado sobre mí con tal fuerza que cortó mi inspiración e hizo que me quedara mudo de imágenes para mostrar como correspondía a ese momento muy poético e ilustrativo de lo que Güiraldes quería significar con ese personaje.

Cuando tuve la posibilidad de asumir como director de dicho organismo, me cuidé mucho de hacer respetar y de cumplir con la palabra "libertad", porque había padecido varios tipos de censura y no quería discriminar a mis pares. En el año 76, en medio de un país caótico, donde se sucedían muertes en plena calle, yo filmé una novela que de alguna manera tenía afinidad con *Don Segundo Sombra*, y era el hecho de que contaba con un prestigio que las hace imposibles de ser censuradas. La película se llamaba *Allá lejos y hace tiempo*, y no tenía nada. Sin embargo, Tato, el gran censor, consideró que debía prohibirse para menores de 18 años, calificación que luego logré corregir. En realidad, hasta casi da vergüenza que sea apta para todo público. Pero aun entonces, no tenía absolutamente nada que pudiera molestar a los militares, a los políticos, ni a la moral de las personas. En una entrevista con Tato me respondió: "Lo que pasa -me dijo- es que hay una escena de brujería que me parece que puede asustar a los jóvenes". Después de pelearme un poco y de hablar un rato largo, logré convencerlo de que no era así. Se trataba de un baile típico de campo en que un grupo de mujeres del pueblo se reúnen para lanzar maldiciones contra alguien que consideran que es maligno. Tato era una personaje muy "imaginativo", por apodarlo de algún modo, cuyo mayor defecto consistía en que veía más cosas de las que ocurrían. En otra oportunidad conseguí que una película que estuvo prohibida durante mucho tiempo se estrenara. Hablo de *Teorema*, de Passolini, que gracias a una gestión lenta, después de hablar con el distribuidor y con algunas personas de cierto poder como monseñor Laguna, logré que se estrenara. En fin, ésas eran las trincheras de combate. Había que deliberar, pelear, defender y a veces humillarse.

Yo fui uno de esos argentinos ingenuos que no sabía qué era lo que estaba pasando porque no viví de cerca episodios terribles. Si hubiera estado al tanto de los horrores que se cometían, creo que me hubiera ido del país porque soy una persona muy apegada a mi familia y para protegerlos hubiera elegido el exilio. ✂

Tía Vicenta. Un 17 de julio de 1966 salió el último número de la revista *Tía Vicenta*, prohibida desde ese momento por el gobierno del general Juan Carlos Onganía. El número que disgustó al presidente de facto traía en su tapa un par de morsas dialogando. Aludía a Onganía, identificado con ese animal por sus tupidos bigotes, que le valieron el apodo de Morsa. En ese momento la revista se publicaba como suplemento dominical del diario *El Mundo*. Había nacido en 1957, creada por el humorista y dibujante Juan Carlos Colombres, conocido como Landrú. En su primera tapa, *Tía Vicenta* impuso un estilo de humor inteligente y absurdo que no inquietó a los gobiernos de Pedro Eugenio Aramburu, Arturo Frondizi, José María Guido ni Arturo Illia. Sus lectores fueron especialmente de clase media. Empezó lanzando 50.000 ejemplares y llegó a los 200.000. Además del humor político, desarrolló una especie de sátira social e impuso expresiones como "mersa", "no te puedo creer" y la distinción entre lo "in" y lo "out". La redacción estaba compuesta por nombres célebres del humor nacional, como Quino, Garaycochea, Carlos del Peral, Kalondi y el periodista Julián Delgado, desaparecido en 1978, durante la dictadura. En 1960 Colombres propuso al diario *El Mundo* que *Tía Vicenta* saliera como suplemento dominical. Después de la edición de esta fecha, Onganía manifestó su enojo y pocos días después la Secretaría de Prensa difundió un comunicado en el que afirmaba la necesidad de "distinguir el juicio honesto sobre la obra de gobierno de la irrespetuosidad hacia las autoridad." Muchas voces se alzaron contra el atropello, entre ellas la del pintor Antonio Berni y los escritores León Benarós, Arturo Jauretche y Martha Lynch.

Ernesto Che Guevara. Bastaron algo más de cuatro horas en territorio argentino -llegó en una avioneta a Don Torcuato, se entrevistó con Frondizi, visitó a una tía enferma y regresó a Uruguay donde participaba en la reunión del Consejo Económico y Social de la Organización de Estados Americanos- para que se acuartelaran tropas con más de la mitad del ejército en estado de alerta, reunión de altos mandos y un comunicado interno del ejército que describía la presencia de "un bandido, un delincuente que había entrado en secreto a la Argentina, sin el conocimiento de las fuerzas armadas". "Es peor que si hubiera llegado Krutschev", dijo un general. La presencia de Ernesto *Che* Guevara en Buenos Aires había desatado un vendaval. La censura de prensa no se hizo esperar. Nadie debía publicar comentarios acerca de la visita del guerrillero argentino-cubano y menos aún su encuentro con el presidente Arturo Frondizi. El presidente quería conservar el lugar de Cuba en la OEA, no cedía a las presiones del Pentágono, aprovechaba su amistad política y personal con John Fitzgerald Kennedy y exigía una radicalización de la Alianza para el Progreso. No quería ayuda, sino compromisos y riesgos. Explicaba la revolución cubana por el atraso y la pobreza y no por la malignidad de sus dirigentes. Frondizi debió hablar por radio y televisión a 24 horas de ocurrido el hecho y aseguró la pertenencia del país a Occidente, lo que significa el Cristianismo como ideal trascendente y democracia como forma política. Se hizo de un espacio para reivindicar que la Argentina debía mantener una política exterior independiente, jugar roles protagónicos y no ser un mero satélite. Lo que no quería decir tercera posición, porque la posición estaba tomada, pero sin renunciar a la soberanía. Ernesto *Che* Guevara murió el 8 de octubre de 1967 en Bolivia. La noticia sigilosa pero incontenible de su muerte conmovió al mundo. La revolución latinoamericana había perdido a su mejor hombre.

El Cordobazo. ¿Qué fue el Cordobazo? Rebelión popular, huelga política de masas, lucha de clases, insurrección, levantamiento. Lo cierto es que los trabajadores y los estudiantes fueron sus protagonistas más activos, y que encontraron un apoyo masivo en los sectores medios. Para algunos fue la intersección de dos historias: la culminación de la resistencia de los trabajadores iniciada en 1955, por un lado, y el comienzo de una gesta revolucionaria que culminaría trágicamente con el sangriento golpe de Estado de marzo de 1976. Resulta clara la ineptitud y las contradicciones del régimen militar en la creación de un proyecto político y social que tuviese algún consenso. Ni una de las elecciones efectuadas en ese lapso da la victoria al oficialismo de turno. Ni uno solo de los actos populares fue en apoyo al gobierno. Ni los derrocamientos de presidentes ni las consignas de patriotismo de los jerarcas militares suscitan el más mínimo calor popular. Todo esto va acompañado por una férrea censura política y cultural, clausura de medios, persecución a militantes populares y prohibición de actividades políticas, no sólo de los sectores de izquierda y el peronismo.

El país no parecía ofrecer una gran resistencia al régimen militar imperante. Hubo sin embargo actos heroicos de rebeldía: cayeron los primeros estudiantes y obreros. Huelgas y actos de protesta que aunque no conmovían al régimen militar preanunciaban la lucha de un pueblo que se había desarrollado y templado en silencio. La tormenta estalló en mayo de 1969, y con una violencia que tomó desprevenidos a todos. El prólogo del llamado Cordobazo se escribe en las calles de Corrientes, Rosario y Tucumán. Allí tienen lugar las primeras manifestaciones de gran envergadura contra el gobierno de Juan Carlos Onganía. El ámbito de la educación y la cultura fue libre coto de caza de los elementos más reaccionarios del elenco de Onganía entre 1966 y 1969. La autonomía universitaria, el laicismo y la educación pública fueron igualmente agredidos. Mientras las universidades -que para los servicios de inteligencia militares eran centros de "subversión y comunismo"- eran desalojadas a bastonazos, como en el caso de la Facultad de Ciencias Exactas en Buenos Aires en la recordada "Noche de los bastones largos", se daba la penetración de los intereses privados y de la tendencia confesional más solapada, aunque tan contundente como la acción policial. José M. Astigueta era un eficiente representante de la privatización educativa y acérrimo enemigo del laicismo y de la Reforma. En diversos niveles militaban funcionarios de pasado fascista. En la Universidad del Nordeste, cuyas principales facultades están repartidas entre Chaco y Corrientes, se encendieron las primeras chispas. En el mediodía del martes 15 de mayo de 1969 una manifestación estudiantil es violentamente reprimida por la policía. Se habla de sesenta heridos y tres muertos. Se confirma la muerte del estudiante de medicina Juan José Cabral. La CGT decreta de inmediato un paro que paraliza a la provincia. Corrientes no recuerda una manifestación popular de envergadura semejante a la que se hizo para despedir los restos del estudiante asesinado. El centro de la crisis se traslada a Rosario. Adolfo Ramón Bello, estudiante de Ciencias Económicas, muere acorralado por la policía en la Galería Melipal. El 21 de mayo obreros y estudiantes rosarinos organizan una multitudinaria marcha. Allí muere el obrero y estudiante Luis Norberto Blanco, la tercera víctima de los acontecimientos de mayo. En La Plata y Tucumán hay nuevas marchas que tienen como protagonistas a los estudiantes.

La Docta. En momentos de producirse los hechos de Corrientes gobernaba Córdoba el abogado Carlos J. Caballero, de admitida prosapia fascista y vinculado con los sectores más clericales. En Buenos Aires las dos conducciones de la CGT (Confederación General del Trabajo de la calle Azopardo y la de Paseo Colón) coinciden en decretar un paro general en solidaridad con el movimiento estudiantil. En la ciudad de Córdoba, tras varios días de asambleas estudiantiles y marchas obreras, empiezan a registrarse los primeros disturbios a las 11.15 del día 29 de mayo. Una gran columna de obreros que viene de la planta de Santa Isabel de IKA-Renault, compuesta por unas tres mil personas, hace su entrada a la ciudad, por la ruta nacional Nº 36, que desemboca en la Avenida Vélez Sarsfield. Hay duros enfrentamientos en toda la ciudad y en el centro se multiplican las barricadas y las fogatas. El general Sánchez Laóz amenaza con la intervención militar. Lo cierto es que las bases obrera y estudiantil habían sobrepasado a sus dirigentes. Agustín Tosco, Elpidio Torres y Atilio López estaban al frente de las columnas. Raimundo Ongaro había sido detenido cuando se dirigía a Córdoba. Los diarios del día siguiente y las radioemisoras controladas por el gobierno dirán que "han sido asaltadas armerías y una gran cantidad de manifestantes iban armados". Se comprobó más tarde que la información era inexacta. Los estudiantes ya habían tomado el barrio Clínicas y la ciudad había sido prácticamente ocupada por los trabajadores. El ejército reemplaza a la policía en la represión. Las tropas alistadas pertenecen a la Cuarta Brigada de Infantería Aerotransportada, al regimiento 14 de Infantería, a un batallón de Comunicaciones, a un grupo de Artillería Liviana motorizada y a efectivos de Aeronáutica y Gendarmería.

En la madrugada del 30 de mayo, mientras se intensifica la represión militar, el barrio Clínicas hierve de grupos estudiantiles que se desplazan de un edificio a otro, de una cuadra a otra. Las paredes del barrio comienzan a poblarse de leyendas significativas: "Barrio Clínicas, territorio libre de América"; "Soldado, no tires contra tus hermanos"; "Por una Argentina sin tiranos". El ejército no puede ingresar en la zona hasta el otro día y sólo los periodistas podían atravesar los puestos de control estudiantil, aunque muchos de ellos son increpados debido a la ideología de los medios de difusión que representan. El viernes 30 de mayo, en todo el territorio nacional se cumple una huelga general cuyo acatamiento es masivo. El ministro Borda acusa por los hechos de Córdoba "a infiltrados provenientes de Cuba y a los agitadores marxistas que pretenden instaurar el caos y la anarquía" y añade que los francotiradores que todavía se mantienen en el barrio Clínicas "son elementos castristas, cubanos y centroamericanos".

El saldo fue de 12 muertos (todos civiles salvo un cadete de la escuela de Suboficiales de Aeronáutica), 93 heridos entre los que figuraban 52 civiles (42 de ellos de bala), 38 policías y 3 soldados, y centenares de lesionados. Esto constituyó el primer balance oficial del Cordobazo. Según se cree, la cantidad de muertos fue mayor, pero la censura oficial y las dificultades en la identificación no permitieron que la cifra real fuese divulgada. Hubo más de 800 detenidos y muchos de ellos fueron sometidos a la acción de los Consejos de Guerra, aunque sólo una cantidad reducida recibió condenas considerables. Los diarios y las revistas porteños seguían hablando de "conspiración" y de "la incitación de elementos extremistas contra ciudadanos indefensos". Tras los hechos, Onganía dirigió un mensaje al país utilizando términos que denunciaban su incomprensión absoluta de la realidad. "En las sombras de la noche, elementos agazapados habían infligido incalculables daños a la propiedad privada en un país que precisamente empezaba a ponerse en marcha"(sic). Era el comienzo de su final. Mientras tanto, en Córdoba, multitudes acompañaban los restos de Máximo Mena, Daniel Castellanos, Leonardo Gulle, Juan Saquilán y de todos los que murieron en esas jornadas.

Grupo Cine Liberación. Los últimos años de la década del sesenta vieron aparecer nuevas propuestas de un cine nacional. Comenzaba así una época cinematográfica que actuaba por fuera de los márgenes de la producción comercial. La realidad del país y las expectativas populares abrieron el camino hacia una expresión que constituyera una alternativa a los cánones tradicionales y se apoyara en un relato directo y contundente de los hechos. La necesidad de un cine político encuentra respuesta a partir de *La hora de los hornos,* de Fernando Solanas y Octavio Getino, una obra hecha "a cuenta propia" recorriendo el país, documentándose e incorporando materiales de archivo que finalmente resultaron un total fílmico de cuatro horas y veinte minutos. Se hicieron además 180 horas de reportajes grabados y una minuciosa recopilación de datos analizados críticamente. Filmada en 16mm, está dividida en tres partes. "Neocolonialismo y violencia": trece notas cuyo fondo plantea el problema de la Argentina como nación dependiente; "Acto para la liberación" -con el encuadre de dos ángulos-: una crónica del peronismo (1945-1955), un panorama del movimiento que lo ubica dentro de la apertura tercermundista y una crónica de la resistencia entre 1955 y 1966; "Violencia y Liberación": desmenuza "la violencia en el proceso de la liberación nacional". La película obtuvo entre otras numerosas distinciones -la última de ellas en Inglaterra- el primer premio del Festival de Pesaro, Italia, en 1968. Se calcula que hasta el momento la han visto aproximadamente unas 250.000 personas. Fue exhibida en locales sindicales, la casa de algún vecino, en ciertas parroquias o centros culturales y en varios ingenios de Tucumán y Salta, en fábricas de Córdoba, Rosario y la provincia de Buenos Aires y la pantalla fue hasta el muro de un barrio que se ocupó. A fines de 1968, *La hora de los hornos* se exhibió en el Instituto de Cine con el objetivo de obtener el certificado de exhibición. Fue denegado. Sin que nadie lo hubiese solicitado, el Instituto pasó la copia al Ente de Calificación y éste la prohibió.

Operación masacre. *Operación masacre*, de Jorge Cedrón, ha recorrido un destino semejante. Terminado en 1972, este segundo largometraje del director, basado en la crónica homónima de Rodolfo Walsh y cuyo guión fue elaborado por ambos, grafica el fusilamiento de un grupo de obreros peronistas ocurrido en José León Suárez en 1956. Utilizando dramáticamente elementos de la época, Cedrón quiso revelar con intensidad los entronques de la realidad argentina mediante un lenguaje popular y explicativo, desde la perspectiva de la clase trabajadora. Intervinieron sesenta actores profesionales, entre ellos Norma Aleandro, Carlos Carella, Walter Vidarte, Víctor Laplace, Ana María Picchio, Jorge de la Riestra, Zulema Katz. El Cine Club Núcleo organizó una proyección de la película.

A las cuatro de la tarde de ese día, llegaron unas personas del Ente Calificador y prohibieron su exhibición. A las 20.30 Coordinación Federal llegó con la orden de retirar la copia. Al igual que *La hora de los hornos*, *Operación masacre* fue proyectada en sindicatos, fábricas y barrios humildes apenas finalizado su montaje.

Soberbia. "Antes de asumir el Dr. Cámpora, el general Jorge Raúl Carcagno y yo estábamos en el V Cuerpo de Ejército con asiento en Bahía Blanca; él era el Comandante y yo el Jefe de Operaciones. Nosotros teníamos la presunción de que Cámpora lo iba a llamar a Carcagno para ocupar el Comando en Jefe, pero esta apreciación no estaba avalada por nada concreto, fundamentalmente porque éste no era peronista. Pero de todas maneras, sobre ese supuesto nos pusimos a trabajar. El proyecto de Carcagno era nacional y, yo diría, independiente. El ejército estaba en esos momentos desprestigiado: en la formación que el 25 de Mayo realizaban las tropas frente al edificio Libertador con la idea -que después no se pudo cumplir- de desfilar en la plaza, la gente profería los insultos más bajos al pasar frente a ellas, y hasta escupía a los efectivos. Nuestra idea era que el ejército se metiera en los cuarteles retornando a sus tareas específicas y se convirtiera en un observador crítico del gobierno nacional. Lamentablemente no se entendió el mensaje, prevaleció en ellos la Doctrina de Seguridad Nacional, ese sentimiento de soberbia característico de los militares de América Latina". Relato del coronel retirado Juan Jaime Cesio, Secretario General del Comando en Jefe de las Fuerzas Armadas durante el gobierno peronista de 1974.

El sonido y la furia. La primavera camporista. La década del setenta fue un período histórico que se abre bajo el signo de la crisis: Mayo del 68 en París, la invasión de la Unión Soviética a Checoslovaquia, la guerra de Vietnam. La política de "coexistencia pacífica" entre las dos potencias. Ante la certeza de la derrota en el sudeste asiático, Estados Unidos decide modificar su política frente a Latinoamérica. Los pueblos no aceptan el tutelaje norteamericano, por eso para el Pentágono era necesario asegurar el dominio en "el patio trasero" controlando con mayor fuerza a los gobiernos, apoyando golpes de Estado sangrientos y genocidas como el que sufrió el gobierno constitucional de Salvador Allende en Chile el 11 de septiembre de 1973, y adoptando la "doctrina de la seguridad nacional" con la complicidad de las Fuerzas Armadas títeres de América Latina.

El 25 de mayo de 1973, el triunfo de Héctor José Cámpora en las urnas marcó un hecho histórico para la Argentina. La degradación del proceso constitucional resulta ininteligible si no se la ve como la eterna lucha en la Argentina entre los sectores populares y democráticos y los sectores retrógrados y autoritarios. La gran batalla de aquellos días se dio además en el propio seno del partido peronista. Es en este esquema que se inscribe la aparición de la Triple A (Alianza Anticomunista Argentina) creada por José López Rega, y los asesinatos de Silvio Frondizi, Luis Mandiburu, Rodolfo Ortega Peña, Carlos Mugica, Alfredo Curutchet, Atilio López, Julio Troxler, Horacio Chávez, Tito Pierini y muchos otros.

Ezeiza fue la demostración de que la derecha peronista estaba dispuesta a mantener su espacio a sangre y fuego. Sobre el número total de víctimas en la masacre de Ezeiza nunca se conoció una versión oficial. Según el periodista Horacio Verbitsky, "reconstruir la cifra exacta es imposible, pero sobran los elementos para formular una estimación mínima confiable. El Servicio de Inteligencia de la Policía de la Provincia de Buenos Aires recopiló una serie de 102 heridos identificados, el 22 de junio. El 21, el Comando de Operaciones de la Dirección General de Seguridad, con la firma del comisario inspector Julio Méndez, había presentado un informe con la misma cantidad, aunque añadía que en el Policlínico de Ezeiza había otras 205 personas heridas sin identificar". Se había dado la cifra de 13 muertos identificados, de los cuales 3 pertenecían a la izquierda peronista: Horacio Simona, Antonio Quispe y Hugo Lanvers.

La Triple A no sólo fue una organización de extrema derecha, fue una organización parapolicial, paraestatal que anticipaba los métodos que utilizarían los grupos de tareas de las Fuerzas Armadas a partir de marzo de 1976. La conformaban entre otros el comisario general Alberto Villar, los comisarios Almirón y Morales, hombres de las "patotas" sindicales de José Rucci y Lorenzo Miguel, bajo la organización de José López Rega y con la complicidad del embajador norteamericano en la Argentina, Robert Hill. Pero además fue el globo de ensayo para la futura política económica que rigió los destinos del país hasta hoy. La destrucción del Estado, desde Martínez de Hoz hasta la fecha, y una enorme pauperización en favor de los sectores financieros y monopólicos. Esa fue en realidad la política instrumentada por los factores de poder en la Argentina. La ultraderecha violenta y los aparatos ligados al Estado sólo estuvieron inactivos entre el 26 de mayo de 1973 y el 20 de junio de 1974. De ahí en más su actividad criminal no tuvo límites.

El 13 de julio de 1973, Héctor Cámpora, que había asumido como Presidente de la Nación tan sólo 49 días antes, presentó la renuncia a su cargo. Había terminado abruptamente un período apasionante de la historia argentina. La victoria había sido efímera y, sigiloso e implacable, acechaba el horror. El vicepresidente, Vicente Solano Lima, lo acompañó con su propia dimisión. Asumió el titular de la Cámara de Diputados, Raúl Lastiri. El 11 de septiembre, un sangriento golpe de Estado termina con la experiencia socialista de Salvador Allende en Chile. El departamento de Estado norteamericano propicia una escalada golpista en todo el Cono Sur. El "cerco preventivo" contra la democracia argentina es sustentado por Brasil, Bolivia, Uruguay, Chile y Paraguay. El 23 de septiembre de 1974 la fórmula Perón-Perón obtiene una amplia ventaja, con 7.371.249 votos contra los 2.905.236 de la fórmula radical Balbín-De la Rúa. El 26 de septiembre, a sólo tres días de las elecciones presidenciales, es asesinado el máximo dirigente de la CGT, José Ignacio Rucci.

El horror. En 1974, denuncias de secuestros y torturas. La complicidad del Estado con los crímenes era evidente. La pérdida del valor de la vida corría paralela con el cercenamiento de las libertades democráticas: a los sucesos de la Universidad de Buenos Aires con "la caza de brujas" encabezada por el entonces rector Alberto Ottalagano, se agregaron la intervención a los canales de televisión, una de las cuales fue concretada a punta de pistola (Canal 11) por un grupo de la Triple A a las órdenes de Jorge Conti, la prohibición de *La Patagonia rebelde,* de Héctor Olivera sobre libro de Osvaldo Bayer, y de *Quebracho,* dirigida por Ricardo Wulicher. La designación del periodista Néstor Paulino Tato al frente del Ente de Calificación Cinematográfica. La clausura de los diarios *El Mundo,* y *Noticias,* las revistas *Militancia,*

La causa peronista y *El Descamisado* y el asesinato de los militantes de la Juventud Peronista Luis Macor, Horacio y Rolando Cháves, Ennio Pierini, Eduardo Beckerman, Pablo Van Llerde y Ernesto Rojas.

La muerte de Perón. Juan Domingo Perón murió el primero de julio de 1974, a las 13.15 de un lluvioso día lunes. El país se paralizó. El pueblo desfiló ante el cuerpo inerme de Juan Domingo Perón, pero el sepelio fue el del bloque dominante. Fue la ceremonia hipócrita de la Sociedad Rural, de la Bolsa de Comercio, de la embajada norteamericana. Nadie decía lo que exactamente pensaba. Los únicos que sufrían en serio eran los pobres, los que no tenían nada, ni siquiera voz.

Inclaudicable. El 3 de noviembre de 1975 falleció Agustín Tosco. En aquel momento estaba en la clandestinidad, víctima de una feroz persecución, lo que le impedía ser atendido convenientemente. Sus restos fueron sepultados en el cementerio de San Jerónimo el 7 de noviembre. Durante la ceremonia las fuerzas policiales balearon a la multitud reunida para despedirlo. Previamente el cortejo atravesó la ciudad en medio de las manifestaciones de dolor de la gente que reconocía al más extraordinario dirigente sindical que tuvo este país. Un periódico de la ciudad de Córdoba definió con exactitud la personalidad de Tosco: "Fue un dirigente inclaudicable en sus convicciones. No se embarcó jamás en las pujas estériles de los matices partidistas. Por eso compartió sus desvelos, sus mensajes, sus marchas callejeras con hombres de distintas corrientes ideológicas. Sólo pedía, desde su inconmensurable humildad, consustanciación plena con la lucha de los explotados".

Una historia de la censura

Testimonios de la Censura
Magdalena Ruiz Guiñazú* : "Yo tuve mucha suerte".

"No tengo prueba fehaciente de que, efectivamente, los derechos humanos sean conculcados en nuestro país. Lo oigo, lo escucho, pero no me consta. Como argentino, no acepto la actitud de los legisladores norteamericanos que propician una investigación." Monseñor Adolfo Tórtolo, en un reportaje publicado en el diario *La Nación*, 15 de octubre de 1976.

Durante los años de la dictadura yo tuve mucha suerte. Estaba trabajando en radio Continental, que era un medio privado. En ese momento había dos radios privadas en la Capital Federal, que eran Rivadavia y Continental. Tuve una enorme suerte en pasar todos esos años allí, desde el 76 hasta el 85, y realmente no sólo pudimos trabajar muy bien sino que tanto a Eduardo Aliverti, a Hugo Guerrero Martinheitz, en fin, a todos los que estábamos ahí, la empresa nos protegió. La directora, la señora de Udaquiola, fue sumamente efectiva. Era viuda de un coronel, no pensaba como nosotros, pero sin embargo era una persona muy justa; incluso en un momento dado en que yo tuve muchísimas amenazas me ofreció ir a vivir a su casa con mis hijos. Mil veces fui censurada. Era un común denominador. Lo que pasó en mi caso es que estuve muy apoyada por la radio, por la señora de Udaquiola, a pesar de que en varias oportunidades nosotros contábamos las cosas que pasaban, hablábamos de la gente que desaparecía, de los allanamientos que se producían, en fin todo ese tipo de cosas que ocurrían a diario, y eso por supuesto acarreaba amenazas. Pero como

---
* Magdalena Ruiz Guiñazú ejerció desde muy joven el periodismo. En 1983 integró la Comisión Nacional sobre la Desaparición de Personas. Recibió premios de gran relevancia como el Martín Fierro de Oro y la Legión de Honor que le otorgó la República de Francia por defender los derechos humanos.

éramos los únicos medios privados, entendían que atacarnos era exponerse mucho y creo que eso fue lo que nos salvó la vida.

Durante la guerra de Malvinas fui convocada varias veces por los militares. Ahí citaban a todos los editores de los programas y nos decían que la única información que podíamos dar eran los partes oficiales, considerando que el país "estaba en guerra". Sobre todo el primer tiempo de Malvinas. Después el asunto se les escapó de las manos y nosotros ni siquiera íbamos al Comando en Jefe. Pero al principio, una vez por semana nos citaban.

En una oportunidad el jefe de policía, el general Sasiaiñ, una figura siniestra, me llamó a la radio para recriminarme porque estaba hablando de un desaparecido, y a mí se me ocurrió sacarlo en ese momento al aire porque de ese modo pensé que tendría muchos testigos de lo que sucedía. Y entonces, en un momento dado yo le dije: "usted me está interrogando en una forma tal, que yo creo que tiene mi prontuario sobre su escritorio". Él me respondió que era cierto, que lo tenía. Todo eso era muy desagradable. Me temblaban las rodillas y la voz, pero no sé de dónde saqué fuerzas y le dije: "No le voy a permitir que usted dude de mi honorabilidad. Yo jamás sería capaz de matar a nadie". Mi intención era poner en evidencia que me estaba presionando. Eran tiempos muy difíciles. Cuando terminó la nota, estuve más de media hora sentada en la silla sin poder moverme, pero no me dejé amedrentar. La verdad es que cuando supe todo lo que había sucedido, pensé que Dios me había protegido. Porque incluso me salvé de que me hicieran algo después de la terrible pelea que un grupo de mujeres periodistas tuvimos con Harguindeguy, insubordinándonos en una conferencia de prensa. Era el año 79 y allí estábamos Mónica Cahen D'Anvers, Paula Bauer, Susana Olveira, Norma Dumas...

Éramos muchas más, un total de diez o doce mujeres, y al día siguiente, justamente con el permiso de la señora Udaquiola, pasé las cintas al aire porque yo tenía el grabador sobre la mesa. Bueno, se armó un revuelo espantoso. La conferencia había sido programada para hablar de la reforma de la Constitución. La idea era lograr acuerdos políticos y entonces, en esa oportunidad, las mujeres periodistas fuimos muy duras porque aprovechamos el momento para reprocharle la censura terrible que se vivía, el hecho de que no se pudiera hablar de nada ni siquiera de preservativos ni de anticonceptivos ni de nada. Harguindeguy dio unas respuestas desopilantes y yo con ellas hice luego un sketch en Teatro Abierto. Este episodio fue considerado más tarde como la primera manifestación pública de desacato a un ministro.

La CONADEP (Comisión Nacional sobre Desaparición de Personas) fue para todos los que trabajamos allí un "antes y un después". Nadie queda indemne después de haber bajado al infierno, de haber tocado la raíz del mal. Es muy terrible el abismo de maldad que puede haber en el corazón humano. Y yo creo que aunque sabíamos un montón de cosas, al verlas así, por escrito, al leer los testimonios de las personas que habían sido secuestradas y terriblemente torturadas, fue espantoso. Además, yo creo que la publicación del libro *Nunca más* sirvió para ordenar los hechos, para que la Justicia decidiera después. Pero, lamentablemente, las leyes de Punto Final y de Obediencia Debida y los indultos echaron a perder el efecto de saneamiento. Porque justamente, una sociedad que se rige por la ley tiene premios y castigos, y cuando esto no se cumple es lamentable.

Yo creo que en la actualidad la libertad de prensa existe pero que ejercerla tiene sus riesgos. Empezando por José Luis Cabezas y siguiendo por las demandas que hay en la Justicia contra varios periodistas, entre ellos Verbitsky (de Página/12), el caso de Kimel, de Tomás Sanz (Director de la revista *Humor*), de la actriz Gabriela Acher... En todos los casos, las demandas fueron por presuntas calumnias e injurias, y a pesar de haber sido desestimadas en algunos casos en primera o segunda instancia, fueron acogidas favorablemente por la mayoría de la Corte Suprema, considerada adicta al gobierno. O sea que ejercer la libertad de prensa implica sus riesgos. Y yo tengo algo más para contar: cuando vino Clinton a la Argentina, el señor Handley, que en ese momento integraba el CEI, en una de las recepciones que se le ofrecieron al presidente norteamericano, se me acercó y de muy mala manera me dijo que yo tenía que ayudarlo al presidente Menem, hablando bien de su gestión. Yo le dije que no estaba dentro de mis costumbres, y después de esa ocasión, recuerdo que le comenté a Joaquín Morales Solá, con quien teníamos en ese momento un programa por Canal 9, que si el CEI compraba ese canal yo no trabajaría más. Efectivamente, tres meses después no me renovaron el contrato. Así que por supuesto, yo creo que la concentración de medios, sobre todo de medios con "amigos" del presidente se estaba organizando para apoyar su reelección.

CAPÍTULO VII
Censura y genocidio: la doctrina de la seguridad nacional (1976- 1983)

La conjura de indiferencia y silencio no tiene hoy, por fortuna, un carácter absoluto. A lo largo de esos años estuvimos en manos de pequeños césares despóticos, impunes, amparados en sus sucias guarniciones desde donde planificaban la muerte de miles de argentinos con una vocación antropófaga. Excitados por el olor de la sangre, se asistió al fusilamiento de una generación. El pecado era pensar. En aquella etapa se perdieron los escrúpulos, la sensibilidad, el menor asomo de rectitud. El requisito era mantenerse en el poder sin morirse de asco. Los militares adormecieron la voluntad, el raciocinio, el libre albedrío. Un amplio sector de la sociedad concedió, guardó silencio, fue cómplice. Aquel grupo de genocidas uniformados aprovechó la vanidad, la codicia, el miedo y la estupidez de muchos argentinos. De cuánta tragedia se hubiera librado el país si esos compatriotas tan preparados, cultos, sensibles, pulcros, formales y con un desarrollado sentido de las apariencias, hubiesen resistido a la barbarie en lugar de ampararse en el "no saber lo que pasaba". Falacia tras la cual se ocultaban el servilismo y la obsecuencia. Tantos argentinos quebrados por la censura, el aislamiento, despojados de la voluntad, embrutecidos por el adoctrinamiento en cuarteles. Psicópatas con uniforme, de confesión y misa, invocando a un Dios permisivo. Pero no eran dioses, apenas asesinos seriales. Fueron protagonistas del período más funesto de la historia argentina. Treinta mil desaparecidos, miles de exiliados, una economía arrasada, un gravísimo conflicto con Chile y la Guerra de Malvinas fue lo que generaron desde un poder omnímodo. Muchos están vivos y sueltos. Andan por la calle y hasta opinan. Son lo más abyecto de la condición humana y llevan en las espaldas el peso de un país en el que sigue siendo imposible darle curso a la rabia y a la justicia.

Memorias

Torcidos e inhumanos. En setiembre de 1979, nuestro país fue visitado por la Comisión Interamericana de Derechos Humanos (CIDH). La Comisión había arribado el día 6 y estaba integrada por su presidente, Andrés Aguilar, y los abogados Luis Tinoco Castro, Marco Monroy Cabra, Carlos Dunshee de Abranches, Tom Farer y Francisco Bertrand Galindo. Estuvo en la Argentina durante dos semanas y se reunió con las más altas autoridades. Se formaron largas colas de parientes de desaparecidos. Fueron presentados 5.580 casos de secuestros y permanencia en calidad de desaparecido. La visita se había producido con el acuerdo del gobierno militar, que era el principal acusado por la violación de los derechos humanos. Se generó una campaña en contra, con un slogan que decía "Los argentinos somos derechos y humanos". Se fletó un charter a la ciudad de Roma, donde la selección argentina que conducía César Luis Menotti jugaba un partido contra la selección de Italia, partido que coincidía con una visita del general Videla a la capital italiana. Varios representantes de la opinión pública nacional y periodistas, entre ellos Mónica Cahen D'Anvers, actual conductora del noticiero de Canal 13, y Julio Lagos, formaban parte de esa delegación que con su presencia intentaba contrarrestar lo que se consideraba una campaña antiargentina en el mundo.

Premio Nobel. El 13 de octubre de 1980, el Comité del Parlamento noruego otorgó el Premio Nobel de la Paz al arquitecto argentino Adolfo Pérez Esquivel. El premio, que normalmente hubiera significado un halago para el país, fue un golpe para los militares del Proceso. A partir de allí, Esquivel fue sometido a una férrea censura y una prensa cómplice trató de ignorar el hecho. Para la opinión pública su nombre era absolutamente desconocido. Era coordinador en la Argentina del Servicio de Paz y Justicia, entidad laica cristiana que desarrollaba su actividad en América Latina.

La Iglesia. Emilio Fermín Mignone, en su estudio sobre la actuación de la Iglesia durante el ciclo de la dictadura, realiza un exhaustivo análisis del comportamiento de la cúpula dirigente católica durante esos años. En primer lugar señala el sentimiento de aceptación general que produjo el golpe de Estado en el episcopado. La jerarquía religiosa en el país apoyó constantemente los golpes de Estado, la represión contra los trabajadores y el poder de los sectores económicos más retrógrados. Sobre 80 prelados en funciones, entre diocesanos, castrenses y auxiliares, sólo cuatro adoptaron una posición de denuncia abierta contra los crímenes de la dictadura: Enrique Angelelli, de La Rioja (asesinado el 4 de agosto de 1976); Jaime de Nevares, de Neuquén; Miguel Hesayne, de Viedma, y Jorge Novak, de Quilmes.

Paro general. El 27 de abril de 1979 se produjo el primer paro general convocado contra la política económica de la dictadura militar. Obviamente fue silenciado por la mayoría de la prensa nacional. El gobierno movió todos sus resortes para brindar la imagen de un paro fracasado. La prensa capitalina abundaba en detalles que pintaban una ciudad con un pulso normal. Lo cierto es que el cinturón industrial de Buenos Aires y las principales capitales del interior cumplieron el paro, mientras los medios mentían descaradamente sobre los alcances de la medida. Desde su exilio en Madrid dijo el dirigente gráfico Raimundo Ongaro: "La jornada de protesta nacional no es la obra de iluminados, es la huelga nacional de la dignidad contra un grupo de militares elitistas que desprecian la conciencia nacional y colectiva de los argentinos".

Casta y pura. Comunicación remitida a los interventores de los canales de televisión, firmada por el Comité Federal de Radiodifusión en el mes de agosto de 1977: "(...) Será considerado pernicioso y por lo tanto prohibido para la televisión argentina, el material que incluya aspectos que presenten algún deterioro en la imagen de los padres; justifique la rebeldía de los hijos o conduzca a su ejercicio; desvirtúe el sentido del matrimonio en la relación sexual; presente el divorcio como solución a los problemas matrimoniales; considere una salida justa el adulterio o la infidelidad; contenga el tema del aborto como línea argumental: sólo podrá ser mencionado en forma incidental y cuando obedezca a causas naturales o impremeditadamente accidentales; presente en forma incidental escenas de abandono de niños, ancianos, enfermos o incapacitados mentales o físicos. En todos los casos mencionados, deberán conducir a un desenlace positivo que induzca a la comprensión e integración del grupo familiar o social; presente escenas físicas de prepartos, partos y operaciones cesáreas; no cuide las debidas formas de tratamiento en los casos de adopción, para evitar las incidencias negativas en los niños; contenga referencia alguna sobre el control de la natalidad; ofrezca ejemplos de vida familiar totalmente ajenos a nuestra sociedad y con características disociantes que introduzcan falsos patrones en ella; atente contra el concepto real de sexo, como personalidad realizadora del individuo en función de su destino social; presente escenas que muestren el submundo de la prostitución en cualquiera de sus aspectos; que muestre escenas de violación o incesto; que utilice el desvarío sexual como centro de la trama; que contenga escenas de amor, de danzas, diálogos o fondos estéticos que no encuadren dentro de un marco de decencia o que connoten lascivia, indecoro o exageración compulsiva; que proponga estilos de vida sexual desacordes con nuestra concepción comunitaria".

Principios y procedimientos. "Principios y procedimientos para los medios de comunicación", documento de la Secretaría de Prensa y Difusión de la presidencia de la Nación firmado por el capitán de navío Alberto P. Corti: "1. Impulsar la restitución de los valores fundamentales que contribuyen a la integridad social: orden, trabajo, jerarquía, responsabilidad, identidad nacional, honestidad en el contexto de la moral cristiana. 2. Preservar la defensa de la institución familiar (...) 4. Promover en la juventud modelos sociales que subrayen los valores mencionados en 1) para reemplazar y erradicar los valores actuales (...) 6. Suprimir todo lo que estimule la sexualidad y la violencia. (...) 7. Actuar firmemente contra el vicio en todas sus manifestaciones".

El 6 de julio de 1977, un artículo publicado por la revista *Para Ti* enseñaba a los padres con hijos en edad escolar cómo reconocer la infiltración marxista en las escuelas: "Lo primero que se puede detectar es la utilización de un determinado vocabulario que, aunque no parezca muy trascendente, tiene mucha importancia para realizar ese 'trasbordo ideológico' que nos preocupa. Aparecerán frecuentemente los vocablos: diálogo, burguesía, proletariado, América Latina, explotación, cambio de estructuras, compromiso, etc. Otro sistema sutil es hacer que los alumnos comenten en clase recortes políticos, sociales o religiosos, aparecidos en diarios y revistas y que nada tienen que ver con la escuela (...)." El artículo terminaba con un consejo a los padres: "Deben vigilar, participar y presentar las quejas que estimen convenientes".

Ley 21272. Ley sobre penalidades para quienes cometieron actos de violencia contra personal militar o de seguridad: "El que amenazare, injuriare o de cualquier modo ofendiere en su dignidad o decoro a personal militar, de las fuerzas de seguridad, de las fuerzas policiales o penitenciarias nacionales o provinciales que se hallaren en el ejercicio de sus funciones, será reprimido con prisión o con reclusión hasta diez años."

Incineración. Se produce la exhibición e incineración de bibliografía considerada subversiva (obras de Mao Tsé Tung, Ernesto Guevara, León Trotsky, Fidel Castro; correspondencia Perón-Cooke; fascículos de las colecciones Siglomundo y Transformaciones; etc) ante periodistas locales y corresponsales, en el regimiento de Infantería Aerotransportada XIV, camino a La Calera, Córdoba. El comunicado del tercer Cuerpo de Ejército señala que se ha ordenado la quema "para que con este material se evite continuar engañando a nuestra juventud sobre el verdadero bien que representan nuestros símbolos nacionales, nuestra familia, nuestra Iglesia, y en fin, nuestro más tradicional acervo espiritual sintetizado en Dios, patria y hogar". (1977)

Cultura. Francisco Carcavallo, subsecetario de Cultura de la provincia de Buenos Aires, al informar sobre el plan cultural a desarrollarse en la provincia: "La cultura ha sido y será el medio más apto de infiltración de ideologías extremistas. En nuestro país los canales de infiltración artístico culturales han sido utilizados a través de un proceso deformante basado en canciones de protesta, exaltación de artistas y textos extremistas, teatros de vanguardia u obras en que por transferencia se utiliza sutilmente; musicalización de poemas, actuaciones individuales desinteresadas de intérpretes para grupos de alumnos universitarios o en barrios de escasos recursos, obras plásticas de marcado tinte guerrillero, conferencias de prensa en defensa de 'compañeros' de otros países, actuaciones 'café-concert' en las cuales aparece siempre el 'mensaje' colocado de la manera más inocente posible. Es así como a través de los medios culturales logran influenciar a un sector de la juventud, disconformista por naturaleza, inexperiencia o edad." (1977)

Ideología. Monseñor Pío Laghi, nuncio apostólico, en conversación con periodistas: "El país tiene una ideología tradicional, y cuando alguien pretende imponer otro ideario diferente y extraño, la Nación reacciona como un organismo con anticuerpos frente a los gérmenes, generándose así la violencia. Pero nunca la violencia es justa y tampoco la justicia tiene que ser violenta; sin embargo en ciertas situaciones la autodefensa exige tomar determinadas actitudes, en este caso habrá que respetar el derecho hasta donde se puede..."

Valores. Ricardo Pedro Bruera, ministro de Educación de la Nación, durante la primera Conferencia de Gobernadores organizada por el Ministerio del Interior: "El trastocamiento de todos los valores dentro del sistema educativo es una realidad escolar donde se ha fracturado la relación docente-alumno, y se ha bloqueado también la relación padre de familia-institución escolar. Se han utilizado principios pedagógicos de la llamada pedagogía de la liberación, que fueron penetrando en el sistema educativo. No se profundiza en la pedagogía de los valores y se había caído en una acción disolvente y antinacional de la cultura." (1978)

Capucha. "Entraron a sacarle las vendas. Únicamente la capucha, que le colgaba hasta el esternón, seguía ocultándole el nuevo universo en que había caído. Concluida la breve operación volvieron a dejarlo, derrumbado sobre una colchoneta sucia. Así estaba cuando se abrió una puerta a su lado y alguien entró. Sin verlo pudo darse cuenta, por la forma de entrar, de que debía ser un diablo mayor de ese infierno. El tono de su voz le confirmó rápidamente esa hipótesis. -Sacate la capucha -ordenó. Nuevamente la luz lo encegueció. Esta vez una potente lámpara de 300 bujías pendía del techo. Recién después de un largo parpadeo pudo apreciar con claridad adónde estaba y detener la vista en el hombre que lo observaba al pie del jergón. El hombre que acababa de hablar era alto y atlético. Vestía de sport: un pantalón gris y una remera blanca. Tendría la misma edad del pelado, unos 35 años. La cara le pareció bastante inexpresiva, hasta que comenzó a hablar y sus ojos claros se achicaron con malicia al preguntar:
-¿Sabés dónde estás?
-No -mintió.

-Estás en una institución de la Armada -dijo el desconocido y se pasó una mano nerviosa por el pelo entrecano y levemente ondulado".

Texto perteneciente a *Recuerdos de la muerte*, de Miguel Bonasso.

Cristiano. "La Argentina es un país profundamente occidental y cristiano, no porque esté escrito en el aeropuerto de Ezeiza, sino porque viene de su historia. Por el solo hecho de pensar distinto dentro de nuestro estilo de vida nadie es privado de su libertad, pero consideramos que es un delito grave atentar contra el estilo de vida occidental y cristiano queriéndolo cambiar por otro que nos es ajeno. Eso no es censura, es justicia." Teniente general Jorge Rafael Videla, octubre de 1978.

Televisión. Además de *El derecho de nacer*, otros teleteatros son atacados por la censura: *Viviana* y *La búsqueda* no se consideran aptos para ser emitidos dentro del horario de protección al menor por presentar contenidos nocivos e inadecuados, sostiene el COMFER, y cita que se transgrede de otro modo el artículo 17 de la ley 22.285. Cuando se refiere a contenidos nocivos habla de "situaciones familiares conflictivas e irregulares que provocan modelos negativos en la audiencia". Se prohíbe a Mario Sapag imitar a Jorge Luis Borges y suprimen al "Yéncral González", el personaje de Alberto Olmedo que en pleno gobierno de Onganía divertía a los militares en el set de grabación. Del mismo modo, eliminan el sketch "Las empleadas", sobre empleados estatales ineficientes de *La tuerca*. También se prohíbe el aviso de televisores Hitachi cuyo eslogan es "Qué bien se TV". El entonces secretario de la SIP, Oscar Pastor Magdalena, impartió órdenes precisas a los directivos de noticias en las que se hacía saber que estaba prohibido informar o comentar hechos considerados subversivos, reclamos de las Madres de Plaza de Mayo, procesos judiciales relacionados con estos temas y casos de desaparecidos. Magdalena también prohibió en ese mismo año 1982 una Semana de Preestrenos Cinematográficos organizada por la Asociación de Cronistas Cinematográficos de la Argentina. Durante la Guerra de Malvinas, por cuestiones de seguridad, la Junta Militar estableció pautas para la difusión de la información. La televisión no quedó fuera de estas normas y restricciones. Ordenan que no se dé información que: produzca pánico; atente contra la unidad nacional; reste credibilidad y/o contradiga la información oficial. Socave la convicción respecto de los derechos argentinos; pueda generar disturbios sociales alterando con ello el orden interno; genere sentimientos o actitudes agresivas respecto de las personas y/o intereses de la comunidad británica en el país; procure tendenciosamente afectar la relación con otros países; procedente del exterior, apunte a facilitar el logro de los objetivos psicológicos del oponente; se refiera a operaciones militares argentinas sin que provenga de fuente oficial; exalte el poderío bélico británico o minimice a las fuerzas nacionales; permita conocer el pronóstico meteorológico del Atlántico sur y/o refleje el movimiento de barcos en el Río de la Plata y litoral marítimo.

Testimonios de la Censura
César Luis Menotti* : "El enemigo es muy fuerte"

> "Fue el milagro argentino. Nadie discute que el país ganó el Campeonato Mundial de Fútbol de 1978 antes de que se diera el puntapié inicial. Su organización lograda contra los presagios sorprendió al mundo (...) Los periodistas argentinos que tuvimos que convivir con nuestros colegas extranjeros durante esos días pudimos comprobar cómo en los más honestos de ellos -afortunadamente la mayoría- se disolvían los prejuicios que traían de

sus países merced a la insidiosa propaganda motorizada por las organizaciones subversivas y los ingenuos de siempre (...) Después de cuatro o cinco años de vivir una guerra sucia, la guerra desatada por la subversión, surgió la ocasión de expresar entusiasmo (...) Con los festejos del Mundial mostramos por primera vez en mucho tiempo que estamos orgullosos de ser argentinos." Nota firmada por los periodistas Marcelo Araujo y Mauro Viale, y publicada en la revista *Argentina ante el mundo*, octubre de 1978.

La censura que sufrimos los argentinos a lo largo de toda nuestra historia es ideológica, y tan fuerte que llega hasta las últimas consecuencias. Además, siempre se manejó con impunidad en las dictaduras, pero también se manejó con una impunidad muy jodida durante la última década del peronismo, en lo que se llamó "menemismo". Estos enfrentamientos que marcaron la historia contemporánea argentina se dieron a raíz de que constantemente fueron apareciendo sectores comprometidos que pelearon y forzaron una lucha que podría definirse como una lucha de clases, porque en definitiva era la defensa de los derechos de los trabajadores contra la impunidad de los poderes económicos. Esto sirve para afirmar que la censura permanente a la que estamos sometidos los argentinos no es casual. Todo aquel que busque un cambio real, desde cualquier lugar que lo haga, termina censurado, por ejemplo en sus posibilidades de trabajo. Por supuesto que en el fútbol, que es el ámbito en el cual yo me muevo, no estamos exentos de la censura que reina en el país. El fútbol, durante veinte años, no tuvo lista opositora a la conducción. ¿Esto pasa porque está todo fenómeno? No. ¿Pasa porque hay miedo? Puede ser. ¿Hay otra cosa? Seguro... Esto no pasa porque está todo bien, porque si así

---

* Cesar Luis Menotti fue director técnico de las selecciones de fútbol campeonas del mundo de 1978 y 1979 (juveniles). Jugó en Rosario Central, Boca, Racing, Santos de Brasil y el Cosmos de Estados Unidos.

fuere siempre hay alguien que cree que lo puede hacer mejor y cuestiona al poder desde una lucha política. Puede ser que pase porque hay miedo, como ocurría en algunos gremios. Es lógico que se piense que si uno arma una lista, se tira contra el poder y pierde, su equipo se pueda ir al descenso, no vaya a recibir más un peso porque la plata la maneja el gran negocio del fútbol. Esto es una actitud de censura que domina el gran poder económico que maneja al fútbol. Pero esto pasa porque hay otra cosa, porque no hay una legislación clara. Todo lo que está ligado a los sentimientos de la gente o a la calidad de vida de la gente, como el fútbol, que es un hecho cultural impresionante en este país, es cuestión del Estado. Pero aquí el Estado no decide qué es el fútbol, qué lugar ocupa en la gente. No decide qué lugar ocupa el deporte en la nación y menos en el individuo. Es decir, el Estado no cumple con una premisa básica de su razón de ser, porque tiene la obligación de garantizarle al ciudadano facilidad de trabajo deportivo. Pero no le interesa o no tiene capacidad, como tampoco la tiene para ocuparse de la educación o la salud.

Uno de los temas con los que más me han atacado a lo largo de mi historia como hombre público fue por mi trabajo al frente de la selección durante el Proceso. Y quienes lo hacen se agarran de una circular que la junta militar repartió entre los medios para que no se atacara a la selección. Pero mienten quienes dicen que por eso no me podían criticar. Yo leí ese escrito, que era una sugerencia y se repartió a varios medios de comunicación. Pero lo que nadie dice es que se repartió un mes antes de comenzar el campeonato, cuando a mí me venían criticando duramente desde hacía más de tres años. Y yo a esa sugerencia no le di gran importancia en su momento, como tampoco se la doy ahora, porque cuando se escribió ya estaba todo jugado. Faltaban treinta días para empezar el

Mundial y ya nadie iba a criticar nada, me daba lo mismo y además nadie consultó conmigo para que se redactara ese escrito. Yo me enteré porque me lo mostró un periodista. Ni siquiera sabía que lo iban a hacer. ¿Qué me vienen a hablar de eso cuando aquí hubo una campaña desde varios medios de comunicación para desplazarme de mi cargo? Hasta llegaron a proponer al *Toto* Juan Carlos Lorenzo para reemplazarme ¿O nadie se acuerda de que se podía decir lo que se quisiera en contra de mi persona y del seleccionado durante todo el Proceso? Si en la revista *Goles* se publicaba todas las semanas una selección paralela que, según ellos, debía jugar el Mundial en lugar de la que yo estaba armando.

Dentro de mis posibilidades hablé en aquella época. A pesar de la censura atroz que se estaba viviendo, dije mi verdad. Lo que pasa es que no hubo mucha repercusión, había una gran complicidad de parte de los medios con el poder militar. Al Mundial no lo defendía yo, lo defendían los medios importantes como *El Gráfico, Clarín, La Nación*. Era muy difícil encontrar un canal de comunicación válido para decir lo mío. Una vez, en Mar del Plata, dije por una radio que tenía que volver Mercedes Sosa y casi me matan. Firmé dos solicitadas en plena dictadura, una en el 77 en defensa del movimiento cooperativista y la otra en el 79 en reclamo por los desaparecidos. Y tuve problemas por las dos, sobre todo por la segunda. Mientras que esos que ahora me critican y trabajaban en el diario de Massera no firmaron. Al menos yo nunca vi una firma en ninguna solicitada, ni escribieron nada en contra de la dictadura.

Miguel Angel Cantilo, el presidente de la AFA en aquel momento, habló por primera vez del tema en una cena que se hizo porque se cumplían 20 años del Mundial. Se paró, pidió la palabra y les dijo a todos los jugadores allí reunidos que ellos habían ganado el Mundial en buena ley, que no escucharan todas las pavadas que se decían, y que todos los meses recibía presiones para que me despidiera a mí. Una vez porque yo era zurdo, otra vez porque tenía el pelo largo, otra vez porque había hablado de más, y así. El tema es que una vez por mes lo llamaban al presidente de la AFA desde la cúpula de la junta militar para que me echara. Por eso rescato a Cantilo como el tipo con más huevos que yo conocí dentro de la dirigencia.

El compromiso de Cantilo y el éxito impidieron que yo me quedara sin trabajo. El equipo comenzó a ganar y la gente se empezó a identificar con una idea, entonces se les hacía más cuesta arriba a los que me querían echar. Después de ser campeones del mundo, me llamó Carlos Lacoste y me recibió con Constancio Vigil en su despacho, para pedirme que no hiciera la gira que estaba prevista. Claro, si ya éramos campeones del mundo, ¿para qué arriesgar prestigio? Ni le contesté y fuimos a la gira. Esa era mi forma de comprometerme, de hacer lo que yo creía que debía hacer. Yo respondía a la AFA, no a la Junta Militar. Y la AFA nunca fue intervenida, como sí había ocurrido en otras ocasiones. A Cantilo lo eligió la Asamblea con todos los dirigentes de todos los clubes, no Lacoste. Y a Julio Grondona, lo mismo. Después, lo único que me quedaba hacer era defender lo mío, la naturaleza del juego, tener un mensaje claro con los jugadores. En definitiva estaba haciendo alguna docencia con el plantel al explicarle para qué jugamos, para quiénes jugamos, con quiénes es nuestro compromiso. Ese fue mi mensaje de toda la vida y no lo cambié. Yo tuve muchas reuniones políticas durante el Proceso y se acordó con los compañeros esta forma de encarar el tema. Ojo, a mí nunca nadie me sugirió nada, me dejaron moverme con absoluta libertad, nadie me dio ninguna orden. Lo que no había era una relación periodista-entrenador para hablar de otra cosa. Venía un periodista y hablábamos de fútbol, nadie me preguntaba nada y si decíamos algo no se publicaba. La primera vez que me hicieron una nota en la revista *La Semana* y me preguntaron algo me tiré en contra de los que gobiernan a espaldas del pueblo ¿Eso es una indirecta? ¿Era para que lo leyeran entre líneas? No, era bien directo. Y lo dije. En la misma revista hay una nota de Víctor Hugo Morales en la cual dice que él no es argentino y que de política no quiere hablar. Es ese que ahora me acusa de técnico del Proceso.

Acá la censura estaba establecida en los medios de comunicación. Por eso yo hablaba cuando me hacía alguna nota la prensa internacional. En el año 79 vino de Italia el periodista Gianni Miná y no lo dejaban entrar al país; cuando me enteré lo fui a buscar y lo hice entrar con las cámaras de televisión y me hizo una nota de dos horas que se vio en toda Italia. Desde ese día quedamos muy amigos. Por eso, el problema no era mío, era de los periodistas argentinos que no podían escribir nada político en los medios. Era así: o escribían lo que podían o se iban a trabajar de otra cosa.

No sé qué habría sido de mi vida si Argentina no hubiese salido campeón del mundo en el 78. Creo que me tenía que ir del país, de lo que estoy seguro es de que acá no hubiese trabajado más. Como también estoy seguro de que en el 82 me echó el poder político, los militares, no me echó Grondona. Porque Julio Grondona también me bancó antes del Mundial 82 cuando la junta militar me quería echar por unas declaraciones que yo había hecho. Y una vez lo llamaron delante mío para decirle que me rajara porque tenía el pelo largo, entonces yo, adrede, me dejaba el pelo cada vez más largo. No me gustaba mucho como me quedaba pero me lo dejaba, mi mamá no me miraba, me pedía que fuera a comer lejos de ella porque no podía entender por qué me dejaba el pelo así de largo, le daba vergüenza verme así en la televisión. Desde el día en que le dijeron eso a Grondona hasta el 82 no me lo corté nunca más, en una época en la que metían en cana a los pibes porque tenían el pelo largo.

Esa era una forma de rebelión, de demostrar un disconformismo, en un momento en el que no se podía hacer mucho más. Era eso o irse. Y quiero aclarar que no es verdad que Jorge Carrascosa haya renunciado a la selección en disconformidad con los militares. Jorge, que era el capitán de la selección, me dijo en enero del 78 que se quería ir porque estaba cansado de pelear los premios, de las presiones y de todo lo que significaba ser el referente del equipo. Se había comprado su casa en Adrogué y se quería retirar. Me aseguró que iba a jugar un año más en Huracán y nada más, me pidió que lo liberara de la responsabilidad y dijo que si yo se lo pedía, se quedaba. Por supuesto que le dije que estaba en su derecho de hacer lo que quisiera, que a mí no me debía nada, y se fue. Nada más. Después se inventaron mil historias, pero esa es la única verdad. No queda mucho por hacer ni por defender. La censura avanzó sobre nuestra cultura durante casi toda la historia de nuestro país. Con dictaduras feroces como la última, o en democracia como en la década del noventa. ✂

Mugre y miedo. Texto de Eduardo Galeano, en la contratapa de *Los años del lobo*, de Stella Callón: "¿Qué dimensión tuvo el mercado común de la muerte, en los años de mugre y miedo de las dictaduras militares? ¿Cuántos países abarcó, cuantas fronteras borró, cuántas vidas humanas mutiló o aniquiló? Y, ahora, en plena era de la globalización, ¿qué garantías tenemos contra el regreso del horror globalizado? Hay que conocer lo que ocurrió, para que no vuelva a ocurrir. Por la buena salud de la democracia, que tanto invocan los presidentes en sus discursos, es imprescindible sacar al sol aquellos sucios secretos, guardados bajo siete llaves en los Estados Unidos ("la madre patria") y en nuestros países del sur. Estas páginas abren puertas y revelan la punta del iceberg."

El Cóndor mata. La cifra de asesinados desaparecidos, sólo en el Cono Sur, superaría los 50 mil. En Centroamérica, Guatemala ostenta el doloroso récord: 200.000 personas muertas, la mayoría de ellas a manos del ejército, durante la guerra de 36 años que vivió ese país. El gobierno de Estados Unidos a través de diferentes dependencias, incluyendo la CIA, apoyó a grupos operativos ilegales del Estado en todos los países de América Latina. La Guerra Fría suministró el contexto global de un patológico anticomunismo. Los norteamericanos aportaron instrucción militar e ideológica. La CIA también actuó como intermediaria en las reuniones entre los dirigentes de los llamados "escuadrones de la muerte" brasileños, argentinos y uruguayos. La denominada Operación Cóndor revela los aspectos de una tragedia continental. Unió a las dictaduras del Cono Sur en los años 70-80 con un argumento base: la lucha anticomunista. A partir del descubrimiento de los archivos de la dictadura de Alfredo Stroessner en Paraguay (diciembre de 1992), se pudo acceder a informes clave, y comenzar una nueva reconstrucción de lo que se dio en llamar "la internacional de la muerte". Periodistas norteamericanos difundieron los primeros documentos entre 1976 y 1979. La turbia conspiración norteamericana permitió al escritor y periodista argentino Gregorio Selser escribir una cronología de más de mil páginas sobre intervenciones estadounidenses en

América Latina. Tres de los máximos responsables de esa "guerra sucia" contra nuestros pueblos han sido Richard Nixon, Richard Helms (director de la CIA) y Henry Kissinger, que en estos días dicta conferencias sobre la democracia en América Latina y es recibido como prohombre en la Argentina (el periodista Mariano Grondona le hizo recientemente una nota en su programa *Hora clave,* en el que lo trató poco menos que como a un prócer de la democracia). Pocos se atreven a revisar el pasado del siniestro "Dr. K".

Pautas de calificación. Comité de Radiodifusión, 8 de agosto de 1977. "...capitán de Fragata (RE) Clodomiro Enrique Núñez, interventor del Comité Federal de Radiodifusión: *Pautas para la calificación del material televisivo.*
ADVERTENCIAS: tanto el material filmado, el grabado, o aquel que se emita en "vivo", y ya sea de carácter unitario o seriado y de origen nacional o extranjero, perteneciente a la forma cinematográfica o teatral en cualquiera de sus expresiones, deberán ajustarse a pautas de calificación. Los programas de género periodístico o artístico en general, deberán asimismo regular consecuentemente sus contenidos, con el fin de lograr la compatibilización armónica de todos los mensajes en concordancia con las referidas prescripciones.(...) Será considerado NAP (no apto para televisión) el material que: A) desvirtúe la imagen de los guardianes del orden, presentados como cínicos, despiadados o codiciosos, o tratando al crimen de una manera inescrupulosa o frívola (sic); B) Evidencie agresiones mentales o físicas como la tortura o medios sofisticados de muerte, que constituyen formas sádicas de la conducta humana; C) Justifique la venganza; D) Apruebe o incite el ejercicio de la justicia por propia mano; E) Deje sensaciones de amenazas latentes y reales, creando

estados colectivos de angustia; F) Su trama constituya una constante amenaza de muerte y destrucción; G) Proponga al suicidio como escape al castigo o que lo justifique de alguna forma (sic); H) Que trate las formas delictivas de tal manera que induzca a la imitación o sirva de modelo; I) Identifique a la violencia con la justicia a través de sus argumentos o desenlaces, o se deduzca de estos últimos que la agresión es el único camino válido para llegar al éxito, sin apelar a las formas del amor, la conversión, la persuasión, el propio arrepentimiento o convencimiento, o la toma de conciencia..."

Juan Pablo II. El 11 de junio de 1982, el papa Juan Pablo II llegó a la Argentina. Su viaje fue precedido de una visita al Reino Unido en la que había obtenido un acercamiento estrecho con la jerarquía anglicana. En el momento de su llegada era evidente que el curso de la guerra se había volcado objetivamente del lado británico. A pesar de la censura, las desmentidas y la complicidad de las empresas periodísticas, la derrota era cuestión de días. Se trata de preparar el ánimo de los argentinos para aceptarla.

Los montes Dos Hermanas, Challenger y Kent fueron ocupados tras cruentos combates, en los que las tropas argentinas fueron diezmadas. El capitán de navío Hussey informó a Menéndez que los ingleses exigían la rendición. El gobernador, luego de solicitar la autorización del general García, se reunió con un oficial inglés, el teniente Rose. Durante tres horas los oficiales de ambos ejércitos discutieron los términos de la capitulación. El 14 de junio de 1982 terminaba otro de los muchos capítulos del oprobio militar en la Argentina. Asesinos despiadados y malos gobernantes, la síntesis de una historia negra que los ha tenido siempre como protagonistas. El día 15 de junio cerca de diez mil personas fueron reprimidas en la

Plaza de Mayo por la policía. Leopoldo Fortunato Galtieri no compareció a la cita. El Proceso de Reorganización Nacional tenía sus horas contadas.

Testimonios de la Censura
Roberto Esmoris Lara* : "La manera correcta de pensar".

La manipulación de la información y la censura provocaron asesinatos, desapariciones y condenas públicas injustas. Sin embargo, hay quienes creen que cierto tipo de mordaza no es reprochable. Sobre todo -suelen decir- cuando se la aplica para defender un proyecto común. Lo curioso es que ese mismo argumento suelen utilizarlo los usurpadores y los totalitarios, para quienes la comunidad es una categoría de izquierda. Justamente desde esos términos fueron manejándose en los medios formas sutiles de censura que, con el tiempo, pasaron a convertirse en anécdotas, en hechos menores y hasta "comprensibles", como obligar a decir "el tirano prófugo" en lugar de Juan Domingo Perón.

A fines de los años 50, en las radios y la incipiente televisión de la Argentina, había unos oscuros personajes a quienes se les debían entregar todos los libretos, textos y continuidades musicales, para que les dieran su visto bueno antes de que salieran al aire. Tenían el cargo de Asesores Literarios, pero sus observaciones se centraban, desde luego, en lo que calificaban como una suerte de control de calidad, para evitar alguna que otra "ideología encubierta". Estos asesores, descendientes de aquellos que, años antes, hasta se habían animado a cambiar las letras de los tangos que cantaba Carlos Gardel -"El cuartito azul de la calle Ayacucho", reemplazando a "bulín"; "muchacha"

---

* Roberto Esmoris Lara es periodista especializado en televisión. Actualmente se desempeña como redactor especial del semanario *Tiempos del Mundo*.

en lugar de "percanta"; o "mamá" en lugar de "viejita"- eran como perros de caza. La censura pasaba a ser inevitable, porque aun detrás de la frase más ingenua creían ver "una tendencia política contraria a los intereses del Estado", o una utilización del idioma "con fines populistas".

Había asesores más preparados, que intentaban, pacientemente, una tenaz "bajada de línea". Entre ellos recuerdo a José Rodríguez Pendás, quien llegó a ocupar el cargo de Secretario de Prensa de la Presidencia en el segundo gobierno de Perón. "Hay que hablar de temas livianos y sin comprometer a nadie -decía-, de lo contrario se corren riesgos al divino botón, porque la gente no entiende nada". Y citaba confusamente al poeta Rachid Boudjedra: "¿De qué sirven mis poemas si mi madre no sabe leerlos?". Cuando en los años 70 los marines desembarcaron en Camboya, me tocó hacer un flash en el entonces Canal 7. En la placa se leía: "Invasión norteamericana". Al rato suena el teléfono de la redacción desde Casa de Gobierno, a través de una línea siempre desocupada para esos menesteres. Debía presentarme con urgencia al despacho de Pendás. "¡Te salvaste porque te conozco! -se exaltó-. Ya me pedían tu cabeza. ¿Cómo se te ocurre hablar de invasión norteamericana? La palabra 'invasión' no es correcta. Grabátelo bien -me aconsejó-. Los que 'invaden' son los soviéticos. Los norteamericanos 'intervienen'."

En esa misma época había un especial cuidado con los que, sin ser opositores declarados, no eran políticamente confiables. Para todo lo que fuera información oficial había que utilizar como fuente la agencia estatal Télam y hasta mencionar el número de cable. Pero el mismo control se ejercía hacia adentro. Magdalena Ruiz Guiñazú, que no profesaba simpatía alguna por el peronismo, fue despedida de su cargo de cronista en el noticiero del canal, tras una breve intervención del actor Juan Carlos

Gené. Poco después fue reincorporada como resultado de un juicio que le ganó a la emisora. Para evitar "infiltraciones ideológicas" se la sacó de las notas que hacía en la calle y se dispuso que comentara un cable internacional por edición, frente a las cámaras y con los controles del caso. Como ella no era egresada del Iser (Instituto Superior de Enseñanza Radiofónica) y por consiguiente no tenía el carnet habilitante, no podía leer el cable, función que le corresponde al locutor profesional. De modo que Magdalena debía memorizarlo de punta a punta. Para hacerle más penosa la tarea, el redactor tenía la orden de entregarle el cable 4 o 5 minutos antes de comenzar el programa. La Gerencia en pleno seguía atentamente su comentario, comparándolo con la copia del texto original, para tratar de sorprenderla cambiando una frase o una palabra, y condenarla en consecuencia, cosa que nunca ocurrió. Magdalena tenía una memoria prodigiosa.

El último acto vergonzante de censura en ATC, durante el gobierno de Alfonsín, fue un programa especial difundido a todo el país durante la veda política del día anterior a las elecciones, que finalmente consagraron el primer mandato de Carlos Saúl Menem. Con fragmentos de la película *La República perdida*, y la edición de opiniones de la gente, fraguadas en La Rioja, la Gerencia de Noticias de la emisora pretendió crear un clima de amenaza y desconcierto, para alertar sobre lo que podía pasar si ganaba el justicialismo. Al elaborarse en secreto y con el concurso de personal de absoluta confianza para sus realizadores, no hubo, por supuesto, ningún derecho a réplica, que es la forma más común de la censura. También en este caso hubo una justificación: se dijo en ese entonces que lo que se había perseguido era resguardar el orden. Casi la totalidad del personal del informativo firmó al otro día una solicitada repudiando el hecho, pero, paradójicamente, cuando llegaron las nuevas autoridades nombradas por el justicialismo, la mayoría de ellos fueron despedidos.

Luis Clur, ex gerente de Noticias de Canal 13, fue un hombre en las estrategias comunicacionales durante los llamados "años de plomo". Allá por 1969, cuando cumplía las mismas funciones en Teleonce, fue el encargado de hacer punta con el tratamiento de la información sobre el Cordobazo. Había trabajado durante mucho tiempo como redactor en agencias de noticias internacionales, antecedente que lo hacía confiable para los que diseñaban campañas desde el poder. Teleonce era una empresa privada pero dependía de la cadena norteamericana ABC, de modo que un levantamiento popular tenía que aparecer como un hecho aislado y con otras connotaciones. En estos casos hay una regla del "periodismo sensato": cuando la gente se desborda y lo hace a través de sus organizaciones sindicales o políticas no hay que permitir que el fenómeno se expanda o que actúe como la réplica de un terremoto. Siempre se recomienda hablar de minorías facciosas o de infiltrados antes que de auténticas explosiones sociales que pueden mostrar fisuras en el control del orden público, y si hay algo que distinguía a Luis Clur era su "sensatez".

El Cordobazo pasó por las pantallas de Teleonce con más crudeza que en el escenario real y hasta con "notas producidas" para ahondar el caos. El mensaje final no era otro que aquel que reclamaba "un gran sector de la sociedad": que el general Alejandro Agustín Lanusse tomara las riendas del asunto. Sobre todo porque aparecían en escena las organizaciones político-militares como Montoneros, FAP (Fuerzas Armadas Peronistas) y FAR (Fuerzas Armadas Revolucionarias), apoyadas por grupos que contaban en aquel momento con una amplia inserción barrial y sindical. En 1972 Lanusse acuña su famosa frase "Perón no viene porque no le da el cuero", y aconsejado por su hombre de confianza, el periodista Edgardo Sajón (asesinado por la dictadura genocida del Proceso), utilizó a Teleonce, y por consiguiente a Luis Clur para lanzar una campaña de desprestigio contra Perón. En la intimidad de los despachos se la conoció como "Operativo destapar la olla". El argumento de esa campaña consistía en saturar los noticieros con imágenes de movilizaciones, corridas, bombos y marchitas del folklore peronista, como para convencer a los indecisos de que el peronismo era sinónimo de violencia. Teleonce cumplió prolijamente con el encargo, pero el efecto fue contrario. Lanusse tuvo que ampliar la frase original: "No voy a admitir que me corran diciendo que Perón no viene porque no puede. En mi fuero íntimo -corrigió- no viene porque no le da el cuero para venir". Ya aquella desafiante afirmación con la que había asombrado a las propias Fuerzas Armadas poco meses atrás se había reducido a la intimidad de su fuero.

Diez años después, durante la Guerra de Malvinas, se le vuelve a reconocer a Clur su capacidad para "balancear" la información. "No debemos agregar nada más que lo que dicen los cables -alecciona a los periodistas de Teleonce que dirigía Horacio Larrosa-. En cualquier lugar del mundo hay que respetar el silencio oficial sobre los acontecimientos, de manera especial si lo que se revela puede servirle al enemigo." No hubiera sido un mal consejo en una administración democrática, pero el presidente en ese momento era el ex general condenado por la justicia Leopoldo Fortunato Galtieri. Clur seguramente no ignoraba que la información sobre el frente se manejaba desde un despacho de la Casa de Gobierno, donde una junta de oficiales daba instrucciones al jefe de noticias, Carlos Clavel, y al director periodístico, Horacio Larrosa, para que ilustraran falsos partes de guerra con imágenes sacadas muchas veces de largometrajes comerciales, y las agencias redactaban los cables a partir de lo que documentaba el canal. ✂

Al borde de la guerra. El conflicto del Beagle trajo por primera vez en la historia de la Argentina moderna la posibilidad de una guerra. A partir del mes de julio de 1978 las tratativas desarrolladas entre representantes de los gobiernos argentino y chileno ingresaron en una encrucijada. El gobierno trasandino intentaba colocar sobre la mesa de discusiones el tema del Estrecho de Magallanes. Los militares argentinos centraban su intervención en el diálogo sobre la posesión de tierras en la zona del Beagle. Las tratativas llegaron a un punto muerto. La escalada bélica emergía irrefrenable. La verborragia militarista de los dictadores producía un clima de enfrentamiento. Se esgrimían razones supremas de valor nacional cuando en realidad no eran más que uniformados que habían servido de fuerzas de ocupación de sus propios pueblos convirtiéndose en asesinos a sueldo. Recién luego de dos años, se conoció el dictamen producto de la mediación papal. El 12 de diciembre de 1980, en el Vaticano, el papa Juan Pablo II entregó su propuesta a los representantes de los gobiernos de Argentina y Chile, los cancilleres Carlos Pastor y René Rojas Galdames.

Propósitos y objetivos básicos del Proceso de Reorganización Nacional. La Junta Militar se proponía restablecer la vigencia de los valores de la moral cristiana, de la tradición nacional y de la dignidad de ser argentino. La vigencia de la seguridad nacional, erradicando la subversión y las causas que favorecieran su existencia. La conformación de un sistema educativo acorde con las necesidades del país, que sirva efectivamente a los objetivos de la Nación y consolide los valores y aspiraciones culturales del ser argentino. La ubicación internacional en el mundo occidental y cristiano.

Testimonios de la Censura
Sergio Bladimir Peralta* : "Así paga el Diablo".

> "Se prohíbe la distribución, circulación y venta del número 7 de la revista *MAD*, dirigida por Osvaldo Daniel Ripoll: considerando que el análisis del artículo 'Altar ego' evidencia por su contenido e intencionalidad una agresión infundada y maliciosa contra la función sacerdotal e indirectamente contra la Institución Eclesiástica y los valores de la moral cristiana."
> Decreto 170 del 27 de enero de 1978.

La editorial Sarmiento funcionaba ya en el edificio de Riobamba 280, antigua sede del desaparecido diario *Noticias Gráficas*. Su personal lo integraban cerca de 600 periodistas, empleados administrativos y un centenar de gráficos y otros trabajadores.

La revista *Así* tenía una pequeña habitación en el enorme edificio de cinco plantas, lejos de las oficinas que ocupaba la dirección de la editorial. Esa geografía permitió que recién transcurrido más de un mes desde mi incorporación al personal fijo, Héctor Ricardo García se cruzara conmigo en un pasillo. "¿Qué hacés vos acá?", me dijo, no sin asombro. "Soy empleado tuyo desde hace más de un mes", le contesté tratando de hacer notar que, dado el tiempo transcurrido, él debía aceptarlo. No contestó nada y sé que luego le pidió explicaciones al jefe de *Así*, Marcos de la Fuente. La experiencia con la revista fue mucho más grata que lo esperado. Dentro de su estilo sensacionalista,

---
* Sergio Bladimir Peralta es fundador de la Asociación de Periodistas de Buenos Aires. Tiene una extensa trayectoria en los medios.

al director y al jefe de redacción les sobraba sensibilidad para poner acento veraz en los temas reivindicativos y políticos populares. Además de mi labor profesional, yo me desempeñaba entonces como secretario adjunto de la Asociación de Periodistas de Buenos Aires. Unos meses después fui designado, por elección del personal, secretario de la Comisión Interna sindical de la editorial. Con interminables negociaciones, logramos, entre aumentos de salarios y mejoras en las condiciones de trabajo, el doble franco. Hasta entonces, los trabajadores de prensa disponíamos de un solo día de asueto tras seis jornadas de trabajo. Fue un hecho trascendente que luego se logró concretar en todo el gremio. Los primeros años de la década del 70 fueron prósperos para las conquistas laborales.

En el caso de *Crónica*, el personal sufría los avatares de las clausuras con las que el gobierno de Isabel Perón sancionó al diario. A ellas se refiere García en su libro, atribuyendo a López Rega la responsabilidad de las mismas. El 20 de diciembre de 1974, el gobierno ordenó por decreto la clausura de *Crónica* por tiempo indeterminado, fundando la medida en que se había "atentado contra las buenas relaciones con el Reino Unido". Se usó como pretexto una campaña sensacionalista que realizaba el diario, tendiente a reclutar voluntarios para una eventual invasión a las Islas Malvinas, con la finalidad de recuperar la soberanía argentina sobre ese territorio, usurpado por los ingleses 300 años atrás. Para fundamentar su pretensión, García utilizó las declaraciones del entonces ministro de Relaciones Exteriores de Isabel Perón, Alberto Juan Vignes, quien, haciendo referencia a la ocupación inglesa de las islas, sostenía que había "dos formas de recuperarlas: invadiéndolas o negociándolas". García eligió la invasión y le dio a López Rega y a sus amigos la oportunidad que buscaban para clausurar el diario y, en tanto, apoderarse del mismo. Los trabajadores gráficos y de prensa, sin dejar de tener en cuenta el despropósito del editor, advertimos la maniobra de López Rega y partiendo del punto de vista de que no elegimos a nuestros patrones, ocupamos las instalaciones de la empresa, permaneciendo en ella las 24 horas del día. Fundamentando nuestra actitud, reclamamos la "reapertura inmediata de la fuente de trabajo, la estabilidad para todos los trabajadores de *Crónica* y la defensa de la libertad de expresión". Le comunicamos a García nuestra decisión, quien, advirtiendo que esto también lo beneficiaba, aceptó el criterio agregando que él seguiría pagando los salarios. El personal de la editorial inició entonces activas gestiones tendientes a superar las medidas oficiales, que ponían en peligro no sólo su trabajo, sino también la libertad de prensa. Se entrevistó a ministros, legisladores nacionales y provinciales, dirigentes políticos y sindicales, intelectuales y, por supuesto, colegas de otros medios pues, entonces, la Asociación de Periodistas de Buenos Aires estaba intervenida y el Sindicato de Prensa mantenía una posición favorable a las sanciones y propósitos de convertir a *Crónica* en cómplice del lopezrreguismo.

En tanto se logró crear una Comisión por la reapertura del diario y la libertad de prensa, integrada por personas de destacada actuación política, sindical y cultural, que se reunía y actuaba desde el Congreso de la Nación; el gobierno usaba a funcionarios para intimidar a los trabajadores. Como no les fue posible doblegarlos, buscaron la vía del soborno. Ofrecían enormes sumas de dinero a los dirigentes de la Comisión Interna, invitándolos, al mismo tiempo, a constituir una cooperativa para editar nuevamente el diario. Fueron dos meses de lucha consecuente y apasionada. Ello permitió que dirigentes peronistas -diputados y gobernadores- respondieran favorablemente a los reclamos de la Comisión. Por intermedio de uno de ellos, se logró una entrevista con el ministro del Interior, doctor Antonio J. Benítez, quien se comprometió a solicitar a la Presidente que recibiera a los representantes sindicales. Por supuesto, no ignorábamos que todo esto beneficiaba también a Héctor Ricardo García, que nada podía hacer para salvar sus intereses. Como una salida para su situación, le propusimos entonces editar un diario nuevo, dirigido por sus empleados, que aportarían sus salarios como capital. Partíamos de la base de que los altos tirajes de las tres ediciones seguirían dando las ganancias habituales, de modo que nuestra oferta de convertir nuestro salario mensual en capital no pasaba de ser más que una garantía. Aceptó de inmediato. Pero, al día siguiente, su apoderado, el doctor Hernández, nos llamó para comunicarnos que había convencido a García para que no se publicara nada bajo la tutela del personal. No tengo la certeza, pero es probable que el abogado, en las horas transcurridas desde el acuerdo, haya logrado lo que se concretó de inmediato: editar otro diario con el apoyo del grupo económico que manejaba David Graiver, bajo la tutela del ex ministro de Perón José Ber Gelbard. El director de la publicación sería el general retirado Délfor Otero, ex secretario de Comunicaciones, también del gobierno peronista. El 20 de febrero de 1975, apareció *Última Hora*. Pero este acuerdo concertado con un sector de peronistas excluidos por la política oficial orientada por el lopezrreguismo duró apenas unos meses, ya que tuvo también sus inconvenientes. El diario fue clausurado durante cinco días, con un argumento baladí. El personal de la editorial, que proseguía su demanda de reapertura de *Crónica*, rechazó esta nueva amenaza contra la fuente de trabajo. Exactamente un mes después, el 17 de diciembre de 1975, la Suprema Corte de Justicia ordenó el cese de la clausura de *Crónica*. Normalizada la situación, no hubo dudas. La acción de los trabajadores gráficos y de prensa, en una lucha difícil y peligrosa, había sido decisiva para resolver la cuestión de fondo en los terrenos político, social y legal.

El 24 de marzo de 1976, tres meses y cuatro días después de la reedición de *Crónica*, las Fuerzas Armadas derrocaron al gobierno de Isabel Perón y tomaron el poder. Es sabido que se suspendieron las garantías constitucionales, imponiendo en el país una dictadura que torturó y asesinó a millares de argentinos. Previendo estos hechos, los trabajadores de la editorial, que actuaban sindicalmente para lograr un aumento salarial, resolvieron postergar medidas programadas contra las negativas empresarias, que se sintieron fortalecidas por la suspensión de la legislación laboral que decretó la dictadura. Por otra parte, el resto del gremio transitaba un momento difícil. Los despidos de centenares de trabajadores en diarios como *Clarín, La Razón, Cronista Comercial* y *La Ley;* en editoriales como Abril y Atlántida, y el cierre de los diarios *La Tarde* y *Hoy* creaban la creciente inquietud de la desocupación. En ese clima, García comenzó a hacer anuncios que consideramos reconfortantes. Durante semanas, publicitó que, a partir del 29 de junio de 1976, ampliaría las ediciones de *Crónica* de tres a seis. Y así ocurrió. Sin embargo, nuestro desencanto fue inmediato. La tarea se encaró con la misma cantidad de gráficos y trabajadores de prensa que hacían las tres ediciones. No se empleó a ninguna persona más. En pocas palabras: debíamos trabajar el doble de lo habitual acordado por las leyes, el Estatuto del Periodista y los convenios. Así, creyéndose amparado por la disposición de la dictadura de prohibir las actividades sindicales, se nos obligaba a los periodistas a redactar dos veces muchas notas para que se diferenciaran en otras ediciones, duplicando el esfuerzo. Por su parte, los gráficos se vieron ante la obligación de cerrar dos o tres ediciones, aunque por convenio debían cerrar una. También se obligaba a todo el personal a trabajar horas extras y a cambiar sus horarios de trabajo en forma arbitraria. El director de las ediciones, Ricardo Gangeme, por su parte, manifestó, en un rapto de estrategia política, que este esfuerzo editorial tenía también el objetivo de "fortalecer" la imagen de la empresa ante el gobierno militar. Transcurridas dos semanas de labor anormal y de horas extras que no eran abonadas en su totalidad, tanto gráficos como periodistas consideraron que era físicamente imposible continuar con las agobiadoras jornadas. Basado en ello, se comunicó a la empresa que, en adelante, no se trabajarían horas extras y que, para remediar males, se incorporara a nuevos empleados convocados entre los numerosos desocupados del gremio. La sugerencia fue respondida con el despido de nueve gráficos que no tenían nada que ver con el trabajo de horas extras. En realidad, se trataba de miembros de la Comisión Interna. Colmada su paciencia, los demás gráficos paralizaron sus tareas. No se editaron entonces ni la 4^a. ni la 6ª edición de ese día, como tampoco las tres ediciones matutinas siguientes. Ante la intimación del Ministerio de Trabajo, el personal retomó las tareas ese 20 de agosto y esperó pacientemente la convocatoria a una audiencia para las 15 horas de ese día. En ella la empresa mantuvo irreductible su decisión de despedir tan injustamente a los nueve trabajadores. La resolución ministerial de no aplicar el "no innovar" facilitó su actitud. No obstante, las incongruencias y falsedades empresarias quedaron registradas en actas que también suscribieron representantes de las intervenciones de los sindicatos Gráfico y de Periodistas de Buenos Aires.

Infantes de Marina en acción... El trabajo duro debía seguir en *Crónica*. Tres días después, la tarde del 22 de agosto de 1976, una poderosa fuerza de la infantería de la marina, secundada por efectivos de la comisaría 22ª, cercó el diario, hizo paralizar las tareas e identificó a todos los trabajadores presentes. Se buscaba a diez de los integrantes del personal: dos delegados gráficos, cinco delegados de la Asociación de Periodistas y tres empleados más. Uno de los gráficos buscados, que se hallaba allí, fue detenido. La empresa los acusaba de actividades subversivas. La calumnia fue ampliamente difundida por los colaboradores de García, quien se hallaba, en ese momento, en la Casa de Gobierno, junto a su mano derecha, Ricardo Gangeme. Los trabajadores buscados, que no tenían nada que ocultar, se presentaron ante la intervención militar de la CGT y también ante la de ambos gremios intervenidos. Concurrieron, asimismo, seguros de que se disiparía la calumnia patronal, a previstas audiencias en el Ministerio de Trabajo, durante las cuales, ni el representante legal de *Crónica*, ni los subsecretarios interventores que eran de la Marina, hicieron la más mínima alusión a la acusación de subversión. No obstante, el delegado gráfico detenido fue condenado a cumplir un arresto de 30 días, al cabo del cual salió libre de culpa y cargo. Hubo, eso sí, un allanamiento de infantes de la Marina al domicilio de un periodista que era delegado, sin que se lo detuviera, luego que le registraron su vivienda.

No me extrañé demasiado cuando, al ver que dábamos la cara, Gangeme me mandó decir que quería verme. Con no pocas precauciones, concurrí a la entrevista. Me hizo una sola pregunta: "¿Vos estás en la joda?". No pude menos que reírme. Luego le respondí: "Los que están en la joda son ustedes, ¿no te parece?". Me dijo entonces que García sentía mucho lo sucedido y que me indemnizarían, porque la Marina les había impuesto la lista de los "buscados" para despedirlos. Lo hicieron, pero no pagando lo que correspondía legalmente a los delegados. Claro está, aprovecharon la suspensión de la legislación laboral decretada por la dictadura. ✂

Amenazas. "Seguí transmitiendo sin mayores dificultades mientras en Uruguay hubo gobierno democrático. Cuando llegaron las dos dictaduras, acá y allá, empezaron las dificultades: amenazas, clausuras, interferencias. El 24 de marzo de 1976, leí una noticia de Associated Press que decía que Isabel Martínez de Perón había intentado resistir en el momento en que la detenían. A los señores militares de Argentina no les gustó y simplemente lo secuestraron a Héctor Ricardo García, lo metieron once días arriba de un buque encapuchado y aislado en un camarote.". Relato de Ariel Delgado.

TESTIMONIOS DE LA CENSURA
Tato Pavlovsky[*] :"Somos una generación de derrotados".

> "Había ideólogos que impulsaban a esos combatientes subversivos que en definitiva eran simples instrumentos de ellos. Todos sabemos que son organizaciones marxistas la Comisión Internacional de Juristas, El Consejo Internacional de Iglesias etc. Estos señores son intocables pero usan el arma de la persuasión y de la mentira, contra la mente de los jóvenes. Obviamente que yo estoy con la censura, con la censura moral que evite lo que yo llamo la subversión intelectual." General Ramón Camps, en un artículo titulado "Historia vivida. La guerra contra la subversión", enero de 1981.

Vinieron a buscarme a mi consultorio en 1978. Mi

---
[*] Eduardo "Tato" Pavlovsky nació en 1933. Además de actor y psicoanalista es dramaturgo y ensayista. Escribió alrededor de 20 piezas dramáticas, entre ellas *La espera trágica* (1962), *El señor Galíndez* (1973), *El señor Laforgue* (1983), *Potestad* (1985), *Pablo* (1987) y *El cardenal* (1992).

secretario me hizo un gesto de advertencia frunciendo el ceño, mientras me comunicaba que en el consultorio había dos personas que decían ser gasistas, que querían verme. Inmediatamente me di cuenta de cuál era la situación y le respondí en voz alta a través de la puerta levemente entreabierta que me esperaran diez minutos, o si no, que regresaran más tarde porque yo estaba atendiendo a quince personas, que en realidad eran ocho, y necesitaba más tiempo. Lo que vino después fue todo muy onírico. Cerré la puerta y les dije a mis pacientes que me tenía que escapar y que se quedaran tranquilos, porque a ellos nada les pasaría. En el grupo había personas que estaban estupefactas, en especial porque muchos ni siquiera imaginaban que estas cosas pasaban. Salté por una ventana a la terraza de al lado y por el vidrio vi a mis dos hijos tirados en el suelo en la cocina, con un encapuchado. Según me contó el secretario, el grupo que copó la casa ese día estaba compuesto por doce personas. Yo aparecí en un corredor del edificio de al lado y recuerdo que el portero me dijo que me detuviera, pero yo ni lo escuché, seguí corriendo como un loco y con mis cien kilos de peso y mi altura, pasé por encima de él hasta que me encontré en la calle Cabildo. Mi cabeza iba a mil por hora. Por un lado había logrado escapar, pero no podía seguir huyendo sin mi familia. Lo que se me ocurrió fue tomar un colectivo e ir hasta la comisaría. Todo fue muy loco porque cuando pedí hablar con el comisario le dije que era un médico de barrio y que a mi casa habían entrado ladrones. Como el oficial no sabía quién era en realidad Pavlovsky, salió a jugarse y media hora después volvieron a la comisaría todos y allí empezaron a debatir. Estuvieron reunidos como una hora. Estaban discutiendo qué hacían con mi vida. Yo era consciente de que corría peligro y tal vez por eso, movilizado por el miedo, armé una teatralización. Pedí el teléfono para comunicarme con mi hermano, aunque en realidad a todos los que me estaban escuchando les hice creer que hablaba con Raúl Alfonsín, que en ese momento tenía una función bastante importante en Derechos Humanos. Recuerdo que en voz muy alta dije: Raúl, estoy en la comisaría de la 33 y necesito que me vengas a buscar o mandes a alguien a hacerlo. Después de ese llamado pasó una hora que para mí fue una eternidad y yo seguía allí encerrado. Finalmente apareció el comisario y me preguntó si mi formación era católica. Yo le respondí que sí, que a pesar de mi apellido tenía educación católica y le empecé a nombrar el año en que había tomado la comunión y todo lo que había hecho. Creo que en la pregunta estaba implícito el carácter antisemita de ciertos allanamientos. Cuando ya estaba esperando el machetazo en mi cabeza, escucho que me dice: "mire, váyase caminando despacio". Salí otra vez a Cabildo y mi corazón latía con todo, porque creía que en cualquier momento recibiría el balazo por la espalda. Allí en la puerta estaba el auto de mi hermano y después de eso no volví más a mi casa.

Antes de salir del país, estuve escondido por diferentes casas de amigos en Buenos Aires. Fueron los momentos más feos que recuerdo de todo lo que viví. Es horrible no poder salir ni a la calle y no ver a la familia. Mi casa había sido destrozada, incluso se llevaron cosas y tiraron alquitrán por todas partes. Como no encontraron mis documentos, rompieron todo. En esa oportunidad, Susana Torres Molina, que era mi mujer, no estaba, y por eso creo que nada le sucedió. Con el pasaporte vencido, no me quedó otra alternativa que refugiarme en Uruguay. Allí estuve unos días hasta que mi hermano viajó para traerme algunas cosas más y partí hacia Brasil donde viví dos meses en casas de amigos, mientras hacía el trámite para renovar el pasaporte a través de la embajada. La gente que me venía a ver y quería que yo los atendiera suponía que estaba mejor que ellos, más armado, y en realidad yo estaba hecho mierda.

Tanto en Brasil como en España mi nombre era bastante reconocido, y por eso mismo nunca me faltó trabajo. Me instalé en Madrid, y allí también fui un exiliado de lujo. Se me conocía mucho, había grupos para hacer. Estuve dos años y medio y lo curioso es que nunca puse nada en el consultorio. No colgué un solo cuadro, sólo tiraba almohadones en el piso, y viví todo ese tiempo teniendo muy en claro que era un lugar de transición. Para mí fue muy duro vivir afuera. Extrañaba todo, desde la comida hasta los amigos, las calles, los olores. Susana y los chicos llegaron en agosto del 78. Ella vino con Federico, nuestro hijo, y también estaban Mariana y Santiago, sus hijos. Fue un exilio holgado. El psicoanálisis argentino gozaba de prestigio. Lo grupal era importante. Me ayudaron Pacho O'Donnell y Susana Evans, entonces su mujer. A pesar de todas las ventajas, yo sentía un gran dolor. Extrañaba a mis hijos Martín, Carolina y Malenka, que estaban con Celita (mi primera mujer) en Buenos Aires, a mis padres, a mi hermano Quique.

En realidad todo fue culpa de *El señor Galíndez*. Sin saber lo que vendría para el pobre país, mostraba arriba del escenario cómo era la represión, hablaba de la tortura como institución. Yo no hablaba de la patología del represor, sino de que la tortura formaba parte de la sociedad. Teníamos una misión difícil, que nuestro director, Jaime Kogan, cuidaba mucho. Había que seguir un eje teórico que consistía en que el enemigo era el sistema (representado por el teléfono), no los hombres. La idea era mostrar que detrás de los torturadores y las víctimas había todo un sistema que estaba dando órdenes de cómo debían hacerse las cosas. Por otro lado, en el escenario salían a la luz la ternura, las depresiones, lo común que pueden tener estas bestias de hombres con cualquiera de nosotros. Era un teatro de amenaza. Lo único que pasaba era que yo en un momento la tomaba a Felisa Yeny (La Coca) de la cabeza y Pachi Armas (Pepe) colocaba a Berta Drechsler (La negra) desnuda en una camilla inclinada. Pachi le daba la picana a Alberto Segado para que la torturara, pero él sólo le tiraba soda en el cuerpo desnudo. Segado agarraba la picana con música altísima, pero no tocaba el cuerpo. Sin embargo, todo el mundo hablaba de la escena como si hubiera ocurrido la tortura. Lo que mostraba la obra es que de alguna manera muchos torturadores argentinos y latinoamericanos estaban ideologizados. Torturaban pensando que estaban luchando por la Patria. Esto sería Astiz, un chico atractivo que hacía Alberto Segado. Fue un verdadero trabajo de búsqueda. Otra de las cosas atractivas que tenía la puesta es que mostraba a dos torturadores muy pesados que conocían la mano de obra, pero también estaba Eduardo, un nuevo torturador que había leído los libros de Galíndez y quería aprender de esos monstruos. Estos les daban una paliza bárbara pero él parecía disfrutarlo porque en realidad estaba aprendiendo de ellos. En noviembre del 74 pusieron la bomba en el Payró, que arrancó la puerta, y todos quedamos muy shockeados.

En el 75 hicimos una gira por Europa. Vittorio Gassman la vio en Roma y me vino a saludar, impactado. Fuimos al Festival de Nancy, a París. Hubo una gran resonancia internacional. En el 76, la obra representa a la Argentina en el Festival Mundial de Teatro de Caracas, donde ganó el premio Juana Sujo. Y ese mismo elenco en el que yo no estaba, lleva la obra por Latinoamérica: Costa Rica, Colombia, Puerto Rico, etc. Después del golpe militar, la compañía, por temor a represalias, decidió no regresar.

Siempre me consideré un militante de la cultura. Un escritor de artículos comprometidos, y nunca me desdije. Siempre pensé lo mismo, hasta hoy...

Corría el año 1977 cuando pusimos en escena *Telarañas*. Una pieza tan fuerte como ese terremoto impresionante que en el mes de noviembre destruyó en un segundo la ciudad de Caucete, en San Juan. La empezamos a ensayar en 1976 con Zulema Katz, y el director era Alberto Ure. Pero ocurrió algo muy triste. En esos días mataron a Paco Urondo, el ex marido de Zulema, y ella se asustó tanto que decidió irse del país. Nuestro trabajo quedó en suspenso. En el contexto de la dictadura estrenar *Telarañas* tenía algo de quijotada, porque era un alegato contra el fascismo instalado en la familia. Pasó un año y con Ure la retomamos en el 77. Aunque yo era consciente del peligro que se vivía en el país, me parecía que era un hecho estético que no atacaba directamente al gobierno, sino lateralmente, y que a pesar de lo fuerte que era la puesta, suponía que nadie se molestaría. La obra mostraba una familia donde el padre juega a la ruleta todo el día, la madre tiene una relación incestuosa con el hijo, y un día, vienen a hacer un allanamiento. Para evitar problemas nosotros decíamos que, en realidad, los que venían a la casa a investigar al "pibe" eran gasistas. Estos hombres empezaban a interrogar al joven interpretado por Juan Naso, y le pegaban. El padre, en lugar de ponerse loco, se entusiasmaba con la paliza que le daban al hijo y él mismo se unía al grupo porque suponía que ese era un gesto de virilidad. Finalmente, el propio padre le pegaba al hijo más que los torturadores. ¿Qué pretendíamos mostrar? El hecho de que la violencia estaba instalada en la misma sociedad. De golpe, esta escena motraba algo que tambíen se dio en la época de Hitler con respecto al nazismo. Allí se podía ver claramente esa telaridad, o el subtexto, de la sociedad. Es decir que Hitler no se puede pensar como un monstruo que salió de la nada. Desde 1800 y pico Alemania ya era nazi, y cuando Hitler llegó al poder, lo que hizo fue ejecutar desde la mano del Estado algo muy deseado por el resto. La gran mayoria que votó a Hitler fue la misma que permitió los grandes crímenes. No hay dictadura que no se apoye en la complicidad civil de un sector de la población.

Por eso en Argentina, esa frase "por algo será" no era patrimonio de una minoría. Un sector amplio de la población aprobaba silenciosamente las desapariciones. O las ignoraba, que es lo mismo. Los pequeños "videlistas" surgieron en las mejores familias. Brotaron por todos lados. No es casual que los grandes represores estén sueltos. En *Telarañas* era muy fuerte ver cómo la madre no hacía nada y el padre se entusiasmaba con la situación. El elenco era buenísimo. La obra adquirió un volumen impresionante. A mí se me ocurrió que la diéramos al mediodía. Y bueno, el día que estrenamos, el teatro Payró se llenó. Abundaban los trompazos en la cabeza del pibe, que yo le daba. Nunca vi actuar con tanta ferocidad. Tina Serrano hacía de madre, era una actriz sin límites. Y los gasistas torturadores eran Héctor Calori y Arturo Maly. La obra tenía un carácter explosivo. Sin embargo, sólo pudimos dar dos funciones más, porque nos llegó la orden de bajarla. La única crítica que salió fue publicada en *La Prensa*. Y nos daba con todo: decía que el texto era una subversión contra la familia y sus valores tradicionales. ¿Cómo nos prohibieron? Un tal señor Freixas, funcionario de la Municipalidad, nos mandó llamar. Y el discurso que nos hizo fue muy claro. Dijo que había visto la obra y la había disfrutado, pero que éramos gente de bien y no podíamos mostrar algo así, que atentaba contra la moral y las buenas costumbres de la familia. En ese momento yo cometí un error, lo que se llama un mal diagnóstico de la situación. Le dije que, por mis hijos, yo no podía sacarla, que lo hiciera él. No medí el peso de la dictadura. Entonces este funcionario del Proceso me contestó que podíamos darla otra vez y que luego él la sacaría por decreto. Cuando salimos de ahí, nos dimos cuenta de que tanto Ure como yo estábamos aterrados. Y no se pudo hacer la tercera función porque el Payró por precaución cerró las puertas.

¿Qué decía el decreto? Que la prohibían por razones ideológicas, por atentado a la moral. Porque *Telarañas* estaba directamente encaminada a conmover los fundamentos de la institución familiar, tal como ésta resulta de la concepcion espiritual, moral y social de nuestro medio. La noticia salió en todos los diarios el 26 de noviembre. Después del decreto, como consecuencia, nos cancelaron en Villa Gessell un contrato para una temporada de *Extraño juguete*, otra obra que yo representaba y que era de Susana Torres Molina. De pronto, tomé conciencia de lo vulnerable que era. Mis actuaciones públicas eran muy visibles, estaba catalogado como un psicoanalista de izquierda. En fin, me di cuenta de que corría peligro, de que si alguien me venía a buscar, nadie podía defenderme. Por eso cuando en el 78, creyendo que ya todo había pasado, mi secretario me dice que hay dos "gasistas" que quieren verme, lo único que se me ocurrió fue escapar por los techos.

Susana no volvió enseguida. Ella se quedó más tiempo en Europa y yo empecé con muchas dificultades a tratar de instalarme otra vez en Buenos Aires. Me sentía perdido, un poco raro. Fue una época de muchos cuestionamientos. No sabía si tenía que dedicarme sólo a los grupos o al teatro. Me ayudó mucho poder hacer *Cámara lenta* en el 81, con Carlos Carella y Betiana Blum. No puedo dejar de agradecer el apoyo que recibí de Susana Evans, mi última mujer. Todavía somos referencia, y lo que los jóvenes valoran de nosotros es la coherencia, la ética... Por eso siempre dije lo mismo y mis obras están hechas para teatros marginales. Nunca me presentaría en el San Martín. Nosotros somos una generación de derrotados. Pero muchos, como yo, tuvimos la suerte de salir vigorosos de entre todas las derrotas y haber atravesado un período histórico impresionante: el Mayo francés, Perón, el Cordobazo, el 73, el 76, la dictadura... Fuimos testigos de muchos movimientos internacionales, sufrimos el exilio. Yo me siento muy testimonial y eso me gusta.

Con respecto a lo que pasaba con el psicoanálisis en la época de la dictadura, en realidad no se ha escrito mucho. Pero yo creo que en Buenos Aires durante el Proceso, el lacanismo creció mucho y produjo grandes eventos. Por otro lado, también es verdad que muchos psicoanalistas que se quedaron en la Argentina durante la dictadura fueron verdaderos baluartes de la resistencia. ✂

Testimonios de la Censura
Oscar Martínez Zemborain* : "La otra historia".

> "Ratificamos que creemos en el contenido, el valor, la fuerza y la vigencia del sistema de vida occidental y cristiano; creemos en el espíritu de Occidente del que se nutre; creemos en la doctrina social de la Iglesia como marco de referencia básico para interpretar la realidad económica y social y los procesos de cambio de nuestra época. Creemos en la vida, en la libertad, pero también en la censura de ideologías perniciosas y disolventes." Brigadier general Orlando Ramón Agosti, en un discurso pronunciado en el 102 aniversario del nacimiento de Jorge Newbery, mayo de 1978.

"No me explico cómo esa cara puede representar a

---
* Oscar Martínez Zemborain es periodista. Fue subgerente de Noticias de Argentina Televisora Color y director de Radio Nacional durante el gobierno del Dr. Raúl Ricardo Alfonsín. Trabajó en los diarios *Clarín* y *La Razón*.

Clarín", fue la frase que dicen que dijo Roberto Noble, el entonces director, fundador y propietario del principal diario argentino desde hace décadas, refiriéndose a un redactor que en horas inusuales para un matutino estaba dándole a la Lexicon 80, en la Redacción. De ahí al despido, un paso, porque *esa cara...* Esa cara fue seguida por otras quinientas, más o menos, integrantes del lote de despidos con el que, cíclicamente, el diario renovaba sus huestes. Tocaba a su fin la década de los 60 y comenzaba otra que estaría preñada de conflictos, enfrentamientos, mucha sangre y rapiña.

En aquellas épocas, el director, Roberto Noble, solía recorrer por lo menos una vez al año la Redacción del diario. En general lo hacía en horas de poco trabajo, seguramente para no entorpecer. Así las cosas, hacía su recorrida rodeado por ejecutivos y asesores, que a lo largo del trayecto iban dando explicaciones de cómo estaban las cosas en "el gran diario argentino".

Los acompañantes del director venían distraídos conversando, cuando casi se llevan por delante al altísimo *número uno*, que había frenado de golpe para observar la única cara que a esas horas estaba "remando" para mandar a taller lo de "hoy, para nosotros" y dejar algo "de séptima".

Así, podríamos decir, comenzó la etapa rica y durísima que nos tocó en una pequeñísima porción protagonizar y que desembocó en la dictadura militar más sangrienta, corrupta y cobarde de toda nuestra historia.

No tengo más remedio que hablar de mí -aunque nunca fui amigo de la primera persona- para explicar algunos pasos dados, porque de otro modo habría cosas que no se comprenderían. Después de haber hecho colaboraciones de poca monta en el interior, un amigo, que trabajaba como cronista de Sociales en *Clarín* me ofreció la posibilidad de reemplazarlo, porque había decidido cambiar de oficio. Fue una de mis primeras emociones, porque significaba poder entrar a un diario, aunque fuera en esa sección. El que decidiría mi suerte laboral y profesional no era otro que el mismo gerente general. Aunque me sentía seguro de poder pasar la prueba, confieso que por momentos me dio miedo enfrentar aquel "cruce del Jordán". Desde entonces, siento que estoy y permanezco viviendo en la otra orilla.

Los cambios profundos que se avecinaban hicieron que mi situación se planteara casi insostenible en aquella sección, manejada por años por un matrimonio. El destino fue Información General, en el turno de guardia y alcance, de 20 a 2 de la mañana, con Horacio Tato como jefe y Raúl García como redactor. Dos profesionales de primer nivel. Aunque también mis jefes circunstanciales fueron Osvaldo Bayer y Pepe de Tomás, entre otros.

En el diario existía un principio de movilización que, en un comienzo, era subterráneo, por temor a las represalias. Recuerdo que la primera propuesta que recibí para participar en una reunión que pretendía analizar aquel presente y nuestro sitio en él, fue de un gran tipo: Horacio Ramos, que era un hombre sin prejuicios, cosa poco frecuente.

Hartos ya de estar hartos... los periodistas de *Clarín* protagonizaron la primera gran batalla por una recomposición salarial, que terminó victoriosa y con la obtención de un aumento de 90 mil pesos. Aunque no podría traducir esa plata a valores de hoy, la cifra era muy importante. En el fondo, el resultado de ese conflicto significó la pulseada que permitiría poner la "pica en Flandes" en *Clarín* y en el conjunto del gremio. Fue a partir de ese conflicto que la relación de fuerzas se modificó.

Comenzaba la década del 70 y con ella toda una riquísima experiencia. Tal vez una sola palabra resuma o sintetice, si se puede, la realidad vivida en el diario y en el gremio: solidaridad. La fuerte organización gremial de *Clarín*, líder del movimiento de prensa, sólo garantizó la defensa de los intereses de la gente y le garantizó a la empresa un nivel de rendimiento y un grado de profesionalidad como hasta ese momento no se había registrado. Los tiempos políticos se iban acelerando y se agudizaba la contradicción entre el gobierno de Isabel Perón y el golpismo de militares y cómplices civiles que mintieron antes, durante y después de derrocar al gobierno constitucional. Eso hizo que la violencia empezara a instalarse en el gremio.

El fenómeno de *Clarín* fue inédito y ha hecho historia en el sindicalismo. Durante cinco años, el control estuvo dado por la Asamblea del personal. Tanto en la Redacción como en el resto de los sectores, incluido el gráfico, había gente pensante y de la más variada extracción política y profesional. Las elecciones en la APBA (Asociación de Periodistas de Buenos Aires) de marzo de 1972, en la que volvió a triunfar el oficialismo de la lista Azul y Blanca, generaron una incipiente oposición representada en la Lista Marrón, el núcleo de una dinámica corriente que fue armando un sitio en el que muchísimos independientes de las grandes agrupaciones del momento tuvieron capacidad de expresión. Fue el semillero que dio paso a una verdadera corriente de oposición que se plasmó en lo que se dio en llamar la Lista Naranja, seguramente triunfadora en las elecciones que abortó el gobierno de Isabel, en agosto de 1974, con una marcada participación fascistoide de la llamada Lista Verde (ortodoxia peronista). Después del baño de sangre de las Tres A, primero, y de la dictadura de Videla, después, algunos amigos que militaban en esa nefasta Verde tuvieron lugar para el arrepentimiento, cosa muy positiva. También es cierto que lo terrible de aquella época era el absolutismo con que impulsábamos nuestras ideas, que hacía que sólo existieran blancos o negros, sin grises y, menos, matizados.

La Lista Naranja, además de tener en su seno al peronismo del denominado Bloque, se nutría de una considerable corriente independiente y de izquierda. Era mayoritaria, por lo que estaba en condiciones de presentar exitosa batalla para la renovación de la APBA. El oficialismo peronista, por no correr el riesgo, intervino la asociación.

En aquel violento marco, fue un hito del momento el secuestro de un directivo de alto nivel del diario Clarín, por parte del guerrillero ERP 22, un desprendimiento del Ejército Revolucionario del Pueblo, para obtener la publicación de un comunicado en la mismísima tapa del diario. La reacción no se hizo esperar, ya que las huestes que decían ser a voz en cuello de las 62 Organizaciones Peronistas y la CGT la emprendieron a tiros y bombazos contra el edificio y los trabajadores de Clarín, con graves consecuencias para la salud de una telefonista, que en el momento de la *hazaña* estaba a cargo de sus responsabilidades. Ya todo empezaba a enrarecerse y agravarse con progresión geométrica.

La organización sindical estaba, aparentemente, intacta, ya que se fortalecía la estructura, no se producían despidos sin justificación y el nivel de los salarios más o menos se mantenía, aunque no escapaban al deterioro que la economía sufría. En realidad, las empresas, como nunca, se habían asociado para terminar con aquella organización, porque la voracidad y la miopía que caracterizaba (algo subsiste hoy) a la clase dirigente en grandes porcentajes, impidió que advirtiera que una organización sindical sana y sin corrupción, e independiente, favorece el desarrollo de cualquier empresa. Es como la existencia de la democracia, conveniente y favorable a la sociedad.

Otro hito en la historia de la APBA fueron las frustradas elecciones de agosto de 1974. Acababa de morir Perón, el 1º de julio, y eso había conmovido a la sociedad, peronista o no peronista. Por decisión de Perón, su mujer, Isabel Martínez, lo sucedió en la conducción del país. Dramáticamente, también, la historia mostró el lado oscuro de aquel corazón. El accionar de la criminal Triple A, organización parapolicial y paramilitar que repartía penas de muerte a diestro y siniestro, producto de "juicios" sumarísimos realizados por un grupo de simples asesinos, hizo irrespirable el aire en la Argentina. Ese fue el marco en que la APBA sufrió una intervención del Ministerio de Trabajo, que se impuso en el antiguo cuarto piso de la Avenida de Mayo 1209, con armas largas y de las otras. Una mafia política había usurpado el patrimonio que era de todos los periodistas, aunque lo que no pudo robar fue lo más valioso, la conducción gremial, que continuó en manos del Cuerpo de Delegados.

Se iniciaba una nueva etapa, con la conducción real del Comité Ejecutivo de Delegados, de la mano del cual se consolidarían conquistas memorables como el doble franco semanal, la jornada de seis horas y la intersindical con el gremio gráfico.

Pero aquel período estuvo también jalonado por mucho dolor y riesgo. La Triple A no paraba de actuar y los enfrentamientos con sectores de la guerrilla eran cada vez más frecuentes y graves. Desde la intervención a la APBA y el recrudecimiento de la violencia, la situación era cada vez más preocupante y resultaba dificultoso el desarrollo sindical en medio de ese panorama. No obstante, el gremio seguía vigoroso, a pesar de los golpes recibidos. Por esas razones, siempre valoramos el apoyo prestado por el radicalismo de la Capital, que entonces dirigía don Juan Trilla, un demócrata que probablemente no compartiera muchos de los planteos sindicales que allí se hacían y jamás negó los salones y las oficinas de la sede de Tucumán al 1600. Allí, cabe recordar, se realizó la asamblea general del gremio que trató el convenio colectivo de 1975, aún vigente.

El quiebre del movimiento gremial interno de *Clarín* fue realizado como se explicó más arriba. Aún faltaba el remate: lo lograría Francois, seudónimo o nombre de fantasía de un escriba del cotidiano, gestor del respaldo político a la decisión del diario de despedir masivamente a centenares de trabajadores, en este caso encabezados por la Comisión gremial. Ese respaldo político se obtuvo de la CGT de Casildo Herrera y de las 62. Tampoco faltó la gestión exitosa ante el general Roberto Viola, entonces segundo de Jorge Rafael Videla, como jefe del Estado Mayor del arma, quien apoyó enfáticamente la iniciativa.

Caluroso verano porteño del 76. Una cantidad importante de miembros de la interna había alquilado una quinta, para tomar juntos unos días de descanso cerca del diario, porque se sospechaba que el clima reinante podría traer derivaciones. Así fue que el 3 de febrero los delegados recibieron un telegrama que marcaba el final de la historia, por lo menos de esa etapa.

Aunque se respiraba un clima extraño que anticipaba cualquier cosa, recibir el sablazo fue duro. De ahí para adelante se movilizó toda la gente del diario y buena parte del gremio. Por primera vez en la historia de *Clarín*, el diario dejó de salir varios días, a pesar de que la empresa había logrado desgastar a los trabajadores con el quiebre interior provocado por el soborno a uno de los delegados. Interminables asambleas dieron la desigual batalla, hasta que apareció la "invalorable" ayuda de los Montoneros, que decidieron actuar a espaldas de todos y "resolver" el conflicto ametrallando la casa de uno de los gerentes del diario. Estamos hablando de febrero de 1976, es decir, a un mes del golpe de Videla, Massera y Agosti. Ese acto "revolucionario", y desarmar la protesta logrando que la gente volviera a su lugar de trabajo fueron una sola y misma cosa. La cuestión fue sencilla, porque a partir de la hazaña montonera, un periodista vinculado ideológicamente al MID aprovechó legítimamente el "favor" recibido y propuso seguir la lucha desde adentro. El apoyo fue inmediato y unánime. El miedo nunca fue zonzo...

A partir de ahí, la última parte de este final casi anunciado, que gente como uno tiene la dicha de poder contar. El descabezamiento del movimiento sindical trajo aparejadas dificultades para reunirse y coordinar acciones en defensa de ese ataque al que estaban siendo sometidos los periodistas, incluso hasta por la falta de recursos, porque había que buscar trabajos que siempre eran eventuales y conseguidos por la generosidad y solidaridad de algunos pocos que estaban adentro de algunas redacciones.

Ese 24 de marzo terminó por quitar las caretas, aunque algunos quisieron ver que se había terminado con un régimen de desgobierno agobiante y que lo que venía mejoraría la situación. ¡Qué ingenuidad! Pensar que quienes habían generado un clima psicológico sobre la base de la mentira y del desastre del gobierno de Isabel Perón y José López Rega habrían de usurpar el poder para "salvarnos".

Aquel fatídico día de marzo, el plan armado comenzó a devastar el país en todos los órdenes y latitudes, para lo cual había que perseguir, encarcelar, torturar y eliminar a los disidentes, disolver los partidos y entregar los sindicatos a los militares, como si se tratara de destinos castrenses, rentados. ¡Ah! Y crear la CAL (Comisión de Asesoramiento Legislativo), integrada por un general, un almirante y un brigadier para representar al pueblo y legislar (?). ¡Cuánta soberbia, maldad y corrupción!

Aquel Comité Ejecutivo formado desde la intervención de Isabel Perón a la APBA se reunía con bastante frecuencia, pero con creciente dificultad, porque la represión se agudizaba día a día. Frente al agobio, se advirtió que una salida al exterior era la posibilidad de denunciar afuera lo que estaba pasando. Por eso, se apuró la formación de la delegación que participaría de la fundación de la FELAP (Federación Latinoamericana de Periodistas) en la ciudad de México, que encabezaría Héctor Demarchi, secretario general de la Comisión de *El Cronista Comercial* y columna vertebral del Comité Ejecutivo de la APBA. Precisamente, el Negro Demarchi fue secuestrado en la puerta del diario, en un camión de clearing bancario el 5 de agosto de 1976 (aún permanece desaparecido), adonde había ido a recibir información sobre su viaje a México. Iba acompañado de otro periodista, a quien los secuestradores le indicaron que se fuera, porque el asunto no era con él.

Ese día tomamos conciencia violentamente de quiénes eran los que nos "gobernaban". No sabíamos qué hacer. Recorríamos redacciones pidiendo ayuda para recuperar al Negro. Hablamos con su madre para que encabezara un reclamo judicial de hábeas corpus, porque los abogados que se habían atrevido a presentarlos habían sido secuestrados cobardemente. El terrorismo de Estado estaba mostrando su verdadera fisonomía.

Indicios y versiones sobre el lugar y estado de detención del Negro Demarchi tuvimos varios, pero nunca certezas que nos permitieran actuar con mayor firmeza. La diáspora había comenzado a gestarse, aun dentro del país. No resultaba fácil encontrar a los amigos como antes.

Aunque no habíamos tenido otras muestras de persecución que se sumaran a la del Negro, con tino un amigo reunió a un pequeño grupo y expuso las razones por las que nos debíamos ir del país. Gracias a la tozudez de un antiguo amigo, en abril de ese año del golpe gestioné el primer pasaporte en 30 años de vida. Entonces argumentaba que no necesitaba pasaporte, porque no había razón para que me fuera de la Argentina: no había hecho nada malo o ilegal. ¡Qué ingenuidad!

El 13 de agosto comenzamos un periplo que parecería interminable a la ciudad de México, enormemente hospitalaria y generosa.

La primera noche que dormí sin sobresaltos ni miedos fue en el Distrito Federal azteca. Dos periodistas y un docente universitario nos ayudaron mucho a nuestra llegada, que se completó días después con el arribo de Inés y mi hijo Manuel. Llegaron bien, después de sortear algunas trampas puestas por el militarismo argentino, que tenía entonces brazos largos que llegaban a Brasil, lugar por donde salieron.

Esos dos periodistas fueron Genaro Carnero Checa, secretario general de la FELAP, exiliado peruano de piel endurecida y muy solidario, y Carlos "Quito" Burgos, también muy solidario, que figura como desaparecido, por haber formado parte de la locura del intento de copamiento del regimiento militar de La Tablada, en enero de 1989. Y Rodolfo Puiggrós, ex rector peronista de la Universidad de Buenos Aires.

La resentida salud de Inés, que de chica había tenido un reuma infeccioso, hizo que a los pocos meses de estar en aquel país, un grupo de buenos amigos y compañeros pagaran nuestros pasajes de avión para que nos trasladáramos a Madrid, donde años después ella fue operada del corazón con todo éxito. Desde estas páginas quiero dar mis sentidas ¡gracias! a México y a su pueblo por todo lo que allí recibimos. Y confesar mi pena por no haber podido volver nunca a pisar esa tierra.

La capital española también nos recibió con los brazos abiertos, y cambió definitivamente nuestras vidas. Allí Inés y yo nos separamos, porque se había extinguido la esencia de la vida entre dos personas, y pude rehacer mi vida con Ángeles, a quien conocí en su propio exilio como periodista, por haber compartido la causa de todos de no dejarse avasallar por los miopes. Con ella, a quien a pesar del tiempo transcurrido (más de 20 años) y los contratiempos vividos, sigo amando, armamos una familia que nos llena de orgullo con los hijos que cada uno aportó y los dos que tuvimos y que se sumaron a la aventura de vivir. Hoy, la vida nos encuentra más unidos que nunca, y también porque Manuel necesita cada vez más de todos, allá en su dolorosa Nueva York no natal.

Se acercaba la posibilidad de la vuelta, porque el ciclo histórico decía inexorablemente que cuando se acabara el recurso económico de los usurpadores, estaríamos a punto de recuperar la democracia. Tengo la sensación de que aquella experiencia caló hondo en la piel y la memoria de nuestra sociedad, como para que no se repita la fatalidad.

Todos trabajábamos por el regreso a la democracia y, muchos, por el regreso al país. Nos entusiasmaba poder ver el fin de la dictadura; sentíamos, aliviados, que alejaba el fantasma de lo que había sido la eterna dictadura franquista en España. Y la satisfacción de volver al pago después de casi ocho años, muchos para nuestro gusto, gracias al ACNUR (Alto Comisionado de las Naciones Unidas para los Refugiados). El mismo ACNUR que en la época anterior al golpe, y después, tuvo en Buenos Aires a ese delegado llamado Guy Prim, que puso en riesgo hasta su propio cuello para salvar gente del asesinato y la cárcel. También nuestro homenaje y agradecimiento.

La vuelta tuvo sus complicaciones, porque muchos de los viejos amigos ya no estaban, porque en esos años habíamos cambiado y porque los que habían soportado estoicamente el exilio interior también habían cambiado. La marca de exiliado, para una buena porción de la sociedad, no era motivo de orgullo, por lo que el reencuentro tardó años y el precio pagado fue realmente alto. Hasta con las propias familias.

A los pocos días de llegar tuve el honor de ser convocado por el presidente Raúl Alfonsín, quien, generosamente, me invitó a trabajar en el proyecto democrático. Sucesivamente, me desempeñé como secretario general de Redacción de la agencia de noticias Télam, subgerente de Noticias de ATC y director de Radio Nacional. Luego de eso fui asesor del canciller Dante Caputo y durante dos años lo acompañé en la Cámara de Diputados de la Nación. Como en el exilio, cuando pude trabajé en la profesión, en diversos medios escritos y electrónicos.

Hay lecciones que la sociedad está aprendiendo costosamente. El enfrentamiento que ha caracterizado la cultura nacional por décadas o centurias, parece estar dando paso a la tolerancia para convivir todos un poco mejor. Aunque algunos lo crean simplista o reduccionista, en otras épocas no muy lejanas no existían en Buenos Aires un antiguo monumento a Urquiza y otro en homenaje a Juan Manuel de Rosas y a escasos metros del anterior, en Palermo. También, llama positivamente la atención que existan hoy calles con el nombre de Juan Perón, Arturo Illia, Ricardo Balbín, Alicia Moreau de Justo o Azucena Villaflor, aquella Madre de Plaza de Mayo, desaparecida a manos de un marino cobarde y desalmado. ✜

La Guerra de Malvinas
Guerra, Medios, Censura

Malvinas 1
Raúl García* : "Lo peor de este país es la autocensura".

> "Yo vencí a la subversión en su centro de gravedad, en Buenos Aires, y me siento orgulloso de ello. Y asumo toda mi responsabilidad y la de los treinta mil hombres que conduje a la lucha. Lo que ocurre es que Occidente no tiene vocación de triunfo. Nos avergonzamos de nuestras ideas y acciones. Así, acabamos pidiendo disculpas por haber triunfado." General Camps, en una entrevista publicada por la revista española *Pueblo,* en febrero de 1983.

Antes las agencias tenían un rol más importante entre los medios que ahora, entre otras cosas por el desarrollo tecnológico. Obviamente no fue nadie a cubrir Malvinas porque era imposible hacerlo en ese momento, pero se cubrió con los corresponsales de las bases de Bahía Blanca, Comodoro Rivadavia, etcétera, es decir básicamente desde los lugares de donde salían los aviones, los barcos y las tropas.

Trasmitimos la primicia de la operación por Noticias Argentinas alrededor de las 22 o 23 de la noche anterior; en ese momento dijimos que se estaba por desembarcar en Malvinas y se armó un alboroto fenomenal. Por supuesto empezaron desmintiéndolo, pero al otro día a la mañana ya estaba confirmado, porque en la madrugada del 2 de abril se realizó el desembarco. La información de los corresponsales era muy escasa, así que se dependía fundamentalmente de la información oficial que daba en la Casa de Gobierno el Gobierno, Galtieri, los Comandos de las Fuerzas y el Estado Mayor Conjunto, y también de

---

* Raúl García es periodista. Ex director de la agencia NA (Noticias Argentinas). Actualmente se desempeña como secretario de redacción de *La Nueva Provincia.*

los contactos que tenía cada periodista con las Fuerzas Armadas. Por supuesto que en esa época los partidos políticos no reconocieron nada, apoyaron masivamente la operación, salvo algunas excepciones como Alfonsín.

Hay que tener en cuenta que las agencias son mayoristas de la información, y mucho más en esa época. Noticias Argentinas fue clausurada porque los diarios, con el tema del gobierno militar, aprovechaban que las informaciones provenían de las agencias para deslindarse totalmente del problema. La agencia fue clausurada por un decreto del Poder Ejecutivo, teóricamente por difundir información que podía beneficiar al enemigo. En realidad nunca se precisó de qué información se trataba, pero yo creo que en realidad fue porque se comenzaba a informar que las cosas en Malvinas iban mal, contrariamente al tono triunfalista oficial. Esto, simétricamente, ponía a los militares más rígidos con la censura; incluso me acuerdo de que en una reunión concreta, en la que estaba el director general de los medios del Estado Mayor Conjunto, se decía que difundir la información meteorológica sobre el tiempo en las Malvinas beneficiaba a los ingleses. Entonces salió el decreto del Poder Ejecutivo suspendiendo por seis días a *Crónica*, a Rivadavia y a Noticias Argentinas. La Policía Federal y un funcionario precintaron la agencia y nos sacaron a todos. El tema es que en ese momento se acababa de crear la agencia DYN y todavía muchos diarios no tenían su servicio o sea que dependían de Noticias Argentinas y de Télam; entonces, cuando se hizo el operativo, el personal de la agencia, con escasos medios técnicos, nos fuimos a trabajar a la sede del *Diario Popular*, en Avellaneda, y a las 48 horas comenzamos a sacar un servicio alternativo. Fue tan negativa la repercusión de la clausura que la levantaron inmediatamente, al quinto día dieron marcha atrás y se reanudó normalmente la emisión del servicio noticioso. Este fue un hecho fáctico de censura con todas las de la ley, pero comparado con lo que ocurrió en algún otro momento no fue una medida terrible de la dictadura, casi era el final del gobierno militar. En 1976 NA dio la información de la muerte de Santucho, fue un despelote fenomenal, los militares se pusieron de muy mal humor y querían que les diéramos la fuente de la información; eso, lejos, fue mucho más duro. A Santucho lo mataron una mañana y la noticia la dio la agencia NA, yo estaba a cargo de la agencia en el momento de dar la información: primero se hizo un flash, luego un boletín y finalmente un despacho contando quién era Santucho y obviamente que había muerto en un enfrentamiento con el ejército. Me llamaron de la presidencia, de la jefatura de la Policía de Buenos Aires, ahí estaba el general Camps, estaban disgustados y pretendían saber la fuente de la información.

Desde mi experiencia profesional que comenzó en 1966, yo creo que en Argentina, aun en la peor época del gobierno militar, siempre fue más importante o más eficiente la autocensura que la censura abierta. Bueno, me clausuraron en la época de Malvinas..., después hubo represión ilegal, desaparecieron periodistas que por su militancia no le gustaban al gobierno militar; pero finalmente los que decidían lo que salía o no en los diarios fueron los propios medios, los dueños de los medios. Creo que ha sido mucho más fuerte en los medios la autocensura que la censura del Estado. La autocensura de los medios por miedo al poder político, al poder económico -hasta después del gobierno militar el gobierno era el primer avisador del país-, así que la autocensura tenía que ver no sólo con el poder político sino con el económico, porque el Estado era el primer avisador. Esto luego empezó a cambiar; por un lado cambió el mundo, los medios empezaron a apuntar más a los Estados Unidos, empezaron a entender o a ver que el negocio estaba en los medios de la gente, en el mercado y no en el gobierno de turno, y después con las privatizaciones esto se acentuó mucho más aún. Básicamente lo que pasó con los medios es que creo que eran mucho más dependientes del Estado y muy sensibles a cualquier indicación oficial, esto se fue perdiendo, digamos que los medios tienen más miedo de pelearse con los grandes avisadores que de pelearse con el Estado, porque el Estado no les hace nada, hubo un cambio muy fundamental, esto es que el Estado desertó del manejo de la información y me parece bien que lo haya hecho, lo hizo con veinte rubros, desde el control de la salud, la educación, el control de los servicios públicos, esto es evidente. En el caso de los medios se preocupó mucho menos autoritariamente -porque siempre hay un mecanismo sutil-, pero ahora ningún secretario de Prensa va a llamar a los medios, en esto hubo un cambio, y en algunos medios los periodistas han pasado a ser los dueños de su trabajo. Hay muchas columnas en los medios, la autocensura en los medios ha sido en la Argentina aun con los gobiernos militares bastante más extendida que la censura brutal impuesta por otros. Yo creo que la autocensura tiene que ver básicamente con los intereses económicos, con no pelearse con el gobierno porque les podía hacer por ejemplo inspecciones impositivas y, sobre todo, porque iba a darles menos segundos o menos centímetros de publicidad oficial. ✂

Malvinas 2
Jorge Durand* : "Autoritarios y sin ideas".

"Los argentinos de hoy tenemos una herencia que nos llega desde el fondo de la historia: libertad, orden, justicia, propiedad, familia, estilo de vida, fe en Dios. En custodia y proyección de esa herencia estamos." Brigadier general Graffigna, durante una ceremonia realizada en Córdoba para despedir a los brigadieres que pasan a retiro, marzo de 1980.

En la época de Malvinas *Diario Popular* era el accionista mayoritario de Noticias Argentinas, así que el diario y la agencia trabajaban en conjunto. Raúl García, que era el director de Noticias Argentinas, manejaba junto a otra gente un rumor fuerte de que estaba todo preparado y que iba a haber una invasión a Malvinas. En la agencia se creía que esto iba a ser el 1º de abril y en una reunión, que se hizo en NA el 31 de marzo a las 23, se decidió que yo iba a ir a las islas esa misma noche, y así fue.

Malvinas fue el 2 de abril, nosotros salimos el 31 de marzo a la noche con intención de bajar en Comodoro Rivadavia. Viajamos en una avioneta alquilada en la que íbamos: yo como fotógrafo, Raúl Cardozo -que actualmente es columnista de *Clarín*- por NA y otro periodista del *Popular*. El 1 de abril tipo cinco de la tarde llegamos a Comodoro, luego de un viaje durante el cual tuvimos que hacer mil escalas, pero no nos dejaron aterrizar y nos tuvimos que ir a Río Gallegos. En Comodoro decían que el aeropuerto estaba cerrado pero lo que después supimos fue que Comodoro era algo así como el aeropuerto de apoyo en el continente a la invasión y por eso no dejaban operar allí.

La primera noche dormimos en Gallegos y salimos ya con la invasión, que fue en las primeras horas de la mañana, a Comodoro, con intención de ir a Malvinas. Ahora suena un poco gracioso y me parece que en ese momento también, porque en esa avioneta bimotor creo que no podíamos llegar ni adonde fuimos. Era toda una epopeya.

El 2 llegamos a Comodoro, había mucha convulsión.

* Jorge Durán es fotógrafo. Actualmente es jefe de fotografía del diario *OLE*. Cubrió la Guerra de Malvinas.

Millones de periodistas querían ir a las islas. El 3 de abril el brigadier E. H. Crespo, que era el jefe de la Fuerza Aérea Sur y que estaba a cargo de la base de Comodoro, nos llevó a Malvinas en un vuelo que fue prácticamente un charter de turismo. El vuelo programado por la aeronáutica fue muy gracioso, si es que vale utilizar la palabra gracioso, porque cuando estábamos por aterrizar este Crespo agarra el altavoz del avión tipo azafata: "Su atención por favor, estamos por aterrizar en Puerto Argentino, les quiero recomendar algo: la moneda de ellos es la libra, aceptan nuestra moneda y el cambio nos favorece' por lo tanto es conveniente para la compra de whisky, cigarrillos...". Era bastante tétrico; después, a la luz de los hechos, realmente fue nefasto.

El avión era un Foker F-28 y éramos alrededor de 50 periodistas o más, creo que ahí se produjo la verdadera invasión a Malvinas porque, pobre gente, los isleños fueron realmente torturados, fotografiados y pasados por encima por los periodistas que viajamos. Creo que para ellos más allá de la guerra fue la experiencia más nefasta que deben haber tenido con argentinos. La información que manejábamos era un desconcierto total, inclusive las islas eran un desorden generalizado. Creo que lo único que había en ese momento defendiendo las islas era una docena de marinos ingleses, o sea gente a la que se la capturó y se la hizo prisionera. Encima con esta cosa autoritaria de los milicos, lo primero que hicieron fue cambiar la dirección del tránsito, o sea, era un desastre, porque los ingleses venían por la derecha y los milicos, con los tanques y toda la mierda que llevaron, circulaban a lo argentino. Era muy loco, porque venían los jeeps del ejército y los isleños que venían por su mano se les plantaban a los milicos, tenían unos huevos los isleños... Claro, es como que lleguen a tu casa y te digan desde hoy la cocina es el baño y el baño es la cocina, vos no vas a hacer lo que te dicen.

Pudimos estar un día en Malvinas, la del 3 fue una excursión en la que íbamos y veníamos en el día. Estuvimos hasta la tarde pero pudimos caminar mucho por las islas y realmente, que sé yo, era descubrir un lugar nuevo con el que uno siempre fantaseaba, descubrir que era un lugar inhóspito, con un frío descomunal, y que más allá de eso, que tenía un encanto. Después, pasado el tiempo, fue muy duro, no en el momento.

Me acuerdo siempre de un chico de Córdoba que estaba cuidando la casa del que fue nombrado Gobernador Militar de las Islas Malvinas, el general Mario Benjamín Menéndez. El pibe tenía 18 años, no sé qué fue de él. Yo le hice una foto y nos pusimos a charlar, y en un momento dado me dice: "nos tuvieron 40 días en un barco. No sabés lo que fue, de terror. Te puedo pedir un favor, ¿no le podés escribir una carta a mi mamá?". Como no teníamos papel agarramos un cartón de cigarrillos y le escribí la carta para su vieja. Me dio la dirección y la mandé desde Comodoro Rivadavia junto a una de las fotos que le había sacado.

Ese día lo que tratábamos era de tener material, todo lo más parecido a una guerra que se pudiera, porque nosotros sabíamos que no íbamos a poder volver a Malvinas, que la guerra la íbamos a poder fotografiar desde el continente. Las agencias, los medios internacionales, todos estaban muy ávidos de algo de material. El *Rafa* Goldman, un fotógrafo, estaba haciendo un trabajo para una agencia francesa y lo agarró la invasión, fueron las famosas fotos de los ingleses caminando y, salvo ese material, que fue vendido como exclusividad a *Gente*, no había nada. Se llenaban páginas y páginas de texto pero no había con qué ilustrarlas, entonces lo que se trató de hacer fue mucho material de soldados, trincheras, patrullando las calles, o de este chico que yo te conté... pero tampoco los milicos te dejaban hacer mucho, por "táctica de guerra" no podías hacer fotos del aeropuerto, no podías hacer soldados en la calle, todo por estrategia militar, así que se hizo lo que se pudo, se hacían muchas fotos sin que los milicos se avivaran. Creo que los milicos tenían una consigna: todo lo que no se veía no existía, básicamente era eso, si vos no veías fotos de los desaparecidos los desaparecidos no existían, y quisieron usar la misma táctica en Malvinas, pero lo que ocultaban eran estupideces. El poco material que teníamos se fue usando para llenar páginas y páginas, la guerra empezó, entre comillas, el 3 de abril y terminó en junio.

Yo me quedé viviendo en Comodoro Rivadavia casi dos meses, instalado en un hotel. Una noche yo estaba en el casino, porque había un casino... era una vida fellinesca, había una guerra y lo único que tenías para hacer después de cenar era darte una vuelta por el casino. No podías hacer nada, así por días, semanas, meses... Baja un piloto, un morocho, bigotudo, y me avisa: "mañana a las cinco y media de la mañana salimos para Malvinas, no traigas mucho equipo y andate al aeropuerto por las tuyas, te voy a estar esperando", luego se fue. A la mañana siguiente me fui con el auto que me había alquilado al aeropuerto, llevé una cámara y un lente, nada más. Nos subimos al avión, que era un Hércules C-130; los aviones iban casi al ras del mar por el tema de los radares y encima cuando llegamos a Malvinas no pudimos aterrizar. Era el 1º de mayo y habían bombardeado justo Puerto Argentino, habíamos salido tipo a las 6 de la mañana y a eso de las 9 fue el bombardeo. A la ida yo estaba excitado, estaba contento, me sentía un súper fotógrafo, un corresponsal de guerra, pero cuando al tipo le avisan que pegue la vuelta me quería matar. Además era bastante inconsciente todo, porque el avión iba volando a no más de 5 metros del agua, iba mojando el parabrisas con la bruma que levantaban las hélices. Cuando dimos la vuelta empecé a pensar que estaba arriba de esa chancha voladora. Tardamos como tres horas en volver. Estuve en Comodoro Rivadavia hasta fines de mayo. Nosotros sabíamos totalmente lo que estaba pasando. Yo por mi laburo pude estar en Malvinas y creo que fue una de las peores cosas que viví. Tampoco sé todo lo que pasó, lo sabíamos en el momento porque llegaban heridos a Comodoro. ✂

Malvinas 3
Horacio Villalobos*: "Los militares no sabían nada de política".

> "El caos conceptual de algunos sectores de nuestra sociedad contó con la complicidad de los medios de información. La batalla se tiene que dar con la educación y la docencia, pero siendo muy firmes en denunciar el daño que provocan las ideologías extrañas al sentir nacional. En este caso considero que la censura es una manifestación de justicia." Juan José Catalán, ministro de Cultura y Educación de la nación, agosto de 1977.

El gobierno militar durante la Guerra de las Malvinas no tenía realmente una política de prensa. Ellos decidieron, supusieron, fabularon que si nosotros no veíamos las cosas no ocurrirían, no existirían; la fotografía durante las Malvinas fue prácticamente inexistente, porque no había política de prensa de parte de la dictadura.

Yo no llegué a ir a las Malvinas. Cuando se desata la crisis, yo ese día me había ido temprano del diario, bajan el director y el gerente general para buscarme para que me fuera a las Malvinas porque suponían que íbamos a poder llegar. Yo no estaba y se fue Jorge Durán hasta Comodoro Rivadavia. Sólo pudieron hacer un viaje de 4 o 5 horas

---
* Horacio Villalobos es Jefe de fotografía del *Diario Popular*.

a Stanley -Puerto Argentino-. Pusieron enseguida una oficina de Télam. Télam en el mejor de los casos en un gobierno como este es una agencia gubernamental; en el peor de los casos, en medio de una dictadura militar, era un órgano de prensa y propaganda, lo que no significa que yo devalúe el trabajo técnico hecho por los redactores y por los fotógrafos que estuvieron ahí. Pero lo que ocurría es que el material llegaba, lo capturaban en el Estado Mayor Conjunto, lo vendían y el rezago llegaba a Télam. En realidad la que más sufrió la censura fue la imagen, porque la buena fotografía que pueden haber sacado nuestros colegas nunca se terminó por ver. Además, sabemos lo que significó la mala piratería fílmica hecha por Nicolás Kasanczew, que cubrió la guerra para ATC en nombre de la Junta Militar.

Yo tuve que ir a Ushuaia. Era como decir: teníamos uno en Comodoro Rivadavia (Jorge Durán), no podíamos ir a las Malvinas, poníamos uno en Ushuaia donde había unidades de la flota de mar, estaba el almirante Horacio Zariátegui en esa época, como comandante en Ushuaia. Zariátegui es un tipo inteligente y hábil, que tenía un buen trato con la prensa, pero claro, el buen trato con la prensa era hasta ahí. Por ejemplo, yo puedo hablar de la censura establecida a los periodistas argentinos, pero también fotografié en la cárcel a unos periodistas británicos que fueron detenidos largos días en el penal de Ushuaia, en la Alcaldía, acusados de espionaje nada más que porque eran británicos.

Por qué me permitieron sacar esas fotografías, esa es una pregunta que siempre me hice. Porque estaban detenidos oficialmente. Yo llego a Ushuaia antes del hundimiento del crucero argentino General Belgrano (2 de mayo de 1982). Con lo del Belgrano se reveló que no había política de prensa. Cuando el Belgrano fue hundido los sobrevivientes venían a Ushuaia. Pero los militares no querían mostrar sobrevivientes desprolijos. Debo confesar que he pecado porque organicé un pequeño esquema para hacer fotos. Un empleado del hotel donde estábamos se ofreció, otra persona me hizo saber por un tercero que él podía sacar fotos desde determinado lugar si yo le hacía llegar una cámara. Hice las dos cosas. Yo le di película al empleado del hotel, le mandé la cámara a ese otro señor y me fui a dormir. Me despertaron muy temprano a la mañana los policías que me llevaron detenido. Me pasé todo un día encerrado, desde la mañana hasta la nochecita. En Ushuaia no hay cárcel desde que se cerró el famoso penal que ahora es museo, estuve en la Alcaldía. Primero debo decirles que para el día que me tocó ir a lidiar con esa gente en Ushuaia yo ya era veterano de varios golpes de Estado y de las dos guerras en África. Me llegó la grave acusación de que yo había tratado de hacer fotos que estaban expresamente prohibidas por el jefe a cargo de esa región. Asistimos a una conferencia de prensa que explicaba que al otro día llegaba el Bahía Paraíso con náufragos bien cuidados para poder mostrarlos.

La censura en su aspecto más brutal es cuando te impiden directamente la transmisión del material o, más que la transmisión, la gestación del material. Nosotros no teníamos una censura posterior porque teníamos acceso sólo a una serie de imágenes exitistas de prensa y propaganda. En Ushuaia era "hoy vamos a visitar la base aérea". Y a la base aérea se podía ir de acá a acá. "Hoy vamos a visitar el Buque Hospital, el Bahía Paraíso". Todo venía con permiso, eso no se censuraba porque no había nada que censurar. Yo tengo una gran frustración por esa guerra. Cuando tuve la oportunidad traté de organizar algo que falló. Pero si salía lo hubiera mandado, y hubiera ido preso posiblemente, pero lo hubiera mandado y el diario lo hubiera publicado porque no teníamos censura en boca de expendio.

A nosotros nos escuchaban las conversaciones telefónicas constantemente en Ushuaia, lo cual era normal porque eran conversaciones de larga distancia, no eran tantos números y podían escuchar. Lo que hacían era una escucha constante de comunicaciones internacionales.

La única fuente de información fidedigna que teníamos, si es que se puede llamar fidedigno a algo que también está estructurado por las reglas de juego de la censura de la guerra, eran las radios británicas. Lo que pasa es que la censura británica fue de índole técnica. Cuando los británicos reciben ese duro golpe del hundimiento de dos barcos, con varias pérdidas de vidas, de un regimiento de guardias galeses creo, a mí me resultó muy interesante que inmediatamente después del desastre se daba la información y yo me dije por qué lo hacen, porque quieren dar la enorme sensación a los argentinos, al mando argentino, a Menéndez (gobernador de las Malvinas nombrado por los militares) y compañía, de que ese fue un golpe incapacitante y de que no están en posición de seguir avanzando con mucha tenacidad sobre Stanley. Es decir, magnificar el golpe en cuanto a que les había restado capacidad de maniobra en tierra cuando en realidad no les había restado un pomo porque estaban avanzando en dos pinzas y demás. Eso es un uso correcto de la censura: de repente el censor militar, el poder político dice esta noticia se puede dar. Pero la nuestra era la peor censura, era ocultamiento de la verdad y al mismo tiempo florecimiento de una serie de disparates que no condecían con lo que estaba pasando.

Islas versión 99

Yo había estado dos veces en las Malvinas antes de la guerra: en 1978 y 1979 haciendo una cobertura muy amable sobre vida cotidiana para una revista americana y luego una nota sobre arqueología naval, porque las Malvinas son un depósito arqueológico muy importante. Cuando viajé este año (1999) con el primer vuelo no humanitario que se permitió luego de la guerra, tuve una enorme nostalgia. A mí me había gustado mucho Puerto Stanley y las Malvinas en general. Yo las había visto en verano, ahora fui en invierno. No sabía cómo me iba a caer llegar de nuevo, yo siempre pensé que la guerra había sido una enorme equivocación, pero una enorme equivocación en donde sin entrar en mayores consideraciones de qué pienso al respecto, se utilizó una causa que es, por lo menos en la superficie, un sentimiento muy arraigado en la mayoría de los argentinos, para tratar de resolver un problema interno de una Junta con una dictadura que estaba en franca retirada porque no daba para más. Realmente fue muy interesante volver porque visité lugares que había visitado en otra época, vi algunas gentes que había conocido en otra época, vi paisajes que había visto en otra época, y vi cosas nuevas que hubiese querido no ver. Por ejemplo, el cementerio argentino en Darwin que es un lugar de una enorme dignidad, el campo de batalla del Monte London donde dejaron la vida muchos conscriptos del Regimiento 7 de Infantería, que es otro lugar que jamás hubiese querido ver. Creo que si yo tuviera que contar qué es lo que más me impresionó, qué es lo que más me conmovió del viaje de este año fueron las zapatillas Flecha, porque ver entre los restos de un campo de batalla zapatillas Flecha cuando yo tenía medias térmicas, un enterito térmico, tres chaquetas de polar, una chaqueta impermeable, un gorro de piel, guantes térmicos y estaba pelado de frío, y pensar que la batalla se libró más o menos por la época en que yo estuve, y ver zapatillas Flecha era una cosa que me partía el corazón, porque lo menos que puede inferirse es que ahí hubo gente que estaba calzada con zapatillas Flecha. Realmente terrible... ✂

CAPÍTULO VIII
*Democracia, juicios
y punto final* (1983- 1989)

El 10 de diciembre de 1983, Raúl Ricardo Alfonsín asumió la presidencia de la nación tras siete años de una dictadura genocida. "La Argentina es prisionera de una mafia -había dicho el nuevo presidente- y mientras no exista una Justicia que no ataque sólo al *masserismo* sino a la mafia regimentada, a la pandilla sindical-política, la Argentina no tiene destino democrático." La dictadura militar dejó heridas muy profundas en el tejido social. La primera medida en este campo fue la ley de Reordenamiento Sindical. Entre otras de las primeras normas se dispone la derogación de la Ley de Amnistía, se establece la dirección tripartita en las universidades, se eliminan las listas negras y se reemplaza la Doctrina de Seguridad Nacional por la "subordinación de las Fuerzas Armadas al poder civil". El juicio a los ex comandantes fue casi una obra de suspenso nacida, formalmente, el 15 de diciembre de 1983. Ese día se quebró la autoamnistía que los militares habían promulgado durante la etapa final del llamado Proceso de Reorganización Nacional. A cinco días de asumir, el gobierno presidido por Raúl Alfonsín lanzó los decretos 157 y 158. El presidente llama a la reflexión sobre la necesidad de garantizar la estabilidad democrática y evitar el fracaso de esta nueva experiencia. Años de punto final, obediencia debida y rebelión carapintada. La casa jamás estuvo en orden. La censura se manifestaba de otra manera. La democracia por sí sola, a pesar de las buenas intenciones expuestas, no garantizaba el trabajo, la salud ni la educación para millones de argentinos.

Memorias

Villa Martelli y La Tablada. En diciembre de 1988 el coronel Mohamed Alí Seineldín, que estaba instalado en Panamá, donde recibió condecoraciones, volvió secretamente a la Argentina y condujo un nuevo alzamiento militar. Hubo un intento fracasado de liberar a Rico y a Videla, presos en Magdalena. Lo que intentaba Seineldín era anular los juicios aún pendientes, y conseguir una amnistía y una reivindicación del Ejército por su actuación antisubversiva. Al atardecer del 4 de diciembre los rebeldes entregaron las armas. El 3 de diciembre de 1990 se produciría el segundo levantamiento de Alí Seineldín. Se rindieron ese mismo día. El 22 de enero de 1989, otro regimiento fue copado, pero esta vez por miembros del Movimiento Todos por la Patria, liderados por el ex jefe del ERP (Ejército Revolucionario del Pueblo) Enrique Gorriarán Merlo. En el enfrentamiento murió Jorge Baños, que había sido un abogado relacionado con los organismos de derechos humanos. Hubo cuarenta muertos (treinta guerrilleros y diez integrantes de las fuerzas de seguridad), decenas de heridos y diecinueve condenados.

Decreto. El 21 de enero de 1978 "se prohíbe la distribución, venta y circulación del libro infantil *La tacita azul*, de Editorial Progreso, considerando que por su contenido e irracionalidad coadyuva a mantener y agravar las causas que determinaron la implantación del estado de sitio. Que se trata de una obra destinada al público infantil con una finalidad de adoctrinamiento y captación ideológica que propicia la lucha de clases".

El Frasquito. La secretaría de Cultura de la Municipalidad de la Ciudad de Buenos Aires prohíbe la venta y circulación de *El frasquito*, de Luis Gusmán, por considerarlo inmoral y atentatorio en forma directa contra el afianzamiento de los valores mencionados en el Acta del 24 de marzo de 1976. Se prohíbe la circulación y venta de la revista *Vamos al tiempo joven,* como así también la distribución, venta y circulación del cuento infantil *Cinco dedos* (Buenos Aires, Ediciones de La Flor) "porque posee finalidad de adoctrinamiento que resulta preparatoria a la tarea de captación ideológica propia del accionar subversivo..."

El Hemofílico. Por decreto 480 del Poder Ejecutivo se prohíbe la distribución, venta y circulación de la publicación *El Hemofílico*, editada por Miguel Angel Alleggio Nebula, "por agredir expresa y públicamente los valores esenciales del ser nacional, lo que corrobora la existencia de formas cooperantes de disgregación social, tanto o más disolventes que las expresiones violentas del accionar subversivo".

Griselda Gambaro. Decreto 1101 del 26 de abril de 1977. "Se prohíbe la distribución, venta y circulación de *Ganarse la muerte*, de Griselda Gambaro (Buenos Aires, Ediciones de La Flor) y se clausura por treinta días la editorial, "porque a través de dicho texto surge una posición nihilista frente a la moral, a la familia, al ser humano y a la sociedad que éste compone. Ediciones de La Flor comparte el agravio al sistema familiar como medio para la transmisión de valores, y es contumaz en la difusión ideológica destinada a agraviar las instituciones".

Testimonios de la Censura
Rogelio García Lupo[*] : "La historia argentina es la historia de la censura".

> "Si alguien quiere hacerse apátrida, ateo, perverso y sanguinario, siga la intención marxista de la Biblia Latinoamericana. Esta se encuadra dentro del plan establecido por el comunismo internacional, cuya doctrina es atea, perversa y sanguinaria. Ruego a los fieles que la destruyan y estimaría mucho si las librerías o kioscos sorprendidos en su honestidad, devolvieran a su origen esos ejemplares que son un insulto a Dios. En este caso la censura es un acto de estricta justicia." Monseñor Ildefonso María Sansierra, arzobispo de San Juan, 5 de septiembre de 1976.

Durante el gobierno de Onganía fui redactor enmascarado de la revista *Primera Plana*. Mi nombre estaba prohibido para el periodismo comercial, porque durante el interinato posterior a la caída de Frondizi, cuando Guido era el presidente nominal, publiqué un libro llamado *La rebelión de los generales,* una investigación sobre las condiciones y las características que tuvo el derrocamiento de Arturo Frondizi. El libro estuvo prohibido, no podía circular y yo presenté un recurso a la Cámara de Apelaciones en lo Correccional y Criminal y, notablemente, la Cámara, casi inmediatamente me dio protección. No pasó un mes desde que presenté el recurso hasta que la Cámara me protegió, dio un fallo por el cual dispuso que el libro podía circular libremente, y eso permitió que se hicieran nuevas ediciones. En fin, *La rebelión de los generales* en su momento tuvo mucha repercusión pública, por lo que decía el libro pero, sobre todo, por este mecanismo que puso en movimiento: la Cámara me dio la razón, el libro se reeditó varias veces, inclusive fue un

---

[*] Rogelio García Lupo es periodista, escritor e investigador. Trabajó en las publicaciones más importantes del país y del exterior.

best seller de la época, año 62, pero automáticamente quedé en las listas negras de los militares que habían intentado sin éxito impedir que el libro circulara.

Voy a trabajar a *Primera Plana* en el momento en que es censurada, a fines del 69; cambia de nombre, se llama *Periscopio* -entre noviembre del 69 y septiembre del 70-, período durante el que trabajo con el seudónimo de Benjamín Venegas. Creo que la censura en ese período fue una experiencia centrada sobre todo en las revistas semanales más que en los diarios, y la televisión estaba reducida al canal estatal. Lo que había era censura sobre personas y sobre semanarios - es conocido el caso de *Tía Vicenta,* que fue secuestrada y clausurada-, y en general los diarios tenían un antiguo entrenamiento para adaptarse a las circunstancias. Una vez que se identificaba cuál era la línea de conflicto y cuáles los temas que era mejor no tratar, se adaptaban, no se hacía oficialismo sino que no se insistía en los puntos más irritantes. Este es el instinto de supervivencia que han desarrollado las empresas periodísticas de la Argentina hasta que pasa la tormenta.

La vida de los semanarios está ligada, y justamente por eso son semanarios, a producir información menos convencional, más específica, más de investigación, entonces siempre tienen problemas. Los semanarios no pueden zafar de la crisis con el poder político si el poder político tiene proyectos propios, y los gobiernos militares los tuvieron.

Creo que hubo momentos de relativa libertad de prensa, incluso con el gobierno militar en la etapa Lanusse, en el que se producen en algunos casos de prohibiciones de periódicos, así como la aparición y desarrollo de experiencias periodísticas independientes.

Durante el Proceso yo fui expresamente prohibido; a fines del 76 estaba en la primera lista negra de periodistas que no podían trabajar en los medios. Esto evidentemente se vincula a los libros que yo había publicado, como por ejemplo *Mercenarios y monopolios en la Argentina*, que era contra la ocupación extranjera. De entrada pensé en irme del país, ya en el año 74 tuve una oferta de trabajo en España y me fui, pero me encontré con problemas familiares. La opción era clara, si quería seguir siendo periodista tenía que ir a España o a Estados Unidos o a América Latina, debía salir de la Argentina, y si quería seguir teniendo acceso a mis hijos tenía que dejar de ser periodista y opté por dejar de ser periodista y vivir acá: me convertí en ejecutivo de una compañía constructora donde entré en el año 77 y estuve hasta el 82.

Confirmé que la prohibición funcionaba porque hice dos cortas tentativas de volver a trabajar en el periodismo durante esa etapa. Una fue para la agencia Noticias Argentinas. La segunda tentativa fue en el año 80, cuando estuve a punto de ingresar en *Clarín*, incluso llegué a dar el examen psicofísico, pero después se produjo una especie de intervalo del cual finalmente surgió que había una objeción del gobierno militar por la cual yo no podía trabajar en medios de prensa. En todo caso, con estos dos ejemplos confirmé que la censura funcionaba. Pero la censura al nivel de los medios se había atenuado, algunos desaparecieron definitivamente (sobre todo los semanarios y los mensuarios *Crisis* y *Cuestionario*) y los medios grandes ya habían hecho una adaptación que no requería censura porque había un cierto autocontrol, por esta característica histórica de la prensa argentina que sabe que llegado cierto punto de contradicción con un gobierno hay que conseguir condiciones mínimas de supervivencia y eso consiste en autocensurarse.

Yo vuelvo al periodismo a través de una "primicia privada": un amigo mío que era oficial de la fuerza aérea, y que había sido el último piloto de nacionalidad argentina que había cumplido su actividad en la Royal Air Force, había sido convocado por los jefes de la Fuerza Aérea para que tradujera los manuales de vuelo ingleses más recientes, y a raíz de esto se había enterado de que estaba lista la preparación de la invasión a Malvinas. En el mes de febrero del 82 yo estaba veraneando junto a él en Uruguay y me contó que en mayo iba a ir a Malvinas (en ese momento pensaban que iba a ser en mayo). A los diez días, cuando yo volví a Buenos Aires, le mandé a un amigo mío en Venezuela, que era el jefe de la sección internacional del diario *El Nacional* de Caracas, y a otro amigo mío, Héctor Cuperman, que trabajaba en *El País* de Madrid, un mensaje: "estos tipos dicen que en mayo van a las Malvinas, si eso ocurre van a necesitar corresponsales en la Argentina, yo estoy disponible". Hice la siguiente reflexión, en ese momento una deducción obvia: si los militares se deciden a dar un paso de este tamaño, les va a ir mal necesariamente, y por lo tanto, escribir sobre lo que les pasa para el exterior ya no va a ser motivo de censura personal, de manera que vuelvo al periodismo. El 2 de abril, una hora después de que se confirma la invasión a Malvinas, desde Madrid y desde Caracas me avisan que empiece a escribir inmediatamente, me mandaron credenciales como corresponsal y ahí volví al periodismo.

La cobertura de Malvinas dio origen a mi libro *Diplomacia secreta y rendición incondicional*, donde están reunidas las historias de esa guerra. Desde entonces, hace ya casi 18 años, he vuelto a mi profesión, que es el periodismo.

Durante la época de Raúl Alfonsín no tuve problemas. Trabajé mucho en la revista *El Periodista*, que fue la revista más característica de esa época. Lo que sí he tenido, pero pocos, han sido juicios y querellas, pero no como manifestación de la censura de prensa.

En la década de Menem son indudables las tentativas de avance sobre el periodismo, porque Menem es un hombre que tenía del periodismo una experiencia casi única que es la del control natural de la prensa: como gobernador de La Rioja el mundo de Menem era muy pequeño, cuando sale en el diario de la provincia una noticia que al gobernador no le gusta, el gobernador levanta el tubo, lo llama al director del diario y al día siguiente sale la rectificación o despiden al periodista que escribió el artículo; es decir, Menem no tenía en el 89 una idea moderna de periodismo, pero se fue actualizando. Me acuerdo que a raíz de una serie de notas que yo publiqué en la revista madrileña *Tiempo*, Menem le pidió a Felipe González durante un encuentro que tuvieron si no podía hacer algo para que no se publicaran esas notas, a lo que Felipe le respondió: "Ay, Carlos, si yo pudiera, no sabes las cosas que dicen de mí", lo cual era verdad. Yo lo supe por la gente de la revista. Hubo otra por el estilo en el año 92, cuando Menem hizo una gira con Di Tella por las sedes de la Comunidad Europea. Le dio una audiencia al presidente del grupo Zeta, que es el editor de la revista *Tiempo*, y al director de la revista; ellos le pidieron la entrevista porque tenían un proyecto que después no se concretó ligado a los medios en la Argentina. En esa reunión Menem les pidió que me sacaran como corresponsal de la revista en Buenos Aires.

Con el tiempo Menem se fue convenciendo de que no era así, que el presidente o el primer ministro no levantan el teléfono y llaman al director de la revista o del diario y le piden que dejen de publicar algo o que le cambien la dirección a la información. En tanto, esto le tomó algunos años de aprendizaje, hubo muchas tentativas de influir sobre los medios, que después se fueron atenuando, y por último a Menem le deja de importar lo que se diga, le deja de importar todo, aunque al principio estaba muy sensible con el tema. ✂

Alfonsín. El gobierno de Raúl Ricardo Alfonsín significó el último intento -aunque con serias limitaciones- de detener el avance de la "patria financiera".

Justicia sin castigo. Una de las medidas más trascendentes del gobierno constitucional fue el juzgamiento de las tres juntas militares de la última dictadura por su responsabilidad en la concepción e instrumentación de la lucha contra la guerrilla a través de métodos no sólo manifiestamente ilegales, sino además asesinos y genocidas. El decreto 158 del 15 de diciembre de 1983 ordenó la iniciación de juicios sumarios ante el Consejo Supremo de las Fuerzas Armadas a los generales Videla, Viola, Galtieri; a los brigadieres Agosti, Graffigna y Lami Dozo y a los almirantes Massera, Lambruschini y Jorge Anaya. En los considerandos del decreto se subrayó entre otros aspectos "la existencia de procedimientos en los cuales sin respeto por forma legal alguna, se privó de su libertad a personas que resultaron sospechosas a juicio de funcionarios no individualizados. No obstante haber sido encontrados en actitud no violenta, fueron conducidos a lugares secretos de detención, sin que se conozca su paradero posterior, a pesar de lo cual cunde en la opinión pública la seria presunción de que muchos de ellos fueron privados de la vida sin forma alguna de juicio, y además, de que durante el tiempo de esa detención fueron víctimas de salvajes tormentos." El 9 de diciembre de 1985, la Cámara Federal sentenció al general Videla a cadena perpetua. También fueron sentenciados por sus crímenes Massera, Viola, Lambruschini, Agosti, Graffigna, Galtieri, Anaya y Lami Dozo.

Durante la segunda semana del gobierno del Dr. Raúl Alfonsín se creó la Comisión Nacional sobre Desaparición de Personas (Conadep) con el fin de intervenir en la investigación de los hechos relacionados con la desaparición de personas y recibir denuncias y pruebas para remitirlas a la Justicia. La integraban Ernesto Sabato, Ricardo Colombres, René Favaloro, Hilario Fernández Long, Carlos Gattinoni, Gregorio Klimovsky, Marshall Meyer, Jaime de Nevares, Eduardo Rabossi y Magdalena Ruiz Guiñazú. El detalle de la labor realizada y una selección mínima de los testimonios y denuncias recibidas fueron publicadas bajo el título de *Nunca más*, obra que hasta mayo de 1995 llevaba veinte ediciones con una tirada total de 256.000 ejemplares. Sobresale la referencia sobre millares de víctimas que jamás tuvieron vinculación alguna con el accionar guerrillero.

Hubo otros hechos relevantes: el incidente protagonizado por el general Menéndez en agosto de 1984, cuando atacó con un cuchillo a un grupo de manifestantes que lo hostilizaban a la salida de un programa televisivo, y cuando tras un allanamiento en el estudio del Dr. Guillermo Walter Klein se encuentra material vinculado con la represión ilegal.

Las leyes de Punto final y Obediencia debida que, derivaron finalmente en el indulto, borraban de un plumazo el trabajo de investigación de las organizaciones defensoras de los derechos humanos y de algunos de los sobrevivientes de los campos de concentración argentinos para intentar individualizar a los secuestradores y a los torturadores.

La rebelión de los carapintadas. Semana Santa, abril de 1987. Doscientos oficiales y suboficiales al mando del teniente coronel Aldo Rico ocuparon la Escuela de Infantería de Campo de Mayo demandando el cese de los juicios por violaciones a los derechos humanos durante la "guerra sucia". Los puntos expuestos eran los siguientes:

"1ro.- Se consideran extinguidas las esperanzas de que la actual conducción de la Fuerza ponga fin a las injusticias y humillaciones que pesan sobre las Fuerzas Armadas.

2do.- El feroz e interminable ataque ha generado el grado de indisciplina, desprestigio y oprobio en que se encuentran las Fuerzas Armadas. Este es tal, que su existencia se ve comprometida si sus hombres no levantan la frente y dicen basta.

3ro.- Exigimos la solución política que corresponde a un hecho político como es la guerra contra la subversión.

4to.- La actitud es también asumida por los Regimientos de Infantería 14 de Córdoba, 19 de Tucumán, 18 de Misiones, 21 de Neuquén y 35 de Santa Cruz.

5to.- Habiendo tomado conocimiento que los generales han decidido reprimir nuestro comando siendo nuestra actitud de manifiesta mesura hasta el momento, correrá por su estricta responsabilidad la escalada que se produzca y todas sus consecuencias."

El pueblo reaccionó rapidamente. Miles de manifestantes en todo el país salen a las calles, rodean los cuarteles amotinados y rechazan cualquier intento de desestabilización institucional. Alfonsín encuentra apoyo en el amplio arco político y sindical, incluso recibe la adhesión del gobierno norteamericano que ya no apoya a los asesinos y "protege" a las jóvenes democracias latinoamericanas. A pesar de la seguridad dada por Alfonsín aquel domingo de Pacuas, quedó la sensación de que el gobierno había cedido a las pretensiones militares y que éstos habían conseguido buena parte de sus reclamos.

Fernando Ferreira

Testimonios de la Censura
Néstor Ruiz* : "La censura que yo sufrí".

> "En relación a la prohibición en los colegios secundarios de la provincia de Buenos Aires de las obras de Pablo Neruda, sostengo que todos conocen la ideología confesada del autor, y sin desmerecer su valor literario, quienes lo lean conviene que posean el criterio suficiente para discernir una cosa de la otra. Los jóvenes no están capacitados para ese ejercicio." José Rafael Amadeo Llerena, ministro de Educación y Cultura, septiembre de 1980.

En 1944, cuando trabajaba en el diario *Edición Rural*, tenía sólo doce años e hice mi debut con la censura. A eso de las 10 y media de la noche de un día que la memoria no alcanza a precisar, una llamada telefónica me levantó de la cama "para ir a Casa de Gobierno a buscar el texto de la clausura del diario". Fue una aventura inolvidable. Pasajero de un taxi, a medianoche llegué a la Rosada, a la entrada de la calle Balcarce, donde con el decreto de la clausura en la mano me esperaba Luis Albornoz, un viejo periodista que arrastraba las secuelas de una paliza descomunal que muchos años antes le habían dado, en su San Juan natal, los torturadores de turno por orden del gobierno provincial al que no le había gustado vaya a saber qué cosa que había escrito.

El diario había publicado un editorial titulado "Zapatero a tus zapatos", que le aconsejaba al coronel Perón dedicarse a la Secretaría de Trabajo (que él había convertido en la plataforma de su carrera política) y dejar de lado temas tan extraños a su ramo como el de la agricultura y la ganadería, especialidades de *Edición Rural*. Durante mes y medio estuvo el diario cerrado y cada día que pasaba aumentaba la desesperación del personal, sin trabajo y sin

---
* Néstor Ruiz es periodista. Trabajó en los más importantes diarios y revistas del país. Actualmente es Jefe de Redacción del *Diario Popular*.

sueldo. Pero al fin el gobierno permitió la reapertura, gracias a los esfuerzos del jefe de redacción, Raúl Conti, quien había golpeado cuanta puerta se podía golpear para lograrlo, en tanto el autor del editorial, Vicente Dionisio Sierra, director del diario y destacado historiador (ultranacionalista y ultracatólico) se lavaba las manos. Después del 1º de mayo de 1946, cuando Perón asumió su primera presidencia, desapareció de la redacción y apareció como Secretario de Salud Pública y Abastecimiento de la Municipalidad porteña.

En 1973, durante la presidencia de Cámpora, el ministro Jorge Taiana nombró a Vicente Dionisio Sierra director de la Biblioteca Nacional.

La censura fue prácticamente total durante el gobierno de Perón, quien en 1954 pisó el palito de pelearse con la Iglesia, y comenzó una etapa en que los curas eran corridos a palos por las calles.

Unos días después del 16 de septiembre de 1955, un sábado, la policía y el Ejército rodearon el edificio de Alea (Bouchard y Viamonte), donde funcionaban varias redacciones de los diarios de la cadena oficial peronista y el taller donde se hacían esos diarios y otros que nada tenían que ver con la cadena, *Edición Rural* entre ellos. Gráficos y periodistas fuimos llevados a punta de fusil al subsuelo, donde estaban las rotativas. Después de identificarnos, uno por uno, el oficial a cargo mandó a todos a sus respectivas casas, "hasta nueva orden".

En los sesenta, quien en 1943 había debutado en el periodismo trabajaba en la sección Deportes de *Clarín*. En 1966, y sin aparentes trabas para trabajar, llegó el Campeonato Mundial de Fútbol, en Inglaterra. Fui uno de los enviados a cubrir el acontecimiento y sucedió que luego del partido Inglaterra 1-Argentina 0 escribí un comentario que fue parcialmente censurado. Empezaba diciendo:

"Somos muy poco en fútbol". Esas palabras se borraron. ¿Por qué? Porque en Buenos Aires decidieron convertir al equipo argentino en "víctima de una confabulación de los árbitros europeos" y lo proclamaron "campeón moral". Una grosera estrategia de venta en la que se embarcó todo el periodismo argentino. El presidente de la nación, Juan Carlos Onganía, se puso al frente de la campaña reivindicatoria de "los pobres muchachos despojados de la justa victoria en Wembley" y los recibió en la Casa Rosada.

En 1974, cuando murió Perón, los diarios no pudieron publicar avisos comerciales, sólo los fúnebres sobre Perón. El diario *La Prensa* tuvo grandes dificultades para su distribución porque salió con una necrológica en que, siguiendo su línea editorial, defenestraba al presidente fallecido.

En 1976, el Proceso prohibió todo. El mismo 24 de marzo los directores de todos los medios periodísticos tuvieron que presentarse en la Casa de Gobierno "a recibir instrucciones".

En medio de la guerra de Malvinas, un día llegó a *Diario Popular* una invitación para asistir a una conferencia del Estado Mayor Conjunto. Fuimos, más que nada por curiosidad. A las ocho y media de la mañana (en esa época nos íbamos de la redacción a las tres, cuatro de la mañana), en una sala del EMC (avenida Paseo Colón, enfrente del Edificio Libertador) aparecieron varios militares de las tres armas que explicaron cómo debían actuar los periodistas en esa instancia del país. Subió al escenario el periodista Julio Lagos, quien contó los patrióticos sacrificios que él estaba realizando en Radio del Estado para que en el exterior se conociese la verdad argentina. ✂

Una historia de la censura

Testimonios de la Censura
Luis Clur* : "La pelea siempre es desigual".

"La lucha se dará en todos los campos, además del estrictamente militar. No se permitirá la acción disolvente y antinacional en la cultura, en los medios de comunicación, en la economía, en la política o en el gremialismo. Los emboscados tendrán que salir de sus cubiles. Esta lucha es de vida o muerte por los valores esenciales de la nacionalidad." Teniente general Jorge Rafael Videla, en la comida anual de las Fuerzas Armadas en conmemoración del 160 aniversario de la Independencia nacional, 9 de julio de 1976.

Llevo 60 años de periodismo. Y de los sesenta, creo haber pasado un cuarto de mi vida profesional con libertad y el resto bajo gobiernos de facto o dictaduras. Con lo cual, muestro un récord de ejercer la profesión bajo presión o censura. A veces la censura fue más blanda y otras más dura, como en la época del Proceso Militar, del 76 al 83. En ese momento yo estaba en *La Opinión*. Ahí había entrado en el 73 y me quedé en la redacción hasta el 78. Incluso estuve en la época en que fue llevado Timerman y desapareció Sajón, que era un amigo mío. Yo era subdirector del diario *La Tarde*, que se hacía en la Editorial de *La Opinión*, y recuerdo que antes que el periódico saliera a la calle teníamos que exhibir las pruebas de página en el edificio de Guerra ante un grupo de censores encabezado por gente de la Marina. Y en realidad, todos los que trabajábamos allí estábamos al tanto de lo que sucedía. Recuerdo que no había listas negras en ese momento. Los que desaparecieron fueron los políticos, porque lo primero que hizo el Proceso fue cerrar el Congreso, de modo que no había posibilidades ni tenía sentido entrevistar a los políticos. Suponía que la aparición de

---

* Luis Clur fue director del noticiero *Telenoche* de Canal 13 desde 1990. Fue fundador de la agencia Télam, secretario general de redacción de *Clarín*, secretario de redacción de *La Nación* y *La Razón*, director en Canal 11 del *Reporter Esso* y director fundador de *Siete Días*. Fue Jefe de Redacción de *La Opinión*.

un grupo militar en el gobierno no iba a ser tan fácil ni tan alegre. Lo que ocurre es que era todo un sistema que no se imponía sobre un sector determinado del periodismo, sino que toda la prensa lo padecía. Yo tomaba ciertas precauciones. Casi nunca iba por los mismos lugares ni al trabajo ni a mi casa. Cuidaba ese tipo de detalles para impedir que me secuestraran en plena calle. Tenía llamados de gente de la Marina que manejaba el control informativo del Proceso y lo que más les molestaba durante esos años era que *La Opinión* publicara los hábeas corpus. Eso significaba denunciar (dentro de las limitaciones que imponía el medio) la desaparición de las personas, y a los militares eso los enfurecía mucho. Tal es así que en varias oportunidades colocaron bombas en los baños cercanos a la redacción, y también ametrallaron todo el edificio que estaba en Barracas a lo largo de la pared que daba a la redacción, en las horas de trabajo. Cuando publicamos la desaparición del coronel Pita, nos llamó Harguindeguy al Ministerio del Interior y nos trató muy mal.

Durante la primera época de Perón, trabajaba como corresponsal de la United Press y lo que yo publicaba no salía acá en Buenos Aires sino en el exterior. Estaba acreditado como corresponsal en la Casa de Gobierno y en la Cancillería, o sea que mantenía un contacto muy directo con el gobierno. Cuando se produjo la revolución de Menéndez, el 28 de septiembre del 51, yo estaba encerrado casualmente en la sala de periodistas de la Casa de Gobierno. Eso sucedió por la mañana y yo empecé a transmitir lo que estaba pasando. En ese levantamiento participaron también el general Lanusse, el general Alsogaray, Aguirre... Y junto con el relato de lo que sucedía yo le agregaba las impresiones que había en Casa de Gobierno. La información la transmitía por teléfono a la United Press y ellos a su vez por teletipo a Montevideo. De allí, las noticias se escuchaban por radio y los porteños estaban al tanto de lo que pasaba. Pero nadie sabía de dónde provenían los datos. El episodio de cómo se había "filtrado" esta noticia se conoció dos o tres días después de terminado el levantamiento de Menéndez, que fue aplastado por el general Videla Balaguer, que después se alzó contra Perón en el 55.

En fin, un grupo de periodistas se reunió con Perón dos días después y alguien me mencionó. Así fue como Raúl Apold, que era Secretario de Prensa, y el mismo presidente se enteraron de la verdad. Inmediatamente, Perón le comunicó a Apold que no quería verme más por ahí. Eso fue por la mañana y al mediodía, cuando me dirigía a Casa de Gobierno, otro compañero, Guillermo Corvalán Mendilarzu, que trabajaba para radio El Mundo, me advirtió que no entrara porque me iban a echar. Ese enfriamiento que tuve con el peronismo duró dos meses.

Luego hubo otro episodio mucho más serio que me obligó a buscarme otro trabajo. El general, desde la plaza mencionó en un discurso que estaba harto de "los traidores a la Patria", especialmente los corresponsales de UP, y que por eso, esos hombres iban a ser enviados al sur. Yo estaba en la plaza, escuchando sus palabras, y aunque en el discurso no me nombraba, sentí que me estaba hablando directamente y que tenía que cuidarme.

Noble me tomó en *Clarín* y me fui de la UP con toda la valentía posible en aquel entonces. Ese tipo de cosas sucedían en la época de Perón.

Durante el Cordobazo estaba en televisión, hacía *Reporter Esso* y no hubo ningún tipo de censura. Nadie nos dijo cómo teníamos que manejar la información y la prueba de eso es que nosotros transmitimos todo tal cual como pasaba en Córdoba. Ya era el final de Onganía y el comienzo del mandato de Lanusse. Durante el gobierno de Lanusse hubo un proceso importante de apertura de los medios de comunicación, y disminuyó la presión que había sobre la prensa, porque al frente de la Secretaría de Prensa estaba un periodista, que era Sajón. A fines del 72, el gobierno de Lanusse permitió el retorno del general Perón y yo recuerdo haber recibido una pequeña indicación que era más bien estética que compulsiva con respecto a la forma en que transmitíamos por televisión las imágenes en Ezeiza. Cuando llegó Perón a Ezeiza, para garantizarle su seguridad personal, el general quedó retenido durante unas cuantas horas y el ejército había mandado unos 4.000 hombres además de cañones que apuntaban al hotel de Ezeiza. Nosotros teníamos las cámaras justo apuntando a los cañones y entonces hubo una indicación muy amistosa solicitándonos que siguiéramos transmitiendo pero que por favor corriéramos un poco las cámaras para que no aparecieran en primer plano los cañones. Salvo eso, no hubo ninguna otra objeción, y se pudo transmitir sin problemas. Incluso los episodios de violencia que se produjeron en Ezeiza se transmitieron tranquilamente.

Durante la guerra de Malvinas recibíamos indicaciones del interventor del canal, que era un coronel, y con eso nos manejábamos. Porque nosotros, a pesar de haber enviado periodistas al sur, nunca pudimos llegar hasta las islas. El único que pudo hacerlo fue Kasanczew y muchas de las imágenes que él envió no pudieron ser transmitidas por ATC porque no lo dejaron. A pesar de las dificultades, hacíamos un noticiero bastante digno, porque nunca fuimos triunfalistas. Seguíamos minuciosamente la información que se daba a través de los cables pero no ejercíamos una actitud de voluntarismo triunfal. Fuimos muy sobrios.

A mí me parece que es necesario hacer una evaluación crítica de los medios de todo el país que actuaron durante circunstancias muy duras para tratar de seguir en pie, aun informando precariamente. Por ejemplo, estando en *Clarín*, en la época de Perón, no se publicaba nada en contra del General. Pero, a pesar del temor que había, el diario tenía una columna abierta que se titulaba "Qué dice la calle" y ahí se filtraban muchos datos de cosas que estaban pasando. Ese espacio, muy pequeño, era una especie de ventana de libertad, de respiro, de oxígeno. Hay que rescatar este tipo de cosas y cuando uno habla del pasado, tratar de ubicarse en el momento. A mí me parece que fue muy importante la lucha que libraron muchos medios por seguir manteniendo la estructura y la gente, a pesar de las prohibiciones, la censura y los aprietes que había.

Yo por suerte en todos los lugares donde estuve he tenido actitudes que no podría calificar de "sumamente" dignas, pero sí puedo decir que fueron dignas. De haber ejercido un periodismo de acuerdo con las circunstancias, sin bajar la cabeza, pero con algunas actitudes fuertes, digamos... Y donde podía ejercer la crítica con mayor fuerza, lo hacía. Si yo hago un repaso de toda mi vida tengo que mencionar que empecé a hacer periodismo en la época de Ortiz, después vino Castillo y después la revolución del 43. A eso le siguió Perón hasta el 55. Luego vino la Libertadora, y ahí hubo un cierto atisbo de libertad informativa. Después, una especie de autocensura para permitir que el régimen pudiera mantenerse y no volviera el peronismo. En medio de esa ambigüedad había que trabajar.

La desaparición de Sajón marcó mucho mi profesión. Sentí profundamente su ausencia, como así también la de otros compañeros que desaparecieron. Recuerdo que un sábado a la noche estábamos cerrando *La Opinión* y faltaba un artículo para la contratapa. Habíamos decidido publicar una nota de Heriberto Kahn, un periodista muy famoso que contaba dónde funcionaba la Triple A. Cerramos la nota y enviamos el original al taller que quedaba a la vuelta de la redacción, en la calle Suipacha. Cuando el coordinador vio de qué se trataba dijo que él no se haría responsable de la salida del diario. Yo corrijo la prueba -dijo- y me voy. Ante esto, todos los que estábamos allí presentes tomamos conciencia del peligro que corríamos y nos juramentamos distribuirnos en lugares diferentes. Heriberto se fue a Montevideo, el subeditor Enrique Jara a la provincia, y yo me fui a Longchamps, donde estaba un pariente de mi señora. Ese artículo provocó una gran conmoción.

Hoy podemos decir que hay libertad de prensa pero hay ciertas limitaciones que son ejercidas sobre los medios, como por ejemplo, las sanciones que existen por el desacato, o los juicios que se entablan contra los periodistas. Esa es una forma de ejercer presión contra el periodismo en general. Todavía no se ha dado la circunstancia de tener que ocultar determinados hechos por necesidad. Nadie viene a decirnos, por ejemplo, no cuenten nada de lo que pasó en Ramallo. A mí no me consta que haya cierto manejo de la información, por lo menos en televisión. El hecho está, se ve, se transmite. Después vendrá la investigación. Nosotros también nos metemos en eso. Aquí hay un equipo muy grande de periodistas trabajando en la selección de la información. No solamente atendemos la parte del canal abierto, sino también la del canal de cable que está transmitiendo todo el día. Hay una dinámica que hace actuar a la gente a través de los hechos. Los hechos hacen mover a la gente y cuando esto sucede, es muy difícil pararse para determinar o preguntarse ¿lo damos o no lo damos? Los hechos que se suceden van llevando a la gente y a los periodistas a ejercer la libertad. ✂

Ford de Pacheco. A fines de junio de 1985, la planta Ford de Pacheco fue ocupada por los trabajadores. Durante dos semanas se mantuvieron en la fábrica reclamando mejoras salariales. Los obreros, con su delegado general Miguel Delfini a la cabeza, exigieron la intervención del gobierno en favor de los trabajadores. Mientras el SMATA abandonaba la defensa de los obreros en conflicto, la Justicia dictaminó la ilegalidad de la toma y urgió el desalojo. El 13 de julio los operarios abandonaron la planta. La empresa mantuvo las puertas cerradas, y las reabrió luego de despedir a 305 obreros.

Las manos de Perón. El 2 de julio de 1987 una noticia golpea a la opinión pública. Se confirma la amputación de las manos del cadáver del general Juan Domingo Perón. La CGT y el Partido Justicialista convocan a un paro nacional de 6 horas en repudio a este atentado y realizan un acto en la Avenida 9 de Julio y Belgrano al que asisten más de 50.000 personas.

TESTIMONIOS DE LA CENSURA
Aníbal M. Vinelli* : "Un país que no permite 'ver' con libertad no existe".

> El Ente de Calificación Cinematográfica da un comunicado con motivo de una publicación según la cual la prohibición de 200 películas extranjeras representaría para el país un ahorro de 300.000 dólares. Expresa el Ente que ese dato es erróneo porque a esa cifra de 300.000 dólares se ha llegado ya con la prohibición de 34 películas. "Cuando sean 200 las películas prohibidas, agrega el comunicado, se podrá estimar el ahorro de divisas para la nación en cifras que alcancen el orden de 1.500.000 dólares". Miguel Paulino Tato estaba al frente del Ente de Calificación, enero de 1975.

* Aníbal Vinelli es crítico cinematográfico del diario *Clarín*. Trabajó en *La Opinión* junto a Agustín Mahieu. Fueron famosas sus crónicas contra la censura, a la que combatió implacablemente desde las páginas del desaparecido semanario *Humor*.

Tras escribir algunas notas aisladas en *La Opinión*, en 1974 conseguí un puesto en la sección Espectáculos y más tarde, en 1978, me nombraron jefe de la sección. No duré mucho tiempo como jefe, me fui muy pronto, ya no me gustaba el clima que había: Jacobo Timerman estaba detenido, el diario estaba intervenido militarmente y, aunque no había tenido mayores problemas, no me sentía cómodo. Era muy difícil escribir con la censura de ese momento en *La Opinión*, sobre todo por la intervención militar. Se hablaba lateralmente del tema: por ejemplo, hacías una nota sobre Flash Gordon y recordabas que Federico Fellini había sido guionista de la historieta y aprovechabas así para tirar dardos sutiles contra el fascismo. Pero era muy difícil, sabías que te podían matar sólo por eso...

Fue entonces cuando llegué a *Humor*, una revista que alcanzó a vender 300 mil ejemplares. La censura se había puesto muy pesada y se me ocurrió escribir una nota que contara lo que estaba pasando. Tomé un artículo de la revista *Variety*, y escribí otro que tan sólo comparaba las duraciones originales de las películas con las de los films que pasaban en la Argentina. Simplemente fue un trabajo de suma y resta que mostró diferencias sorprendentes. Además, me fijé en lo que decía *Variety* acerca de las secuencias más llamativas de esas películas y me di cuenta de que esas partes faltaban en las películas que se exhibían acá. Ese fue mi primer acercamiento al trabajo sobre la censura. La idea del título fue de Aquiles Fábregat y de Tomás Sanz, le pusieron "Cortes y confesión". Yo quería hacer sólo una nota pero ellos me pidieron que siguiera y, como tenía material, seguí. Llegué a escribir alrededor de setenta artículos sobre el tema que convirtieron a ese título de mi primera nota en el nombre de mi columna quincenal.

Durante todos esos años (entre 1978 y 1983), me gustó mucho hacer ese trabajo, sobre todo porque empezó a hacer

Una historia de la censura

su efecto: la sección ya había empezado a calar en la gente que, en su mayoría, ya no iba al cine porque sabía que todas las películas estaban cortadas, sabía que todo era un engaño público. El caso más llamativo de cortes ridículos es el de la película *Superman II* que tenía una secuencia en la que Superman levantaba en el aire un ómnibus de Broadway que tenía un cartel que decía "Evita" y que correspondía al anuncio del musical que entonces se daba allí y que todos los argentinos que viajaban a Nueva York iban a ver... Esa escena la cortaron porque, obviamente, Evita estaba recontra prohibida aquí. Hubo cientos de casos como esos y llegó un momento en el que era raro encontrar una película que no estuviera cortada.

Humor era una revista muy lanzada, muy jugada, muy valiente, que fue secuestrada varias veces, recibió bombas y le hicieron procedimientos de todo tipo. Lo que yo hacía no era tan bravo como las denuncias generales de la revista sobre negociados del Proceso, actitudes militares, Malvinas, etc., etc. De vez en cuando me llamaban anónimamente, me amenazaban..., pero nunca nada grave; hubo quienes pasaron angustias mucho peores que esa... Yo no sentía que corría peligro porque, comparativamente, el costado del espectáculo siempre está en un escalón más abajo de peligro. Era mucho más difícil para los que hablaban de política. En algunos de nosotros no sé si hubo inconciencia pero sí unas ganas grandes de no bajar los brazos. Algunos se tendrían que haber ido del país, como Enrique Raab, pero se quedaron y murieron, como él.

En el ámbito cinematográfico la primera forma organizada de censura se dio recién a partir del primer gobierno peronista, cuando no se filmaba absolutamente nada que tuviera la menor crítica para el régimen. De ahí que todas las películas de entre el 46 y el 55 no hayan tenido prácticamente ningún enfoque crítico. Incluso el film *Las aguas bajan turbias*, hecho por un auténtico militante peronista como Hugo del Carril, tuvo muchos problemas porque se basaba en una novela de Alfredo Varela, que era un escritor de izquierda, y que mostraba una realidad dura y cruel. Cuando llegó la revolución del 55, una de las primeras cosas que se proclamó fue el Régimen de Auténtica Libertad Cinematográfica, pero claro, no se podía filmar nada que tuviera que ver con el peronismo, que estaba proscrito. Así que la libertad fue un poco relativa. A partir de 1958 y 1960, aun en gobiernos más o menos democráticos como el de Frondizi o el de Illia -digo más o menos porque el peronismo estaba proscrito-, ya había algunas comisiones funcionando de manera más o menos organizada. Pero fue a partir del régimen de Onganía, desde 1966, cuando las comisiones de censura comenzaron a establecerse en serio. Es por eso que a partir del tercer gobierno de Perón, entre el 73 y el 74, se las sintió con tanta fuerza. Tato es el nombre más notable en relación con la censura, pero no es el único: había un fiscal, De la Riestra, y otros funcionarios que realmente dirigían la censura y lo hacían con mucho fervor, creyendo probablemente en lo que hacían. El Ente funcionaba en la otra cuadra de donde está el Congreso Nacional, generalmente en épocas en las que el Congreso estaba clausurado. Todo esto siguió igual hasta fines del 83, cuando estaba por llegar la democracia e incluso el último secretario de Información Pública de Bignone, Pastor Oscar Magdalena, trató de liberar un poco la cosa. Permitió algunas Semanas de Cronistas Cinematográficos y hasta trató de organizar algunas donde se vieron películas que habían estado prohibidas y que fueron un éxito: la gente casi se tiraba adentro de los cines porque venían de muchos años de abstinencia.

Creo que hoy el centro del debate radica, entonces, en los alcances de la crítica independiente. Pienso que es muy pormenorizado y parcial el impedimento de hacer críticas negativas por culpa de los avisadores. ✂

Capítulo IX
El neoliberalismo menemista.
Indulto y censura económica
(1989- 1999)

Muchos han intentado definir la locura. Algunos la han elogiado de diferentes maneras, como Erasmo de Rotterdam y José Ingenieros. La locura también puede ser una manera de rebelión para soportar este universo cotidiano hecho de sumisión, de desencanto, de servilismo, de hostilidad, de hostigamiento de unos contra otros, de excluidos, de ricos y pobres, de censura y de inexorable ignorancia. Eso es lo que representó el "dogma neoliberal" que el Dr. Carlos Menem aplicó sin anestesia. Afortunadamente, la historia no ha sido resuelta. Quienes se alzaron en contra de la dialéctica creando un nuevo concepto de globalización no han solucionado nada en un mundo donde muchos vivos no saben que han dejado de existir. Con 86 muertos, trescientos heridos y una montaña de escombros, el atentado contra la Asociación Mutual Israelita Argentina (AMIA) dejó una herida que no cicatriza en una sociedad acostumbrada a considerarse a sí misma "un crisol de razas". Un atentado anterior, contra la Embajada de Israel, había costado 29 muertos. Una censura silenciosa signó la investigación de ambos hechos. De la decepción a la desesperanza el trecho es muy corto. Fueron diez años que cambiaron definitivamente al país. Dos cosas se mantuvieron inalterables en la Argentina de Menem: la impunidad de quienes ejercían el poder y la vigencia de un reclamo aún no satisfecho: el de justicia.

Memorias

Proyectos. "El gobierno del presidente Carlos Saúl Menem envió tres proyectos al Congreso que podrían acallar a la prensa en este año electoral si fueran aprobados. (...) Los proyectos, que tienen probabilidad de ser sancionados en el Congreso bajo control de Menem, aumentarían sustancialmente las penas por calumnias e injurias, convertirían en delito la ofensa a la memoria de los muertos y obligarían a los medios a contratar costosos seguros por injurias. (...) Editores de periódicos, radiodifusores, asociaciones de prensa y partidos de oposición están en contra de esos proyectos. Afirman que tales medidas están dirigidas a intimidar a la prensa y suprimir las investigaciones sobre la corrupción gubernativa que podrían ser perjudiciales para la campaña de Menem por su reelección (...) Hace dos años (en 1993), cuando el diario *Página/12* puso en evidencia escándalos de corrupción que involucraban a amigos y familiares de Menem, el presidente afirmó que la publicación se financiaba con dinero del narcotráfico y llamó a Verbitsky 'delincuente periodístico'. 19 de febrero de 1995. De *Un mundo sin periodistas*, de Horacio Verbitsky.

Fallo. "Un fallo de la Justicia establece que los medios no pueden ser castigados cuando publican una información que perjudica a un tercero y luego se demuestra errónea, cuando esa información provino de las declaraciones de una fuente que ha sido claramente identificada. Esta resolución, firmada por el juez en lo Civil Miguel Prada Errecart, se fundamentó en la defensa de la libertad de prensa y del 'papel protagónico' de los medios en el control de 'la actuación de los funcionarios públicos'. Con estos argumentos, el juez rechazó una demanda por daños y perjuicios contra el diario porteño *Crónica*. La había iniciado Eduardo Grizzuti, quién exigía al diario una indemnización de 100 mil pesos, por unas notas publicadas en 1990, cuando se desempeñaba como funcionario en el Ministerio de Salud Pública bonaerense. En 1989, Grizzuti trabajaba en la Dirección del Centro de Cómputos del Ministerio de Salud bonaerense. Por supuestas irregularidades, el entonces titular del ministerio, Ginés González García, ordenó un sumario administrativo en su área. Se dispuso la 'disponibilidad relativa' de Grizzuti, quien fue trasladado al Hospital Elina de la Serna de Montes de Oca, en La Plata. Luego, el funcionario fue sobreseído. Grizutti consideró que la publicación era injuriosa y demandó al diario. Dijo que los artículos le habían ocasionado daños psicológicos y profesionales, en su actividad docente y en su vida social..." Diario *Clarín*, 18 de febrero de 2000.

Testimonios de la Censura
Eduardo Kimel[*] : "La masacre silenciada".

> "Personal docente marxista, aprovechando la intimidad de las aulas, imparte el contenido de materias bajo el enfoque ideológico que lo caracteriza. La bibliografía constituye el medio fundamental de difusión de la ideología marxista. El docente no marxista debe denunciar estos hechos para evitar la contaminación ideológica del alumnado. (...) El accionar subversivo se desarrolla a través de maestros ideológicamente captados que inciden sobre las mentes de los pequeños alumnos..." Folleto editado por el Ministerio de Cultura y Educación en abril de 1977 con el título "Subversión en el ámbito educativo". El documento se distribuyó en escuelas, colegios y jardines de infantes hasta fines de la década del 80, ya instalada la democracia.

[*] Eduardo Kimel es periodista y autor de *La masacre de San Patricio*, una exhaustiva investigación sobre el crimen de los curas palotinos durante la dictadura militar.

"Rolando Savino era el joven organista de la iglesia de San Patricio. Desde chico concurría a la parroquia de los palotinos irlandeses. El domingo 4 de julio se levantó temprano y fue a la iglesia, para asistir a la primera celebración de la misa. Llegó a las siete y media. Había poca gente en la calle, aguardando con frío, a la intemperie. Pasaron los minutos y extrañado vio que el templo permanecía cerrado. Algunos feligreses impacientes tocaron el timbre y dieron golpes en las puertas, sin obtener respuesta. A las ocho menos cinco Rolando dio un rodeo a la casa y encontró una banderola semiabierta. Trepó y entró. No percibió ningún movimiento. Fue hasta el comedor de la planta baja. Tomó las llaves de la iglesia y abrió las puertas para que los feligreses pudieran entrar. Utilizando otra llave abrió la puerta de la casa parroquial; desde el hall llamó a los padres sin resultado alguno. Vio luces encendidas en la planta alta. Creyó que los sacerdotes se habían quedado dormidos, o que recién se levantaban, aunque esto no fuera normal. Volvió a gritar y, como el silencio continuaba, subió las escaleras hasta el primer piso, donde estaban los dormitorios. Un frío helado recorrió su cuerpo. Una presunción lo invadió. Estaba todo revuelto. En las puertas y en la alfombra había inscripciones, que no pudo o no quiso leer. Pensó en un robo. La estufa de gas estaba encendida. Se acercó a la sala de estar. Abrió la puerta y con horror observó los cuerpos ensangrentados de los cinco religiosos tirados en el suelo. Aterrorizado, bajó las escaleras. Entre las personas que aguardaban vio a la señora Celia Harper, a quien conocía. Impelido de un desconocido sentido del control le pidió que lo acompañara a la planta alta, sin decir una sola palabra al resto de la gente. A los pocos minutos Rolando y Celia se dirigieron a la comisaría del barrio para comunicar el macabro hallazgo."

Una historia de la censura

Este relato pertenece a mi libro *La masacre de San Patricio*, una investigación sobre el horrendo asesinato de los cinco religiosos de la comunidad católica palotina de Belgrano R, sucedido el 4 de julio de 1976. En las primeras horas de aquel día un grupo de tareas de la dictadura militar ingresó a la casa parroquial y, luego de identificarlos, masacró a los sacerdotes Alfredo Kelly, Alfredo Leaden y Pedro Duffau, y a los seminaristas Salvador Barbeito y Emilio Barletti.

El crimen fue el hecho más importante que sufrió la Iglesia Católica argentina en toda su historia. Sin embargo, desde aquel 4 de julio poco se hizo para recordar a las víctimas y mucho menos para hallar y castigar a los culpables.

La jerarquía católica argentina mantuvo una llamativa indiferencia, nunca reclamó con la debida fuerza por el crimen; el homenaje a las víctimas quedó circunscripto a las misas que los Palotinos les dedican cada 4 de julio. Si se hiciera una encuesta entre la gran masa de católicos practicantes, seguramente una inmensa mayoría no podría contestar a la pregunta: ¿qué fue la masacre de San Patricio? Veinte años después del horrendo hecho la congregación palotina ha solicitado a las autoridades eclesiásticas la investigación oficial con el propósito de que los cinco religiosos sean considerados mártires de la Iglesia.

La investigación judicial tuvo dos etapas. La primera encabezada por el juez Guillermo Rivarola en los años 1976 y 1977 no dio con los autores y fue sobreseída provisionalmente aunque hubo evidencias notorias que indicaban la intervención de la dictadura operando en el marco de lo que los represores denominaron la "lucha antisubversiva". La segunda fase comenzó en agosto de 1984, y estuvo a cargo del juez Néstor Blondi. Una serie de testimonios dirigieron la sospecha hacia la Escuela de Mecánica de la Armada (ESMA). Incluso un ex integrante de la Marina, Miguel Angel Balbi, relató en el tribunal que un ex "compañero de armas", Claudio Vallejos, le había confesado su participación en el homicidio juntamente con Antonio Pernías, el teniente de navío Aristegui y el suboficial Cubalo.

Sobre la base de las declaraciones de Luis Pinasco y Guillermo Silva, dos vecinos de la parroquia que fueron testigos de una parte de lo que ocurrió aquella noche, se pudo reconstruir parcialmente la verdad. Se supo que la presencia de dos automóviles Peugeot 504 estacionados frente a la parroquia había despertado la preocupación del joven Julio Víctor Martínez -hijo de un general que había sido designado gobernador por la Junta Militar-, quien realizó la denuncia en la comisaría 37. Luego de mucha resistencia se envió un patrullero al lugar y el oficial a cargo del operativo, Miguel Angel Romano, conversó con quienes estaban dentro de los coches. Desde una casa en la esquina de Estomba y Sucre los jóvenes siguieron los acontecimientos. Cuando el móvil policial se retiraba de la cuadra, Guillermo Silva escuchó una palabras destinadas al cabo de la Policía Federal Pedro Alvarez, quien custodiaba el hogar de la familia Martínez: "Si escuchás unos cohetazos no salgás porque vamos a reventar la casa de unos zurdos". Después de un rato los jóvenes vieron cómo varias personas salían de los autos con armas largas e ingresaban a la casa parroquial. Y mucho más tarde escucharon el ruido de un auto arrancando y alejándose a mucha velocidad.

Convocado por el juez Rivarola, Miguel Angel Romano dio su versión sobre lo ocurrido. Reconoció haber estado frente a la parroquia aquella noche e identificado a la única persona que según él estaba dentro de un automóvil Peugeot 504. "Cuando lo interrogó sobre el motivo de su estadía en ese lugar, esa persona le manifestó que se encontraba allí esperando a una señorita que tenía que salir de una fiesta que se daba a la vuelta."

En mayo de 1986, el fiscal Aníbal Ibarra solicitó el procesamiento del ayudante Miguel Angel Romano. "Llego a la conclusión de que el ayudante Romano individualizó a las personas que estaban en uno de los Peugeot y digo a las personas porque el nombrado mintió cuando expresó que sólo encontró a una. (...) En tales condiciones, es evidente que los integrantes del rodado hicieron saber que la intención de ellos no era el general Martínez sino por el contrario 'reventar a unos zurdos'. Esto obviamente tranquilizó al ayudante Romano, quien se dirigió entonces a avisar al custodio del mencionado ex gobernador del Neuquén lo que realmente iba a ocurrir". Ibarra concluía: Romano "supo en el cumplimiento de sus funciones lo que iba a ocurrir en la parroquia de San Patricio y con su actitud -tratando incluso de evitar la posible intervención del custodio del general Martínez- permitió que ello ocurriera".

Asimismo Ibarra pidió el procesamiento del jefe de la comisaría 37ª, Rafael Fensore, por "la omisión de incorporar al expediente ese importante incidente (la denuncia de Martínez)", que recién fue agregada tres días después del múltiple homicidio.

En junio de 1987, el juez Blondi dispuso el desprocesamiento de Fensore y Romano, haciendo lugar al pedido de prescripción de la acción formulado por los abogados defensores. La causa judicial fue clausurada por segunda vez en forma provisional. Las leyes de Punto Final y Obediencia Debida, sancionadas durante el gobierno de Raúl Alfonsín, y los indultos decretados por Carlos Menem hicieron el resto. La investigación quedó interrumpida sin indicio de que pudiera o pueda ser reactivada. Los asesinos e instigadores nunca fueron castigados.

Cuando a mediados de los años ochenta se me propuso investigar y redactar un libro vinculado a la violación de los derechos humanos durante la última dictadura militar, decidí trabajar sobre la Masacre de San Patricio. Era mi forma de contribuir a la construcción de la memoria colectiva, tratando de arrojar luz allá donde la represión más cruenta y la confusión premeditada habían pretendido enterrar la muerte de los cinco religiosos en el más infame de los silencios. El libro tenía, en ese sentido, un doble propósito: investigar cómo sucedió el asesinato y demostrar cómo se inscribió en la estrategia del terrorismo de Estado.

Mi libro se publicó en noviembre de 1989. Cuando estuvo en la calle, jamás pensé que podría originar una querella judicial. Y menos que la misma proviniera del juez que tuvo a su cargo investigar el crimen durante la dictadura, Guillermo Rivarola. Quizás fui ingenuo, pero un breve párrafo que dediqué a evaluar su actuación como magistrado fue suficiente para que me iniciara en 1991 una causa por presuntas calumnias.

En octubre de 1995, la jueza Angela Braidot, considerando que estaba acreditado el delito de injurias, me condenó a un año de prisión en suspenso y a pagarle a Rivarola 20.000 dólares en carácter de indemnización. En noviembre de 1996, la sala VI de la Cámara Nacional de Apelaciones, con el voto unánime de sus tres integrantes, anuló el fallo anterior y me absolvió. Uno de los camaristas, el doctor Carlos Elbert, asumió una autocrítica de la actuación de la Justicia en estos términos:

"Esa quiebra violenta del orden jurídico consintió un Poder Judicial comprometido, en carácter de institución legítimamente esencial del estado de excepción, pero sin eficacia suficiente como para cuestionar o limitar el implacable terrorismo de Estado impuesto."

En diciembre de 1998, la Suprema Corte de la Nación

hizo lugar a un recurso presentado por Rivarola, revocó el fallo anterior y lo devolvió a la Cámara para se dictara nueva sentencia. Así lo hizo la sala IV, integrada por Alfredo Barbarosch y Carlos Gerome, quienes el 8 de abril de 1999, hallándome culpable esta vez del delito de calumnias, confirmaron la pena impuesta por la jueza de primera instancia.

En octubre de 1999 la misma Cámara accedió a habilitar un recurso extraordinario interpuesto por mi defensa. En el momento de escribir estas líneas el asunto judicial no alcanzó una sentencia firme.

De todos modos, el fallo de la Sala IV de la Cámara provocó un repudio generalizado desde los más diversos sectores. La Unión de Trabajadores de Prensa (UTPBA) y la Asociación Periodistas encabezaron una campaña de denuncia tanto en el plano nacional como en el internacional. La condena fue rechazada por ADEPA y la Sociedad Interamericana de Prensa (SIP). El 16 de abril de 1999, Santiago Cantón, relator oficial para la Libertad de Prensa de la OEA, emitió un comunicado donde dice: "Causa sorpresa a la Relatoría que termine siendo castigado el periodista que realizó una investigación de ese horroroso crimen, mientras que los autores del crimen, sus encubridores y cómplices, siguen impunes." En Ciudad del Cabo (Sudáfrica), 26 organizaciones de periodistas y de derechos humanos suscribieron una declaración en la que instaban "a los integrantes del máximo tribunal argentino a reconsiderar ambas sentencias y a dictar un fallo justo".

La situación representa no sólo un grave daño individual, es una clara limitación a la libertad de expresión que afecta no sólo al periodismo sino a toda la población, al cercenarle su derecho a ser informada.

El hecho objetivo es que la investigación encabezada por Rivarola en los años 76 y 77 no ubicó a los asesinos.

¿De qué manera se puede explicar que si entre 1976 y 1983 hubo miles de asesinatos, secuestros y torturas cometidos por las Fuerzas Armadas, ninguno de los criminales, en aquel período, recibió el correspondiente castigo? Los asesinos siguen en libertad, entre nosotros. ✂

EL EJERCICIO DEL PERIODISMO EN LOS AÑOS NOVENTA
La libertad de prohibir

> "El jefe del Ejército, Ricardo Brinzoni, aseguró que no sabe 'absolutamente nada' sobre el llamado Plan Cóndor, que fue ideado por las dictaduras militares latinoamericanas durante la década del 70 para coordinar la acción represiva en el sur del continente, con un saldo de miles de muertos y desaparecidos." Nota publicada por el diario *Página/ 12*, viernes 3 de marzo de 2000.

Con el negro telón de fondo de la desaparición y el asesinato de casi un centenar de periodistas durante los siniestros años de la dictadura militar, que asaltó el poder en 1976, más de mil amenazas de muerte y los crímenes de Mario Bonino y José Luis Cabezas ensombrecen los años noventa en el ejercicio del periodismo en la Argentina, la década de Carlos Saúl Menem en el poder.

A las intimidaciones verbales y el uso de la fuerza contra periodistas golpeados -Hernán López Echagüe, Marcelo Bonelli y Carlos Vidal Ortiz, entre otros-, se agrega la persecución judicial contra medios y profesionales independientes por parte de funcionarios, jueces y empresarios molestos por las denuncias publicadas, como así también los recurrentes intentos de legislar contra la libertad de prensa a partir de proyectos como la controvertida ley mordaza, algunos de cuyos autores compartían el ala más cercana al ex gobierno menemista.

Como si esto no bastara para radiografiar las conflictivas relaciones entre la prensa y el oficialismo en los años noventa -que muchos, incluso el propio Menem, calificaron como los de mayor libertad de expresión que se recuerde-, basta mencionar que en esta etapa se consumó una de las nuevas condenas que pesan sobre el ejercicio pluralista de la información, como es la entrega de la llave a la fenomenal concentración de medios, cuya secuela más notoria fueron los despidos: sólo tomando cifras correspondientes al período 1998-99, alcanzaron a más de 800.

A partir de este nuevo rostro de la censura, más solapado pero igualmente brutal, se fue acentuando el proceso de precarización salarial y laboral con ajustes de diversa índole y se logró vulnerar en los hechos el Estatuto del Periodista, especialmente en lo que hace a la extensión de la jornada laboral y a las condiciones de proveedores a las que se somete a una amplia mayoría de trabajadores de esta profesión, más allá de su trayectoria y experiencia, a quienes las empresas y el sistema convierten en virtuales parias, privándolos de los derechos y beneficios más elementales.

En poco más de diez años desaparecieron los diarios *Tiempo Argentino*, las ediciones vespertina y matutina de *La Razón* de los Peralta Ramos, *Sur*, *El Expreso*, *El Heraldo de Buenos Aires* y *Perfil*; las revistas *El Periodista*, *13/20*, *El Porteño*, *Esquiú*, *La Maga*, *Humo*r (que arrastró al cierre a la Editorial La Urraca), Editorial Abril (que publicaba una veintena de títulos) y *Pistas*. La guadaña cayó en esos tiempos sobre la agencia nacional de noticias Interdiarios y las cadenas televisivas CVN (América TV) y Red de Noticias (Telefé), al tiempo que se agravó la crisis del diario *Crónica*, que enfrentó despidos, recortes salariales y amenazas de cierre, en tanto hubo cesantías masivas en *Página/12*, El *Cronista Comercial*, *La Nación* y América TV, aumentando los altos niveles de desocupación y marginación que afectaron el ejercicio de la profesión hacia finales de siglo.

Hubo sistemáticos ataques para intentar la derogación del Estatuto, y se avanzó como nunca sobre los convenios de prensa; se registró la desaparición de categorías laborales y tuvo lugar un proceso de precarización laboral absolutamente inédito. No está de más recordar que en los noventa se pretendió intervenir a la organización que nuclea a los periodistas, y que ese ataque se corresponde con otros como la reducción de los aportes patronales (o la retención empresaria de esos aportes) y la pérdida de numerosos puestos de trabajo.

Tragedia. A partir de esa larguísima noche que se extendió durante siete años, 84 periodistas fueron secuestrados y permanecen desaparecidos, 15 fueron asesinados, mientras que cientos fueron condenados al exilio interno o externo, como otra manera de acallar sus denuncias respecto de una realidad que sobrecogía a propios y extraños.

"Fue la tragedia más grande del periodismo argentino", sintetiza el periodista e historiador Osvaldo Bayer en el prólogo de *Periodistas desaparecidos*, reedición de *Con vida los queremos*, el libro de homenaje a las víctimas editado por la Utpba (Unión de Trabajadores de Prensa de Buenos Aires). Para Bayer, no quedan dudas de que "fueron desaparecidos los mejores" y pensar en los que no están, es soltar la emoción, la tristeza y la impotencia. "La emoción al recordar sus voces, sus sonrisas, sus ojos, su andar. Tristeza porque ya no los volveremos a encontrar al doblar la esquina, en el café de La Paz, en La Opera, en El Foro, en Los 36 billares. Impotencia por saber que sus asesinos están libres, y más que eso: los peores de todos son gobernadores o intendentes o diputados. El país de los periodistas muertos. Y el de sus asesinos libres y votados."

Como un homenaje a sus vidas y al recuerdo que dejaron, aquí, sus nombres: Claudio Adur, Ricardo Aiur, Alejandro Almeida, Lucina Alvarez de Barros, María Elena Amadío, Andrés Ariza, Juan José Azcone, Jorge Asenjo, Oscar Barros, María Bedoian, Horacio Bertholet, Alicia Burdisso Rolotti, Miguel Angel Bustos, Juan José Candepón, Roberto Carri, Aldo Casadidio, Conrado Ceretti, Jaime Colmenares, Haroldo Conti, Daniel Danquen, Eduardo Defieri, Julián Delgado, Héctor Demarchi, Carlos Denis, Mabel Kissler de Domínguez, Pablo Dorigo, Dardo Dorronzoro, Alicia Eguren de Cooke, José Espinosa, Rodolfo Fernández Pondal, Claudio Ferraris, Ernesto Fossati, Jorge Foulkes, Gerardo Gatti Antuña, Raymundo Gleyzer, Célica Gómez, Alberto Gorrini, Rodolfo Guagnini, Diana Guerrero, Norberto Habegger, Jorge Harriague, Mario Hernández, Mario Herrera, Juan Carlos Higa, Daniel Hopen, Ignacio Ikonicoff, Santiago Illa, Maurice Jaegger, Alfredo Kolliker Frers, Miguel Lizaso, Susana Lugones, Francisco Marín, Mario Martínez, José Martínez Suárez, Heraldo Marucco, Nebio Melo Cuesta, Liliana Monteni, Susana Medina de Bertholet, Luis Mónaco, Toni Motta, Daniel Moyano Vega, Paulo Nazar, Héctor Oesterheld, Carlos Pérez, María Perrier, Rafael Perrota, Horacio Poggio, Enrique Raab, José Ramos, Edgardo Sajón, Roberto Santoro, Juan Miguel Satragno, Víctor Seib, Santiago Servín, Roberto Sinigaglia, Juan Marcelo Soler Guinard, María Cristina Solís, Horacio Speratti, Eduardo Suárez, Patricia Villa, Enrique Walker, Rodolfo Walsh, Tilo Wenner, Pedro Barraza, Cristina Bettamín, Guillermo Bettamín, Leonardo Bettamín, Dardo Cabo, José Colombo, Ana María Estevao, Julio César Fumarola, Marcelo Gelman, Héctor Ruiz Gutiérrez, Zelmar Michelini, Rodolfo Ortega Peña, Francisco Urondo, María Victoria Walsh y Miguel Angel Zavala Rodríguez.

Sin que se llegara a tanto, una escalada de violencia y agresiones contra la prensa marcó a fuego la presidencia de Carlos Menem, como nunca antes había ocurrido durante un gobierno constitucional. Sus puntos culminantes fueron los asesinatos de Mario Bonino y José Luis Cabezas, ocurridos en 1993 y 1997, respectivamente. Un tercer crimen, ocurrido en La Plata, roza la profesión: la víctima, Miguel Bru, era estudiante de periodismo en esa ciudad. En los tres casos puede hablarse de crímenes de carácter institucional, donde el poder político y la policía quedaron seriamente involucrados. "Bonino murió por elementos fascistas enquistados en el poder", admitió el entonces titular del Ministerio del Interior, Carlos Ruckauf, al programa *Edición Plus*, que se emitía por Telefé. La investigación fue cerrada sin que se avanzara en ningún elemento que pudiera esclarecer la muerte del periodista, padre de un niño de corta edad. Los peritos de la Justicia, la Policía Federal y de la familia coincidieron en el veredicto: llegó muerto a las negras aguas del Riachuelo. Aunque la Utpba reclamó la remoción de Luis González Warcalde, el fiscal especial designado para investigar este crimen, y rechazó la manera "agraviante, irrespetuosa, falaz y provocadora" en que se refirió a Bonino durante una entrevista que la periodista Lana Montalbán le realizó para un ciclo televisivo, el funcionario judicial continuó en su puesto sin sentirse obligado a hallar respuestas ni por éste ni por ningún otro hecho de violencia cometido contra el sector.

En cuanto a Carlos Ruckauf, una cosa era reconocer en manos de quién murió Bonino y otra sentarse a dialogar con la comisión especial integrada por abogados y periodistas que efectuaron una investigación extrajudicial del caso. El entonces ministro del Interior no aceptó el pedido de audiencia solicitado por Santo Biasatti, Enrique Sdrech, Nancy Pazos, Nelson Marinelli, Pablo Llonto y

Enrique Tortosa, entre otros de los colegas convocados por el gremio para reunir datos que pudieran echar luz sobre esa muerte. Respecto de la investigación judicial, no avanzó ni en el esclarecimiento del crimen ni encontró culpables o sospechosos de haberlo cometido.

Al mismo tiempo que desaparecía Bonino, el sereno de la sede central de la Utpba, Miguel Gavilán, fue atacado por tres individuos que tras forzar la puerta lo agredieron provocándole traumatismos en la cabeza que obligaron a su internación.

Un informe de la Secretaría de Derechos Humanos de la entidad determinó que el 50 por ciento de las agresiones a los periodistas registradas durante ese año (1993) eran físicas; el 27 por ciento, amenazas; el 13 por ciento, juicios, y el 7 por ciento restante, detenciones. De acuerdo con la procedencia, el 38 por ciento provenía de funcionarios; 28 por ciento de amenazas anónimas y el 21 por ciento de las fuerzas policiales.

En ese año habían ocurrido también las dos golpizas al periodista Hernán López Echagüe, redactor entonces del matutino *Página/12*. Durante la primera agresión, dos hombres le tajearon la cara con una navaja al salir de su casa, en pleno centro porteño, presuntamente por su investigación del accionar de las patotas que operan en el Mercado Central y la eventual vinculación de éstas con el hombre fuerte de La Matanza, Alberto Pierri. Días antes de este episodio, Pierri había calificado al periodista Román Lejtman de "judío piojoso". El segundo ataque contra López Echagüe tuvo lugar a la salida del Bingo de Avellaneda, adonde concurrió en búsqueda de información sobre el entonces gobernador bonaerense Eduardo Duhalde, que después volcó en su libro *El otro*.

La escalada de violencia continuó con los golpes recibidos por el periodista Marcelo Bonelli en momentos en que se disponía, en horas del amanecer, a ingresar a Radio Mitre. Una bomba destruyó parcialmente la FM La Tribu y tres periodistas de Mar del Plata y Córdoba sufrieron secuestros.

Desde Holanda, Menem se desdijo de una declaración previa al viaje e intentó minimizar los hechos. "En esas amenazas figuran un buen número de amenazas telefónicas imposibles de comprobar (...) Muchas veces, para tener espacio en la prensa, los periodistas hacen estas denuncias", dijo, y la respuesta de repudio fue plasmada en un petitorio firmado por más de 5.000 periodistas y por los más de 10.000 concurrentes al acto convocado por la Unión de Trabajadores de Prensa en Plaza de Mayo, bajo el lema: "Por la Vida, Contra la Impunidad. La Peor Opinión es el Silencio". Reunida en septiembre de 1993 en Buenos Aires a propósito de estos episodios inquietantes que se estaban viviendo, la Comisión Investigadora de Atentados a Periodistas (CIAP), perteneciente a la Federación Latinoamericana de Periodistas (FELAP), expresó que las agresiones y amenazas contra periodistas acompañadas de atentados a medios "lesionan en Argentina la libertad de información y el ejercicio profesional" y evaluó que su finalidad no es otra que "el amedrantamiento y con ello la instauración de la autocensura". Tras constatar "una seria limitación a la libertad de información y el ejercicio profesional", concluyó que estas acciones "conculcan los derechos no sólo de los periodistas sino también el derecho de toda la sociedad de recibir una información veraz, oportuna e integral". "Sugestivamente -señaló el comisionado- estas agresiones se han perpetrado contra periodistas que en el ejercicio profesional han denunciado actos de corrupción o han formulado críticas a funcionarios o personas de otros ámbitos", no dudando en calificarlas como "actos de represalia de carácter criminal".

A José Luis Cabezas lo entusiasmaba su oficio de reportero gráfico (trabajaba en la revista *Noticias*) y desde 1992, las coberturas de verano en Pinamar, el pináculo donde se traslada la política en tiempo de vacaciones: es que allí había conocido nuevamente el amor y fruto de él había nacido su tercer hijo, Candela, que en enero de 1997 apenas tenía meses. En la mañana del 25 de enero de ese año su cuerpo apareció esposado, fusilado (con dos tiros en la cabeza) y calcinado en el auto en el que realizaba sus notas en una cava desolada, a pocos kilómetros del exclusivo balneario. Desde los primeros momentos posteriores al crimen, las miradas y las sospechas convergieron en el empresario postal Alfredo Yabrán y en su entorno. No era algo caprichoso. Cabezas le había tomado las primeras fotografías públicas al hombre más enigmático de la Argentina, denunciado por Domingo Cavallo como el "jefe de la mafia" y cuya fortuna comenzó a forjarse en oscuros negocios tejidos en tiempos de la dictadura, y se consolidó luego comprando las voluntades de políticos y legisladores de distintos sellos partidarios, cuyas campañas acostumbraba a apoyar económicamente.

Según sus propias palabras, "sacarme una foto es como pegarme un tiro en la frente" y "el poder es impunidad". Frases célebres que sellaron la vida de un periodista. Señalado como el instigador primario de esta muerte, Yabrán no pudo escuchar la sentencia del tribunal de Dolores que condenó a perpetua al responsable de la seguridad de su familia y a policías y rateros que participaron en la organización del "plan criminal", sencillamente porque un año antes y de la misma manera huidiza y oscura en la que vivió, se suicidó en una estancia de su propiedad en la provincia de Entre Ríos, estando prófugo de la Justicia precisamente por este caso.

A diferencia del crimen de Bonino, el de Cabezas no quedó impune, si bien no se sentaron en el banquillo todos los que tuvieron que ver con su horrible muerte, los cómplices y encubridores, entre los que está -por supuesto- además de miembros de la Policía Bonaerense, el propio poder político, que también debería dar algunas explicaciones. Pero algo es algo en un país acostumbrado a no encontrar casi nunca a los responsables de hechos aberrantes y que dejó libres a tantos asesinos y torturadores responsables del terrorismo de Estado que asoló al país durante los años setenta y ochenta.

Dos años antes del homicidio de Cabezas, en febrero de 1995, Carlos Vila Ortiz, un periodista rosarino que durante tres años había sido objeto de intimidaciones y amenazas fue atacado en la puerta de su casa, donde recibió catorce puñaladas. En cuanto al caso del estudiante Miguel Bru, desaparecido desde el 17 de agosto de 1993 -se lo vio por última vez en el paraje denominado Punta Blanca, en los alrededores de La Plata-, es por demás paradigmático: la Justicia condenó a miembros de la comisaría novena de esa ciudad, al hallarlos responsables de su desaparición, aunque el cuerpo del joven del que se sospecha fue asesinado nunca apareció.

Como una de las nuevas caras de la censura (y la autocensura), la concentración de medios en unas pocas manos (o pocos grupos), nacionales o extranjeros, impuso su marca en el final de siglo, amenazando con un discurso único el ejercicio de la libertad de expresión e información de los periodistas y del conjunto de la población. Mientras que en una primera etapa de la era menemista se produjo la privatización de los canales de televisión y las radios en manos del Estado, la segunda etapa correspondió al liderazgo de los grupos monopólicos que se quedaron con la televisión de aire y cable, la telefonía, las emisoras de radio AM y FM, diarios y el mercado de las revistas, en parte porque la convertibilidad impuso su ritmo de sobrevivencia a partir de la competitividad y el ajuste. Esto le permitió al Grupo Clarín, uno de los tres más importantes en materia comunicacional de la Argentina (diarios *Clarín, Olé, La Voz del Interior, Los Andes* de Mendoza, *La Capital* de Rosario, Canal 13, TN, Multicanal, radio Mitre, *Elle*, entre otros) subir del puesto 63 (1991) al noveno (1998) en el ranking de las empresas que más facturan en el país, aunque el fondo de inversión estadounidense Goldman Sachs pasó a poseer, a comienzos del 2000 el 20% de su paquete accionario, demostrando que la globalización toca a la puerta aun de los más poderosos.

El CEI, otro de los grupos del sector, que para marzo del 98 estaba integrado por el Citibank (40 por ciento), el República Holding (del banquero menemista Raúl Moneta, 36 por ciento), el Grupo Werthein (19 por ciento) y la Bolsa de Comercio (5 por ciento), puso al descubierto enseguida que la lucha sin cuartel por el manejo económico y político también se da al interior de los propios grupos: dos meses después su composición ya había cambiado por la siguiente: República Holding (37 por ciento), HMTF (30 por ciento), Citibank (23 por ciento), TISA (6 por ciento) y Bolsa (4 por ciento). Para agosto del 99 su paquete accionario había sufrido nuevas modificaciones, obteniendo el mayor porcentaje de acciones el HMTF (grupo de inversiones que maneja el deporte en el Brasil y Chile, 40 por ciento), República Holding (32 por ciento), Citibank (23 por ciento) y Bolsa (5 por ciento). En pocos años el CEI pasó a ser propietario de Editorial Atlántida (una empresa de neto sello familiar), Cablevisión, Canal 9, Telefé y varias radios, ubicándose en el puesto 28 entre las corporaciones que manejan mayor volumen de dinero.

El tercer lugar en materia de control de medios fue ocupado por el Grupo Vila, un entente del que participan intereses económicos provenientes del cubano de Miami Jorge Más Canosa y el empresario mendocino Jorge Vila, propietario del diario *Uno*, que se edita en esa provincia. El grupo adquirió varios medios del interior del país y el canal de cable Supercanal, pero en la batalla competitiva fue perdiendo puntos e ingresó en una etapa de crisis.

Juicios al por mayor. Si algo faltaba para que en esos años fuera riesgoso el ejercicio de la prensa comprometida con la búsqueda de la verdad, están los casos de los periodistas enjuiciados y con sentencias adversas, como los de Marcelo Helfgot (*Clarín*) y Alberto Ferrari (Agencia DyN), por presunto daño moral contra una jueza; Horacio Verbitsky por su libro *Robo para la corona*, por presunto desacato iniciado por un juez de la Corte Suprema de Justicia; Eduardo Kimel (autor del libro *La masacre de San Patricio*) por un juez que se sintió aludido en la investigación; Eduardo Aliverti (por reproducir ante los micrófonos de un programa radial una nota aparecida en un medio gráfico); Carlos Dutil por injurias, en una causa entablada por el presidente Carlos Menem. La lista es extensa y prácticamente no quedó funcionario de esos años sin emprender demandas judiciales contra medios y periodistas cuando se vieron inmersos en una denuncia pública. Así, condicionada por la concentración, la precarización, el deterioro de las condiciones laborales, el miedo al despido, la violación de estatutos y convenios, el trabajo en negro y los contratos ilegales hacia adentro de los holdings y la sanción judicial, la libertad de expresión se va tornando, cada vez más, una utopía inalcanzable. Una búsqueda que se vuelve insegura y riesgosa.

Inmigrantes. El año 1999 será recordado por los inmigrantes como el primero en casi un siglo en que un gobierno argentino los declaró "enemigos de la sociedad". Sin llegar a los extremos de 1902, cuando las huelgas desembocaron en la Ley de Residencia que permitía expulsar a "ácratas y agitadores" rusos e italianos, el gobierno de Carlos Menem culpó sin ambigüedades a los inmigrantes por la inseguridad y el desempleo. El informe anual 2000 sobre los derechos humanos en la Argentina, que el Centro de Estudios Legales y Sociales preparó, dedica un deprimente capítulo a la persecución montada desde el Estado contra el sector más indefenso de la inmigración, el de los latinoamericanos morochos y pobres. Del estudio se desprenden tres problemas de estos residentes en el país: la falta de una ley de migraciones que reemplace la ley Videla, las constantes dilaciones de la Dirección Nacional de Migraciones, y la persistencia de la discriminación. "El discurso oficial de altos funcionarios del Poder Ejecutivo -dice el CELS- tuvo contenidos xenófobos y estigmatizantes respecto de sectores de inmigrantes, sobre todo trabajadores latinoamericanos de condición modesta y sus familias." Varias asociaciones de inmigrantes denunciaron que se los detiene por "portación de cara" y hablan de una censura sistemática a través de la precarización de sus condiciones de vida. El ex presidente Menem había hablado de que el crimen en la Argentina "se había extranjerizado". La Dirección Nacional de Migraciones, durante el gobierno de Menem y bajo el mando de Hugo Franco, mostró una alta creatividad a la hora de hacerles imposible a los inmigrantes pobres la radicación en el país. El residente precario que quisiera sacar sus documentos, además de superar requisitos complejísimos, tendría que pagar muy frecuentemente 400 pesos por persona, gasto excesivo para una familia de bajos ingresos que vive de un trabajo precario. Algunos inmigrantes tramitaban ante un juzgado civil una "información sumaria", o sea un certificado de pobreza, para que Migraciones tuviera que aceptar el trámite gratuitamente, eximiendo al inmigrante de pagar tasas. A través de una intrincada maraña burocrática, la Dirección Nacional de Migraciones logró que no se cumpliera con ese requisito. Otra de las trabas impuestas es la "pérdida" constante de la documentación presentada por los inmigrantes. Éstos deben volver a conseguir los documentos perdidos, repitiendo gastos ya hechos. En las escuelas porteñas, y en particular las secundarias, siguen desconociendo la ley aprobada en 1999 por la Legislatura de la Ciudad que permite que los chicos se inscriban aunque no tengan documentos argentinos. La práctica es sistemática y la Ciudad sigue sin crear la asesoría de inmigrantes que la ley prevé.

Testimonios de la Censura
Liliana López Foresi* : "Ser mujer y combatir contra el poder en la Argentina es un suicidio."

> "En el Génesis, que le atribuye a Eva las culpas por el pecado original, comienza la discriminación bíblica a la mujer. Según el Antiguo Testamento, por la mujer comenzó y por ella morimos todos. Varios artistas acentúan la culpa femenina: Miguel Angel, Rafael, Van der Goes, Jerónimo Bosch y quienes ilustraron las biblias luteranas de Koberger y Gruninger. La discriminación se acentuó durante la Inquisición y en el resto de las religiones. La mujer sigue discriminada, sobre todo en el mundo árabe y en América Latina. Su existencia está signada por la censura." León Ferrari, *Etica y religión*.

Yo siempre estuve en las antípodas del poder, no como opositora o francotiradora, sino porque me parece

---
* Liliana López Foresi es periodista de radio y televisión. Actualmente conduce un programa en Radio Nacional.

que lo mínimo que se le puede pedir a un periodista es una postura crítica. En 1987 volví de Córdoba a Buenos Aires para trabajar en Canal 13. Trabajé muy bien: hice *Buenas Noches Argentina* y varios noticieros. En 1988 comencé en Mitre y en mi horario la radio se colocó primera entonces. Por entonces la revista *Flash* me hace una nota. Me la hace a mí, no se la hace a la emisora, y a la radio no le gustó porque la radio es la radio, no es las personas que trabajan en ella. En 1989 le tocó echarme a Abel Barone, me dijeron que yo ya no estaba en el proyecto, pero bueno, las reglas del juego son las reglas del juego y a otra cosa.

En el 90 yo seguía dentro de Canal 13, y es el mismo Barone quien asume como director durante la primera etapa del canal cuando éste se privatiza. Se hacen algunos tanteos para ver qué se puede hacer con la programación y junto a Néstor Ibarra hacemos *Telerrevista 13*. El programa, que se emitía en el horario de la tarde, no cuaja y estamos al aire un mes apenas. Entonces yo le propuse al canal que me diera un horario bien marginal: "denme las 12 de la noche, que está muerto".

Mi contrato era por un programa periodístico de opinión, se llamaba *Revista 13, periodismo con opinión*: un productor, el staff del noticiero que venía de levantar las noticias de todo el día y nada más. Sin gastos, y a las 12 de la noche, *Revista 13* levanta un horario, lo consigue para el periodismo y para las noticias.

El año 90 transcurre pero ocurren los episodios más enojosos de este período menemista. Yo vi claro en el 90, lo mismo que veo claro ahora, no me desdigo absolutamente de nada, lo único que aclaro es que lamento haber tenido razón. No siempre tener razón a uno lo hace feliz. Yo no estaba a priori en contra de las privatizaciones; que obviamente eso estaba mal hecho, que aquí se estaba rifando un patrimonio nacional y que además esta gente gobernaba en contra de la gente, la única que lo decía en la televisión de los 90 era yo. Ocurrió el indulto y dije lo que pensaba, ocurrió la Guerra del Golfo y fui la que tuvo que estar desde las 8 de la noche hasta las 11 de la mañana del día siguiente. En el programa hacía editoriales, hacía notas en vivo. Cubrí la guerra desde acá y a las 4 de la mañana se decía que íbamos a mandar naves y mandábamos barquitos porque íbamos a reconstruir Kuwait... era una pavada. Esos fueron de los primeros cimbronazos, aunque no me decían mucho: "Liliana, llamaron al Grupo, llamaron a Clarín".

Cuando Lestelle dice en el 91 que hay que hacer un grupo de tareas y que encima lo quiere llamar así, sin siquiera tener esa piedad... "Grupo de tareas de 100 notables", me tocó a mí decirlo, nada más y nada menos por lo que pensaba. Me llamaron de la oficina de Eduardo Bauzá porque él quería tomar un café conmigo, yo les dije que no tomaba café y no lo tomé. Sospecho que ese debe haber querido ser un café cordial, el de la advertencia. Pasaron dos semanas hasta que el 2 de mayo, a las 6 de la tarde, llego al canal y un radical que estaba de invitado me dijo: "Liliana, *Revista 13* dejó de tener opinión, se presentan únicamente noticias, no decís nada más, yo sabía que no ibas a sobrevivir al almuerzo de hoy". Este radical se portó muy bien conmigo en darme los primeros datos, fue el que me contó lo de la reunión de Ernestina Noble y Carlos Menem, pero es amigo de ellos.

Cuando Carlos Menem negoció con *Clarín* pensó ilusamente que iba a tener al holding de su lado y que iba a poder usar su poder, pero el holding usa su poder para sí. Entonces, venían apretando feo a Ernestina Herrera de Noble, al Grupo. Ese 2 de mayo en el que se reúnen Menem y Noble, Ernestina, aludiendo a un servicio que el gobierno pagaba para apretar al Grupo Clarín dice "que se calle fulano" a lo que el presidente responde "que se calle Liliana". Siguen almorzando y la letra fina, digamos, la arreglan Magneto y Bauzá.

Ese jueves 2 de mayo del año 1991 para mí es inolvidable; conozco este medio, llevo 25 años en el periodismo. Mi decisión era: qué hago. Dije bien, si hoy doy un portazo mañana me preguntan en una radio y el lunes este es otro universo, aquí no ha pasado nada, y aquí ha pasado algo muy grave. Entonces, decidí quedarme adentro y editorializar con el silencio. Encontré en el silencio, en la censura, una función social tan potente como la que antes había sido la palabra. Es decir, el silencio fue potente naturalmente porque antes estuvo la palabra. Por otra parte, si yo me iba al otro día, con los prejuicios que existen sobre las mujeres iban a decir: "viste, se ponen histéricas" y entonces se hubiese desvitalizado todo lo reflexivo que yo había dicho. A mí no se me escapó ni una palabra de lo que dije, por eso puedo ratificarlas 9 años después. Fueron muy pensadas, muy reflexionadas y tenía razón. Me aguanté ahí 8 meses en los que nadie me habló. En ese período, por ejemplo, Luis Clur descubrió un día que para ir al corte puse una frase de Juan Gelman que decía: "Y a resistir porque es seguro que habrá más penas y olvidos". Ese mismo día Clur ordenó eliminar el recurso de citar poetas para ir a los cortes. La censura ha llegado a un punto muy penoso y de mucho fracaso personal, porque si yo llego a una altura de mi vida para censurar a una compañera la frase de un poeta inmenso al que yo jamás le voy a llegar a la suela de los zapatos, he fracasado como ser humano y me tengo que callar para el resto de mis días. Encima, no se calló. Entonces, nadie hablaba.

El 9 de agosto del 90 una periodista de *Paris Match* publicó una nota jugando con la palabra emperatriz y meretriz aludiendo a María Julia Alsogaray. Para ese artículo un fotógrafo le vendió por $ 3.500 a Flash Press (una agencia que trabaja con *Paris Match*), una foto que me había sacado editorial Perfil. *Paris Match* compró esa foto y armó una doble página con un título que decía: "Los trofeos de caza del conquistador". ¿Quién venía a ser el conquistador? Charly, el susodicho presidente de la Nación nunca bien ponderado, Carlitos. Las señoritas que aparecían eran muchas, fotos más grandes, fotos más chicas, muchas damas, muchas señoras, biquinis, tangas, topless, y yo en una fotito ahí perdida con mi blusita blanca y mi chignon. Yo a los 20 años ya sabía qué quería hacer con mi carrera, así que nadie tiene una foto mía en biquini. Soy la única que hizo juicio, la única que lo sigue y la única que se declaró ofendida por esto. Creo que de lo de *Paris Match* puede haber influido en el episodio con Menem, tal vez esto tuvo ese contenido cultural machista que hizo que se sienta despreciado por el hecho de yo ser mujer y de ofenderme porque me inventaron un romance del que otras se enorgullecieron.

Los ocho meses que seguí en pantalla fueron así: un día me seguía un Falcon, otro día otro auto, una cosa muy loca, no se podía hacer nada. Me dejaban mensajes dialogados tipo: "Hola, Lázaro Costa. ¿A qué hora retiramos el paquete de Canal 13? A la 1 de la mañana". Ese tipo de cosas fueron lo normal

Ya era 1992; en ese mismo año yo perdí mi primer embarazo de los 3 que perdí a lo largo de todos estos años. Lo único que yo no perdono son las amenazas a mi hijo y la pérdida de mis embarazos, lo demás ya está. Entrar a casa, encontrar el auto abierto un montón de veces, mi marido se subía antes a ver si en el auto había una bomba, una cosa loca. Hice denuncias, pedí custodia, están todas las denuncias hechas, pero quedó todo en la nada. ✂

Gente "En poco tiempo los argentinos estaremos enfrentados a elegir entre dos países posibles. Uno, el que aún quieren los políticos y sindicalistas, salvo raras excepciones. Otro, esbozado por el proyecto de reorganización nacional defendido firmemente por el presidente Videla en Rosario y valorado por calificados políticos extranjeros en sus recientes visitas ¿Cuál será en definitiva el que resulte triunfante? De todos los argentinos depende. Todos deberán decidir el futuro. Es tiempo de prepararse y actuar." Comentario editorial de la revista *Gente,* Nro. 737, 1979.

Alicia Jurado. En julio de 1979, la escritora Alicia Jurado diserta sobre "La subversión en la literatura", en el salón de actos del Círculo de la Fuerza Aérea y ante oficiales alumnos de la Escuela de Comando y Estado Mayor de la Fuerza Aérea. "Muchos alumnos se han dejado seducir por el canto de sirena de la doctrina marxista, pero también han caído en sus redes pensadores, científicos, profesores, artistas y poetas".

Marxistas. "Los elementos residuales de la subversión marxista y apátrida están en los ámbitos religioso, político, educativo, económico, cultural y laboral. Se advierte en los recientes ataques contra la nueva ley universitaria y contra la materia denominada de Formación moral y cívica." General Carlos G. Suárez Mason, junio de 1979.

Derechos y humanos. "El Estado, en verdad, puede violar los derechos humanos de dos modos; por abusos o por ausencia de poder. En el primer caso es el responsable directo del entuerto. En el segundo, es el responsable indirecto porque admite con su pasividad que el subversivo se enseñoree del campo y administre el miedo. Desde los tiempos más antiguos la doctrina política ha aceptado que hay solamente una situación aún peor que la tiranía: la anarquía. En la anarquía no hay un tirano, sino miles. Por evitarlos, por obrar de otra manera, por creer que el derecho a la seguridad es un derecho humano que el Estado debe proteger, los argentinos recibimos hoy la visita de la CIDH. Esto es lo malo. Que están aquí porque somos derechos y humanos." De una nota firmada por Guicciardini, seudónimo de Mariano Grondona, *El Cronista Comercial*, 12 de setiembre de 1979.

La jueza. "Ribetes aún más escandalosos que los de Moria Casán con su programa adquiere el incidente provocado en mayo de 1992 por la jueza María Servini de Cubría. Presentándose como víctima de una supuesta extorsión, motoriza el secuestro judicial de un sketch de Tato Bores donde se le toma suavemente el pelo. En total son dos escenas absolutamente fugaces -no más de once segundos- las que irritan a la magistrada: en ellas se ve en el año 2492 al argentinólogo Helmut Strasse -interpretado por Tato Bores- encontrando entre los vestigios de una civilización perdida llamada Argentina un escudo apócrifo con la cara de Servini y un recorte periodístico quemado sobre la ridícula multa de sesenta pesos que la Corte acaba de aplicarle por las irregularidades por ella cometidas en el manejo de la causa por lavado de narcodólares más conocida como Yomagate, de la cual finalmente es separada. El pedido de censura previa de Servini es rechazado en primera instancia por la jueza Alicia Barbagallo. Pero, demostrando que la Justicia se acelera cuando quiere, en un coordinado operativo realizado durante el fin de semana del 9 y 10 de mayo, la Sala 2 de la Cámara de Apelaciones en lo Civil y Comercial impide -sin siquiera revisar el video- la proyección de los fragmentos que la aluden. La emisión inaugural de

Tato de América sale amputada con dos placas negras y la leyenda 'Censura judicial' en lugar de las escenas cuestionadas. Finalmente, la Corte revoca la medida y el episodio se vuelve como un bumerán contra Servini: 'La jueza Buru-buru-budía es lo más grande que hay', le canta un seleccionado televisivo de primer nivel que Tato reúne a manera de gracioso autodesagravio en el programa siguiente, en el que además, salen a la luz las imágenes censuradas." *Estamos en el aire. Una historia de la televisión argentina,* de Carlos Ulanovsky, Silvia Itkin y Pablo Sirvén.

Radiolandia. 1980 - Funcionarios municipales impiden la distribución de la revista *Radiolandia 2000*, según disposiciones del decreto 115-58. En la tapa del semanario prohibido figura un foto de Graciela Alfano, ataviada con una camisola que cubre su cuerpo hasta el muslo, acompañada por los actores Tato Bores y Alberto Olmedo, protagonistas de una película nacional. También hay un título que dice "Qué semana: dólar, IVA, tarifas, jubilados". Se incluye en el interior una fotografía en bikini de la conductora del programa radial *Torre de tránsito.*

Escozor. "Causa escozor ver encabezando las listas de los reclamos (por los desaparecidos) a dirigentes, escritores, políticos, que habiendo ocupado posiciones de poder, autoridad o influencia, no usaron de ella para alertar a tiempo el tremendo desfasaje que vivió la nación, y que hoy no sepan guardar el decoro del silencio para evitar se los señale como culpables. Son los mismos que luego promocionan las listas de los presuntos subversivos desaparecidos y hasta se dan el lujo de jugar con el sentimiento materno. Un sentimiento cruel, cargado de culpa y desesperación, porque impulsa a buscar a quienes nunca supieron a quiénes perdieron antes de que se pierdan." Afirmaciones del jefe de la Policía Federal en relación con los desaparecidos, vinculadas a declaraciones previas de la Multipartidaria al respecto. Juan Bautista Sasiaiñ dijo, además, que "resulta evidente que todo lo relativo al petitorio ha sido manejado por el Partido Comunista", *Clarín*, 25 de setiembre de 1980.

Joven argentino. Setiembre de 1980. Por resolución 1722 del Ministerio de Cultura y Educación, se autoriza a todos los establecimientos oficiales y privados de nivel medio de su dependencia el certamen patriótico y literario sobre el tema "El joven argentino que quiero ser", promovido y premiado por el Comando de Institutos Militares del Ejército.

Radiodifusión. Ley N° 22.285, de 1980 "Fija los objetivos, las políticas y las bases que deberán observar los servicios de radiodifusión (...) Los contenidos que pretendan ser de mayor halago sensorial y que procuren captar públicos con apelaciones a la violencia, el erotismo, al vicio o al delito, están expresamente prohibidos por el proyecto (...) se consagra el derecho a la intimidad y se prohíbe la utilización de procedimientos que atenten, en general, contra la salud o la estabilidad psíquica de los destinatarios del mensaje, o contra su integridad moral. Se prohíbe el sensacionalismo y cualquier forma de expresión que pueda producir alarma colectiva, preconice la violencia o presente los hechos de manera truculenta o repulsiva..."

Documento. Septiembre de 1980. Un documento que sostiene la tesis del origen animal de la vida humana, enviado por la Dirección Nacional de Enseñanza Media y Superior a los establecimientos de su dependencia, despierta reacciones adversas en rectores y profesores de la escuela secundaria.

Grosería. 1980. Por gestos y actitudes groseras, impúdicas y de mal gusto, se procede a prohibir el espectáculo teatral *Apocalipsis según otros,* dirigido por Angel Elizondo.

Noviembre de 1980. Argentina Televisora Color dispone levantar el ciclo *Erase una vez el hombre.* La medida obedece al pesimismo puesto de manifiesto en el último capítulo, referido a la contaminación ambiental. También influyó la opinión adversa del vicepresidente del Episcopado, monseñor Vicente Zazpe, quien señaló que semanas atrás el ciclo había puesto en tela de juicio el concepto de creación divina en el origen del mundo.

Clausura. Por Resolución de la Municipalidad de la Ciudad de Buenos Aires, se prohíbe la venta y circulación del número 215 de la revista *La Semana*, calificándola de "inmoral" (...) En su tapa y páginas interiores, ciertas fotografías con imágenes de desnudos que se consideran atentatorias contra la moral y las buenas costumbres. La edición cuestionada muestra en su tapa un medio perfil de Bo Derek, en el que el rostro de la actriz es más del 50 por ciento de la fotografía, cubiertos su hombro y seno izquierdo con una túnica. La edición también contiene una nota en que los villeros de Barracas desmienten la afirmación del intendente Cacciatore de que "el 75 por ciento de los villeros es propietario de un auto, una casa o un terreno". Diciembre de 1980.

Fernando Ferreira

Testimonios de la Censura.
Néstor López* : "Resistir".

"Un incendio destruye el Teatro El Nacional, en cuya sala se exhibía desde hacía 34 días la revista *Sexcitante*. Mediante un llamado telefónico a los medios periodísticos, un autodenominado Comando Halcón del grupo Nuevo Orden se atribuyó el hecho como método de lucha contra la pornografía." Julio de 1982.

"Yo creí que muerto el perro, muerta la rabia. ¡Cómo me equivoqué!" Hacía algunos meses que a Fernando Ferreira lo habían echado injustamente, peor que como se lo echa a un perro, del diario *La Razón*. Quien esto escribe había tenido la nada fácil tarea de reemplazarlo como jefe de la sección Deportes y escuchó con una mezcla de bronca y satisfacción esa frase que, a los gritos, le espetó en su propia cara el secretario de redacción del diario. Rojo de rabia, bordó en realidad, Rubén Tizziani (el secretario de marras) no podía dejar de demostrar su enorme disgusto por una maniobra que le había salido mal, a él y a todos los que la planearon junto con él en una fría tarde de junio de 1996. Allí mismo, ante una nota que no le había gustado, se dio cuenta de que iba a tener que seguir luchando, que las ideas no se matan a golpes, que la fuerza bruta no es buena consejera para estos casos, que hasta para ejercer la censura se necesita un mínimo de inteligencia. Ese secretario que juega a ser progre y muestra la hilacha con la misma facilidad con la que se rasca la cabeza no es, ni fue, ni será, el único censor reconocido en el medio periodístico. Es, apenas, una piecita más de un engranaje monstruoso que copó la escena y les permite a los empresarios dormir tranquilos. Son los que les cuidan las espaldas.

Ya no hay periodistas ingenuos. Todos los que alguna vez pisamos una redacción cargando sobre nuestras

---

* Néstor López es periodista deportivo. Actualmente trabaja en la revista *Mística*.

espaldas una mochila llena de sueños, nos chocamos con la realidad. No existe la libertad. Y hasta puede sonar lógico que así sea. A nadie se le puede llegar a cruzar por la mente hoy escribir una nota que vaya en contra de los intereses de la empresa en la que trabaja. Aunque cada día sea más difícil saber cuáles son esos intereses, simplemente porque no se sabe nunca a quién pertenece la empresa hoy o a quién le va a pertenecer la semana próxima. Eso es así y nadie lo puede cambiar. Pero hay un abismo entre quienes tienen como misión hacer bien su trabajo y los que sólo buscan congraciarse con el patrón de turno, que hoy es éste y mañana puede ser aquel o ese otro.

Ninguna empresa periodística importante les entrega a sus trabajadores una libertad total. Ninguna. Pero hay sutiles diferencias que, tal como se presenta el panorama actual, pueden transformarse en fundamentales. No todas censuran de la misma forma, ni toman las mismas represalias con quienes pretenden pisar el césped o caminar por la vereda del sol. La censura, según los medios, se puede graficar con una regla de madera (o de plástico) como las que usábamos en la escuela primaria. La regla (tomemos una de 30 centímetros) puede representar la libertad de prensa y la empresa se encarga de poner los márgenes. Entonces, hay empresas que ponen los márgenes dentro de los que se pueden mover sus periodistas en el 10 y en el 20. Poco, muy poco margen de maniobra. Otra los pone en el 8 y en el 22. Bueno, un poco más. Y otra los pone en el 5 y en el 25. Esa es una empresa que les da una libertad apreciable a sus empleados. Pero ¿hay alguna empresa periodística que se mueva entre el cero y el treinta? No. Definitivamente, no. Siempre hay algo que les puede molestar y no les van a permitir a sus periodistas que, desde su propio medio, metan el dedo en su propia llaga. Aunque la llaga sea, en realidad, una llaguita casi sin importancia.

Quienes vivieron los años negros de la feroz dictadura, no se fueron y resistieron en este país, deben tener una idea acabada y seria de lo que es vivir bajo un régimen censor. Los periodistas muertos, desaparecidos y amenazados durante el Proceso (y también en democracia) sufrieron en carne viva una verdadera película de terror que no se puede ni siquiera comparar con el reto, el despido o las pequeñas batallas que afrontamos muchos otros. Esos son los verdaderos damnificados de esta historia, ellos y sus amigos y familiares. El resto apenas si luchamos por la dignidad de una profesión que nos apasiona. Tratamos de sobrevivir en un ámbito donde la crueldad reemplazó a la solidaridad, donde el "sálvese quien pueda" es la consigna del momento.

Pero ¿quién dijo que todo está perdido? Mientras las madrugadas porteñas o de cualquier punto de nuestro país sigan albergando mesas rodeadas de periodistas trasnochados y algún loco siga gritando su verdad, mientras algunos sigan buscando un sinónimo para mejorar una nota y otros larguen una carcajada en plena redacción molestando a los que pretenden el silencio como forma de vida, mientras unos pocos se resistan a bajar las banderas que izaron cuando todavía los sueños tenían su lugar reservado y otros mantengan la predisposición para enseñarles a los más jóvenes que no todo es como el poder de turno lo indica, todavía habrá tiempo para seguir esperando el milagro de una vida mejor, de un periodismo mejor.

La censura está flotando en al aire. Está en las redacciones de los diarios, en las radios, en los canales de televisión, en el teatro, en el cine, en cada uno de los lugares de trabajo, en la calle, en los colectivos y en los rincones menos sospechados. El tema es resistir. Porque también se puede ser feliz resistiendo. ✄

Capítulo X
Año 2000: Desunidos y dominados. La nueva censura del ajuste

Aquí están, detrás de nuestras narices: bohemios, renegados, sin destino. Disidentes, locos, transgresores, marginados. Con la cara endurecida y ese gusto amargo en la boca. Y están allí, ocultos en el rincón de lo prohibido. En esta Argentina del año 2000, los desocupados son los nuevos desaparecidos, ser inmigrante es una tragedia y trabajar es un privilegio, no un derecho. El Dr. Fernando de la Rúa no se aparta de un modelo que ha provocado un aumento vertiginoso de la deuda externa pública y privada, que creció de 45 mil millones (1989) a más de 130 mil millones de dólares en 1996, con un déficit fiscal en aumento y la extranjerización general de la economía argentina. La Argentina sufre el desempleo más alto de los últimos sesenta años, con más de 2 millones de argentinos sin trabajo, otros 2 millones de subempleados y casi 5 millones de trabajadores en negro. Cayó el empleo industrial y hay un avance del empleo precario con salarios de hambre y más del 50 por ciento de la población con ingresos que no superan los 500 pesos mensuales. Se considera que hay 10 millones de personas que viven por debajo del nivel de la pobreza. El 20 por ciento más rico del país se queda con el 55 por ciento de los ingresos y el 20 por ciento más pobre con solamente el 4 por ciento. Se produjo un crecimiento notable del analfabetismo y un aumento vertiginoso de la deserción escolar. Ha crecido la mortalidad infantil, que llega al 22 por mil y han reaparecido enfermedades que hasta hace pocos años se consideraban erradicadas completamente, como el cólera, la tuberculosis y el sarampión. En realidad, la idea de este libro fue describir a la censura no como un mero acto de prohibir, sino como la imposibilidad absoluta de pensar y desarrollarse en términos de autonomía. Por si esto no fuera suficiente, la avanzada fascistoide que está esparcida en el sentido común argentino generó nuevos mecanismos de acción y hasta se premia a programas de radio xenófobos y racistas como el que conduce en Radio 10 el empresario Daniel Hadad. La discriminación en la Argentina, además de ser una realidad objetiva, es una construcción cultural. Es ese antisemitismo importado de Europa y el desprecio al indígena heredado de la colonia.

Se termina el siglo con un país estéril, casi imposible, que no engendra nada propio, lleno de fracasos, con héroes muertos a destiempo (Evita, el Che) y vivos fagocitados, rehenes de un ajuste perpetuo. Ya nadie cuestiona tetas o culos, nadie corta escenas de una película para terror de los críticos de la colonia, ni suprime el párrafo de una nota periodística, ni quema teatros ni levanta programas de radio o televisión. Hay una censura diferente, aquella que prohíbe existir.

Memorias

Tres puntos. Tres ilustraciones artísticas que acompañaban una nota publicada por la revista *trespuntos* sobre sexo oral despertaron el espíritu autoritario de una casi desconocida comisión censora del gobierno porteño. El incidente abre la oportunidad de un debate necesario sobre la moral y sus custodios. "De lo que se trata es de proteger al menor y al tercero desprevenido de aquello que, en el caso especialmente de los primeros, su madurez y nivel de información todavía les impide asimilar. Un efecto posible es que incorporen y reproduzcan en sus juegos las imágenes que se les han presentado. A mi juicio la publicación se ha salido de la línea editorial por la que siempre ha transitado." Norma Kahan, de profesión psicóloga, integra la Comisión Calificadora que consideró obscena a la revista *Tres puntos* del 15 de mayo de 2000.

Tartagal. "Brutal represión en Tartagal, con decenas de heridos y cuarenta detenidos. Los choques se trasladaron a General Mosconi, donde los manifestantes quemaron la Intendencia. Los gobiernos nacional y provincial se acusan por lo sucedido. Antes de la refriega, murió de un infarto un camionero que se enfrentó con los piqueteros." *Página/12*, 13 de mayo de 2000.

Menores. "El subsecretario del Consejo del Menor, Miguel Saredi, quien había constatado el maltrato a menores en la Comunidad de Mercedes del arzobispo Ogñenovich, fue separado de su cargo por el gobierno de Carlos Ruckauf. El funcionario también había denunciado el tráfico de drogas en dependencias del Consejo, por lo que se abrió una causa penal en la Justicia federal de La Plata. La investigación, que se inició a raíz de la nota 'Amados niños', confirmó además la aplicación de torturas a chicos en comisarías de la provincia de Buenos Aires." Nota de Horacio Verbitsky, *Página/12*, domingo 28 de mayo de 2000.

Presos políticos. "El Gobierno no tiene urgencia de liberar a los presos de La Tablada. En este momento más allá de que el ministro del Interior, Federico Storani, el ministro de Justicia, Ricardo Gil Lavedra, y yo misma nos expresamos públicamente por encontrar alguna vía alternativa que en definitiva pudiera terminar con su excarcelación a través del mecanismo del dos por uno, no privó en el gobierno la posibilidad de liberarlos. Porque el proyecto de ley que posibilitaría eso, que volvió a presentar este año el diputado frepasista Ramón Torres Molina, no ha tenido un avance significativo. El Gobierno no dio señales claras de que quiere impulsarlo." Diana Conti, subsecretaria de Derechos Humanos, año 2000.

Testimonios de la Censura
Dr. Guillermo Ledesma* : "¿Hay censura en la Justicia?".

"Durante tres semanas se le juró a la opinión pública que la Policía no hacía espionaje político, y que la espía descubierta en el entorno de Beliz estaba desactivada hacía años. Pero la Justicia allanó el Departamento Central y accedió a documentos que prueban la infiltración de agentes secretos en la Legislatura porteña. El misterioso 'segundo anillo de seguridad presidencial'. Los 2.000 agentes que siguen a políticos, empresarios y periodistas. Por qué el poder miente y se ampara en una ley de Onganía." Revista *Noticias*, 20 de mayo de 2000.

La Constitución argentina recepta los principios de la división de poderes. Sin embargo, como las instituciones funcionan de acuerdo con la conducta de los hombres que las integran, puede decirse que en el país, por su historia plagada de liderazgos personales, prevalece el Ejecutivo sobre los otros dos poderes. Esta afirmación se demuestra, en nuestro pasado reciente, por ejemplo, por el hecho de que el presidente de la República fue, a su vez, presidente

---
* Guillermo Ledesma participó del juicio a las Juntas Militares. Fue uno de los jueces de la causa junto a Jorge Valerga Aráoz, Jorge Edwin Torlasco, Andrés D'Alessio, Ricardo Gil Lavedra y Carlos León Arslanián. Los fiscales fueron Julio César Strassera y Luis Moreno Ocampo (fiscal adjunto).

del partido político gobernante; por la llamada disciplina partidaria exigida a los legisladores en sus votos como tales; por el nombramiento de jueces adeptos por la modificación de la composición de la Corte Suprema, ampliando el número de sus miembros para designar magistrados afines.

¿Hay censura en la Justicia? Si entendemos por censura la labor que realiza un censor, quien para el Diccionario de la Real Academia Española es el funcionario que en ciertos gobiernos está encargado de revisar todo tipo de publicaciones, películas, mensajes publicitarios, etc., y proponer, en su caso, que se modifiquen o prohíban, podría decirse que en la Justicia argentina no hay censura. Sin embargo, si se analizan algunas actitudes personales o institucionales que tienen lugar dentro del Poder Judicial o en su relación con otros poderes, se llega a la natural conclusión de que, explícita o implícitamente, se manifiestan actos de censura. Nos referiremos a ellas.

En la enunciación que se hizo párrafos atrás, se hallan encubiertas formas de censura. Cuando el Ejecutivo, ejerciendo la facultad que le acuerda la Constitución de nombrar a los miembros de la Corte Suprema con acuerdo del Senado, en lugar de nombrar a los más idóneos designa a amigos, es evidente que cuenta con que éstos responderán, en los casos sometidos a su juzgamiento, a su interés, lo que importa un ataque a la independencia del Poder Judicial, cualidad que es de la esencia del buen funcionamiento de ese poder. Esto tuvo lugar durante el gobierno anterior (presidencia del Dr. Carlos Saúl Menem) con la designación en la Justicia nacional de infinidad de magistrados afines al partido gobernante, especialmente en la Justicia federal. Otro tanto es lo que ocurrió en la Corte, en relación con la cual el Ejecutivo propuso y obtuvo una reforma legislativa que amplió el número de sus integrantes para obtener, a través del nombramiento de jueces afines, lo que se dio en llamar mayoría automática en los asuntos que le interesaban.

En los años del terror, prevalecía la autocensura. En general, los magistrados, respondían, por temor, por obsecuencia o por afinidad ideológica, a los dictados del poder militar que detentaba el gobierno. El primero de esos motivos generaba, también, una perceptible censura personal. En este último sentido, recuerdo que por febrero de 1976, siendo juez de instrucción, mantuve un serio conflicto con el Ejecutivo y con el Comando en Jefe del Ejército, a quienes exigí que restituyeran a su alojamiento originario a un suboficial de dicha arma que, imputado de un delito común, fue sustraído de la cárcel por una patrulla militar que lo alojó en el Primer Cuerpo de Ejército. Mientras se discernía la disputa, muchos colegas se cruzaban a la vereda de enfrente o no me veían. La Asociación de Magistrados, cuya comisión directiva integraba, omitió pronunciarse sobre el episodio. Dicho sea de paso, en esta cuestión, la Corte Suprema pareció dar muestras de independencia, pues dispuso que se restituyera el detenido a la cárcel de Villa Devoto, de la que salió excarcelado pocos días después por resolución de la Cámara del Crimen, la que, además, me recriminó en duros términos la difusión pública del hecho atribuido al militar. Expresé que la Corte dio muestras de independencia porque, antes de que se expidiera, recibí la visita del periodista Claudio Escribano (Secretario general del diario *La Nación*) quien me anunció lo que iba a ocurrir. La Corte ordenaría la restitución y la Cámara lo liberaría. En este caso, puede advertirse autocensura y una clara concertación entre el Poder Judicial y el militar.

Dentro del Poder Judicial, hay un instituto no legislado que nació por creación de la Corte Suprema en ejercicio de sus llamados poderes implícitos, que permiten hablar de censura interna. Me refiero al llamado per saltum, en virtud del cual aquel tribunal puede sustraer el conocimiento de una causa de gravedad institucional del conocimiento del juez natural, sin esperar que llegue a ella a través de los recursos que establecen los códigos de procedimiento. Esa institución, que se aplica en Estados Unidos desde el siglo XIX, primero por creación pretoriana de la Corte Suprema y luego por ley, no debería cuestionarse pues responde a criterios de economía procesal en la solución de asuntos de interés público. Sin embargo, se torna sospechosa de parcialidad y de falta de independencia cuando la Corte que la creó y aplicó por primera vez en el país estaba integrada por jueces cuya mayoría respondía al Ejecutivo. Es lo que ocurrió en el gobierno anterior.

Otra forma institucional de censura, en este caso externa, es la que puede provenir del Consejo de la Magistratura, órgano creado por la Constitución de 1994 para seleccionar y juzgar a los jueces. Cuando juzga a éstos por el contenido de sus sentencias, se está arrogando una facultad judicial que la Constitución y la ley no le otorgan. Esto importa una seria interferencia en la libertad de los jueces y, consecuentemente, en su independencia, cuyo valor he puesto de manifiesto párrafos atrás. Es lo que ocurre con el pedido de juicio político al magistrado federal de Córdoba Dr. Ricardo Bustos Fierro, quien conociendo en una acción declarativa habilitó la re-reelección del entonces presidente Carlos Menem y respecto de quien la mayoría del Consejo ha efectuado acusación.

Más allá de que no comparto en absoluto esa decisión y entiendo que la clara cláusula transitoria novena de la Constitución de 1994 lo inhabilitaba para ser candidato nuevamente, la formación de un juicio político a un juez por el contenido de un fallo es una intromisión inadmisible en el Poder Judicial por parte de un órgano que no es jurisdiccional. La competencia del Consejo de la Magistratura no comprende el juzgamiento del contenido de las sentencias, cuya independencia está asegurada por la ley que rige el funcionamiento de aquel. Es a los tribunales de apelación y, en último término, a la Corte Suprema, a los que compete la decisión final de los asuntos que tramitan ante el Poder Judicial. Si se siguiera el criterio del Consejo, podría darse el contrasentido de que éste destituyera a un juez por lo que decidió en un fallo y la Cámara de Apelación, la Cámara de Casación o la Corte Suprema lo confirmara. En la legislación de otros países prevalece este criterio, que también sostuvo la Corte Suprema en numerosos fallos anteriores a la creación del Consejo de la Magistratura, al resolver que lo atinente a la aplicación e interpretación de normas jurídicas en un caso concreto es resorte exclusivo del juez de la causa sin perjuicio de los recursos que la ley procesal concede a las partes para subsanar errores o vicios en el procedimiento o para obtener reparación a los agravios que los pronunciamientos del magistrado pudieran ocasionarle.

No debe olvidarse, por fin, que el Consejo reemplazó al Congreso en la función de destituir a los jueces por mal desempeño en el ejercicio del cargo, siendo que la Comisión de Juicio Político de este último, en muchas ocasiones puso de manifiesto que si el órgano legislativo pretendiera imponer su criterio sobre el correspondiente a los integrantes del Poder Judicial, haría ilusoria la independencia de aquel poder para adoptar decisiones conforme a derecho según su ciencia y conciencia. Es evidente que el Poder Legislativo no podría haber opinado de otra manera, puesto que, de lo contrario, se habría arrogado funciones judiciales quebrantando el principio de división de poderes.

En suma, en la Justicia argentina hubo y hay distintas formas de censura, que es enemiga declarada de la independencia judicial. En pos de levantar su alicaída imagen, debería ser desterrada. ✂

Testimonios de la Censura
Jorge Fontevecchia* : "La concentración de poder es el resultado de la debilidad".

> "Por el decreto 1075 se prohíbe la edición, impresión, distribución, venta y circulación de la revista *La Semana* y clausura la editorial Perfil, que la publica. Considerando que el gobierno no puede permitir el desarrollo sistemático y reiterado de acciones degradantes para con instituciones esenciales de la República..." Octubre de 1982.

Habría que analizar este fenómeno de la concentración dentro del contexto tecnológico, ya que en realidad lo que produce es una previa atomización. Si uno mide en peso específico el resultado que aparece, posterior a la concentración, descubrirá que en realidad no hay empresas más grandes o más poderosas. Si se compara el poder y la influencia que tenía la *Crítica* de Botana en los años 30 o 40, se verá que hoy *Clarín* a pesar de que es el diario más importante, el segundo canal de televisión abierta, el primer canal de televisión de cable, la segunda radio abierta, la dirección más visitada en Internet..., a pesar de la cantidad de medios que concentra, tiene menos poder e influencia que los que tenía Botana en aquellos años.

Es decir, la concentración ¿es el resultado de la fortaleza o de la debilidad? Mi tesis es que es el resultado de la debilidad. Resulta similar a la figura de un corredor en una cinta. La percepción que uno tiene es de enorme veloci-

---

* Jorge Fontevecchia es director y fundador de Editorial Perfil. Lanzó su primera revista en 1974. En 1978 fundó *La Semana*.

dad, pero en realidad no avanza mucho. Entonces, yo diría que habría un aumento o una potencialidad de mayor censura, porque después depende de que los accionistas tengan deseos de censurar o no, que éste ya no es un tema físico sino sociológico.

Existiría una eventual mayor capacidad de censurar, en la medida en que esa concentración se produjese sin la creación de nuevos medios.

Hay que analizar lo que sucede hoy en relación a hace 20 años. No existían las radios FM, no existían las 130 señales de televisión por cable que se reparten entre las dos grandes operadoras, no existía la televisión satelital, no existía Internet. La cantidad de publicaciones, en términos de revistas, era de la mitad de las actuales. Los títulos de libros publicados por año eran un tercio de los actuales. No cabe ninguna duda de que el número uno hoy es menos poderoso de lo que era hace 20 años.

Un ejemplo claro de esto lo daría a mi juicio el sentido negativo de la Guerra de Malvinas. Y en el sentido positivo, la revolución o el intento de revolución contra Gorbachov en Rusia, que fue la última vez en que el ejército ruso desechó utilizar las mismas herramientas que en el pasado.

Hoy sería imposible que toda la sociedad argentina fuese engañada a partir de una manipulación como la que realizó el gobierno militar durante la Guerra de las Malvinas bajo el paraguas de la seguridad nacional. Sería imposible porque los medios internacionales se encargarían de mostrar que informaciones como las que se difundían por ATC no eran ciertas.

De cualquier forma, el último intento de revolución rusa contra Mijhail Gorbachov marca claramente que no estaban en condiciones de controlar las comunicaciones, ni siquiera en la Unión Soviética donde la tecnología estaba menos desarrollada.

Una historia de la censura

En términos de la censura soy muy optimista, pienso que se va a reducir de manera sostenida. No porque el ser humano sea más bueno, sino porque la tecnología democratiza, aunque en determinadas circunstancias puedan surgir ciertos temores relacionados con la concentración de medios, que parece que va a aumentar el autoritarismo.

Respecto de mi secuestro durante la dictadura, tuve la fortuna de nacer tarde. Yo fundé esta editorial cuando el gobierno militar recién comenzaba. Ellos utilizaron la técnica de la eliminación sistemática de todo lo que pudiera resultar peligroso. Esta editorial era absolutamente insignificante. Entonces, en los primeros años, que fueron los más duros, del 76 al 78, nosotros "no estábamos en el mapa" y esto probablemente permitió que nos salváramos, porque ni siquiera nos consideraban.

Ya en el 78, muy incipientemente, *La Semana*, que es la precursora de *Noticias*, tuvo algún protagonismo; igual era insignificante en el contexto. En ese proceso de crecimiento de *La Semana*, yo recibí advertencias y como los militares se cansaron de que no los tomara en serio, me detuvieron el 6 de enero de 1979. Me tuvieron una semana en el campo de concentración que se llamaba El Olimpo. En 1979, aunque fuera enero, ya había una presión internacional sobre la desaparición de personas en la Argentina y ellos no actuaron con la misma impunidad con que lo hacían entre 1976 y 1978. Seguramente si me hubieran secuestrado en aquellos años no hubiera estado vivo. Ahora, cuando a mí me secuestran, ya era el final de la etapa de la represión y todos los medios internacionales publicaron la desaparición del director de un medio de comunicación en la Argentina.

Al principio la idea que vendían, que transmitían, parecía estar en las antípodas de lo que realmente estaban haciendo, como después se comprobó. Tardó un tiempo hasta que la opinión pública nacional y la internacional tomaron conciencia de lo que pasaba y por lo tanto empezaron a presionar para ponerle fin. Mi secuestro se produjo cuando ya existía esa conciencia internacional. El gobierno tenía detenido a Jacobo Timerman. Había aparecido muerta Elena Holmberg, que era una funcionaria del gobierno militar y que fue víctima de una pelea interna entre la Marina y el Ejército. El embajador argentino en Venezuela había desaparecido un mes antes. Ya era insoportable para el gobierno. Encima de eso, el director de un medio de comunicación, aunque fuera pequeño, desaparecía... el costo era muy grande.

Desde el punto de vista económico había una serie de medidas con las que *La Semana* tenía simpatías y hasta coincidía. Esta misma actitud liberal, por momentos ingenua, llevaba a que no se podía censurar a nadie por sus opiniones. Una cosa era para nosotros un guerrillero que tomaba las armas y mataba a otra persona; a nuestro juicio esa persona, antes y ahora, merece ir presa. Porque alguien que mata a otro, aunque sea por un ideal, es un delincuente y por lo tanto merece ir preso.

Distinto era para nosotros una persona que decía "a mí me resulta simpático tal o cual personaje por lo que piensa", y por eso también considerarlo un delincuente.

La libertad de opinar era distinta de la libertad de tomar las armas y hacer justicia por propia mano. Entonces, ahí hay una línea que desde nuestra mirada liberal construía algo diferente. Muchas veces yo había recibido advertencias porque publicábamos notas a Mercedes Sosa, Marilina Ross y personas que para el gobierno militar eran "subversivas" porque tenían simpatías por ideas de izquierda. Y para nosotros eran personas interesantes de mostrar, porque se destacaban en su actividad. Por lo tanto no las íbamos a potenciar por las ideas que tuvieran, ni tampoco a censurar. Eso era lo que yo les explicaba a los militares cada vez que me llamaban la atención.

Con respecto a la prohibición de los reportajes a políticos, recuerdo que en 1978 se publicó un reportaje a Ricardo Balbín. Me acuerdo de que no fue muy agradable; yo terminé bastante enojado con Balbín porque él decía que Videla era un general para la democracia, que Harguindeguy era un estupendo ministro del Interior. Fue el primer reportaje que se publicó a un político. Hablaba bien de los militares. Pero para los militares era un Rubicón, porque si se abría la posibilidad de que los políticos hablaran, irremediablemente iba a aparecer la crítica. Yo no le di mucha bolilla a la advertencia que recibí.

Ellos no admitían diferencias y las amenazas que nos hacían no las verbalizaban de manera explícita. En ningún momento decían: "Mire que lo vamos a secuestrar o matar". No se decía este tipo de cosas.

Todos los argentinos estaban muy cansados de la violencia que había generado el propio gobierno de Isabel Perón. Había un descontrol que yo no alcanzaba a percibir como integrante de los medios, porque a mí me tocó vivir esa época desde la Universidad. Claro que gran parte de la sociedad y los medios de comunicación percibían que el gobierno de Isabel Perón era desastroso. Que la violencia guerrillera era peligrosísima, que había una serie de desatinos, que en la sociedad se estaba creando algo muy negativo. Inicialmente yo creo que vieron con simpatía el golpe del 24 de marzo.

Esa simpatía no debería ser criticada hoy en día, fuera de contexto. Creo que la mayoría de las personas en ese contexto hubieran pensado que era un mal necesario, una cuestión inevitable. De cualquier forma, si uno se pone con rigor histórico, faltaban seis meses para las elecciones.

Se podría haber esperado y... si ganaban los radicales tal vez hubieran podido enderezar las cosas. Yo creo que igualmente no hubieran podido.

Entonces, más allá de lo cuestionable que pueda ser, los medios en su conjunto, al golpe del 24 de marzo lo vieron bien. Inicialmente nadie creía que pudiera existir un sistema de asesinato y secuestro de personas fuera del orden jurídico. Resultaba inaudito para la cabeza de la mayoría de las personas. Pasó el primer año y todo el mundo empezó a tomar conciencia de lo que pasaba. El segundo sentimiento de que algo feo estaba pasando fue de asco, y luego miedo.

Yo diría que, defendiendo a los medios de comunicación, los primeros meses fueron de apoyo, luego de sorpresa y asco, e inmediatamente después de miedo. Uno de los diarios más importantes de este país en los últimos 50 años se extinguió porque no tuvo miedo. *Clarín* debe su existencia a que Perón cerró *La Prensa*. El 50% de los ingresos de *Clarín* viene de los avisos clasificados. El dueño de *La Prensa* no quiso callarse frente a Perón y perdió su diario. Se lo devolvieron años después, pero ya no era lo mismo... Y *Clarín* tuvo el mismo mérito que *El Mercurio* de Chile, que fue saber callarse la boca y sobrevivir mientras los otros se morían. *La Prensa* era como *Clarín* de hoy. Y se extinguió.

También me parece que sería importante destacar que tan malo como la omisión, como el apoyo inicial, es la crítica final. Y eso a mí me produce un profundo desagrado. El oportunismo posterior de la crítica me parece tan grave como el de la omisión del comienzo. Me parece que una es hija de la otra. Es correcto decir que los medios no hacen más que seguir el estado de ánimo de la sociedad. Porque la sociedad es optimista los primeros dos años de cualquier gobierno, y es pesimista los últimos años de cualquier gobierno. No importa si han hecho las cosas bien o mal. Esta ecuación se repite pendularmente.

Acerca de la responsabilidad histórica de algunos medios, el tema merece un análisis más profundo. En el caso de Editorial Atlántida específicamente, creo que Aníbal Vigil, que era el verdadero conductor de la editorial en ese momento, era una persona que genuinamente creía en los valores que formalmente presentó a la sociedad la Junta Militar el 24 de marzo de 1976. Era un hombre de actitudes espartanas, de derecha, con una mirada de la realidad... Pero me animo a decir, por lo que lo fui conociendo a lo largo de los años, que su posición era más honesta que la que adoptaron otros que en realidad no tenían esas ideas. Y simplemente por conveniencia, como pudo haber sido el caso de Papel Prensa, se callaron la boca. Yo lo que puedo decir es que Editorial Atlántida y su conductor Aníbal Vigil no gozaron de una sola prebenda en el gobierno militar, porque creyeron en eso. Entonces, aunque lo que produjeron como resultado periodístico hoy sea ofensivo, en los grados de crítica habría que mirar a los que en medio de esa circunstancia tuvieron menor perjuicio.

Usted recuerda que los norteamericanos dicen ¿quién paga la cuenta?, y Maquiavelo dice ¿quién se beneficia? La pregunta es ¿quién se benefició? El nivel de influencia que tenían las revistas de Atlántida era infinitamente menor que el que tenían los grandes diarios. Si bien es cierto que *Para Ti* hizo algunas notas a favor del Proceso, es muy difícil crear conciencia con *Para Ti* y muy fácil crearla con *Clarín* o *La Nación*. Si estos diarios hubieran publicado los hábeas corpus como lo hicieron *La Opinión* o el *Buenos Aires Herald*, todo hubiera sido distinto. Si todos los diarios hubieran publicado los pedidos de hábeas corpus hubiera sido diferente.

Después de mi secuestro, pasé una etapa con mucho temor, decidí cambiar la temática de las revistas porque había tomado conciencia del peligro que corría mi vida.

Luego viene el proceso de la Guerra de las Malvinas. Ahí yo creo que se produjo un cambio copernicano dentro de la sociedad. Cuando comienza la guerra, nuestra primera duda es "nosotros no estamos acostumbrados a tener una guerra, nos falta experiencia..." Entonces se nos ocurrió ingenuamente contratar al periodista que más experiencia tenía en guerras para que escribiera un artículo sobre sus impresiones de cómo se iba a desenvolver esta guerra. Ese especialista era Jack Anderson, acababa de ganar el Premio Pulitzer por los papeles del Pentágono y él dijo todo lo que iba a suceder. Que la Argentina iba a perder la guerra, que la Marina iba a hacer un papel deplorable pero que la Fuerza Aérea iba a hacer un buen papel. Hizo un análisis objetivo de los hechos, que publicamos dos semanas después del comienzo del conflicto. En ese momento, me llamó Camps y me dijo que era un idiota útil de los ingleses, que los norteamericanos estaban aliados con los ingleses y que Anderson era un miembro de la CIA. También me dijo que ahora estaban muy ocupados con la guerra, pero que cuando todo terminara me iban a fusilar. Simplemente quería que lo supiera. Yo salí de ahí preocupado, por momentos llegué a pensar que no estaba siendo un buen argentino. Que a lo mejor estaba siendo un poco ingenuo. Entonces decidí irme al sur.

Lo más cerca de Malvinas era estar en Río Grande, en Comodoro Rivadavia, y pasé buena parte de la guerra en el sur. Y lo que allí se contaba no guardaba ninguna relación con lo que en los medios, especialmente en televisión, se decía. A pesar de no estar en las islas, nos enterábamos de muchas cosas. En el gobierno, cae Leopoldo Fortunato Galtieri, asume Reynaldo Bignone. En ese momento, el hombre fuerte era Cristino Nicolaides. ¿Qué pasa con nosotros? Se cansan de advertirnos y deciden clausurar *La Semana*. Ya no es que se prohíbe la circulación de una edición, sino que se la prohíbe de manera definitiva. Fue un golpe duro. Esto sucedió meses después de que terminara la Guerra de Malvinas.

La sociedad había cambiado y había una actitud antigobierno militar. Nosotros hicimos una acción de amparo ante la Justicia y en tres meses conseguimos que la Corte de Justicia reabriera *La Semana*. Algo impensado antes de la guerra... Que la Corte del gobierno militar dijera usted se equivocó, tiene que reabrir la circulación, fue fuerte. Y ahí empezamos ser más duros todavía. Inventamos las tapas negras, y como ya no les quedaba alternativa, ya no sabían qué hacer con nosotros, decidieron ponerme a disposición del Poder Ejecutivo, medida que no se tomaba desde hacía cuatro años. Como ustedes recordarán eso implica estar encarcelado sin causa, "forever". Como se trataba de un decreto que tenía que tener un considerando, el considerando era que yo era espía del Foreign Office. Tenía una actitud antiargentina y era espía del servicio de inteligencia del gobierno británico.

Ahí fue que mandan los policías a la editorial y yo logro escaparme en el baúl de un auto. Busco asilarme en la embajada de un país que hubiera estado a favor de la Argentina. Fue Venezuela. Estuve una semana asilado y después pude salir del país, a partir de que el gobierno venezolano me aceptó como asilado. Ya faltaba un año para que el gobierno militar terminara y regresé días antes de las elecciones.

Desde 1983 hasta hoy se puede hablar de una censura económica. Algunos dicen que *Clarín* jugó un rol muy duro, muy fuerte con respecto a nuestro diario *Perfil*, y yo digo que esto es así en todas las competencias económicas.

No hay empresa en el mundo que no trate de vencer al competidor. Las cosas que se hacen en EE.UU. son de terror. Es una guerra. Usan todas las armas, dentro de ciertas normas. Las que utilizó *Clarín* con *Perfil* están dentro de un libreto aceptado en la sociedad más poderosa de la Tierra. Aquí el problema que tuvo *Perfil* fue que a los lectores no les gustó. La frustración del diario *Perfil* se debe ver como que a los lectores no les resulta tan importante la lectura de diarios. En la ciudad de Buenos Aires. la mitad de los hogares tienen cable, y sólo un 25% recibe un diario. En la ciudad de Buenos Aires, la mitad de las personas creen más importante tener cable que un diario. El desinterés por la cosa pública es notorio. Esta tarea de hacer un libro sobre la censura es vocacional, no comercial. El tiempo que se va a invertir solamente se explicaría porque haya un interés por la cosa pública, y eso es excepcional. Me da la sensación de que en el pasado existieron más lectores. Hoy, en los diarios crecen los suplementos de belleza, de country, de autos, y la parte de noticias es más chica. Ahora ¿es culpa de los diarios o de los lectores?

Pareciera que la globalización fuera una concentración de poder enorme. Pero simultáneamente con esa ola de concentración hay que observar la misma democratización que produce. Son dos fuerzas que luchan continuamente. Alguien puede decir ¿qué me importa a mí que dentro de 200 años todo vaya a ser mejor? Pensemos por ejemplo que hace 100 años no había agua potable. ¿Qué significa eso para la calidad de vida? El ser humano ha mejorado su vida enormemente gracias a la tecnología. Claro que tiene efectos secundarios no deseados. Inicialmente hay una generación que se queda sin empleo. Yo creo que pensar en el largo plazo sólo implicaría una falta de sensibilidad por lo finito de la vida. Hoy, el término globalización es mala palabra. Yo, francamente, pienso que es un error. Si uno ideologiza hechos aislados puede llegar a confundirse. ✂

Mujeres periodistas. El ministro del Interior Albano Harguindeguy invitó a 16 periodistas mujeres para cambiar ideas sobre temas que lo preocupan. Fue el viernes 4 de agosto de 1980, a las 18. Asistieron Lucrecia Gordillo, subdirectora de *Para Ti*; Renée Sallas, secretaria de redacción de la revista *Gente*; Mónica Cahen D'Anvers, de Canal 13; Magdalena Ruiz Guiñazú, de *La Razón*; Emiliana López Saavedra, secretaria de la revista *Redacción*; Clara Mariño, de la revista *Extra*; Susana Grassi, acreditada en Casa de Gobierno; María Esther de Miguel, de Radio Continental; Paula Bauer, de ATC; Hilda Campi, de la revista *Esquiú*; Susana Oliveira, de la revista *Vosotras*; Nelly Casas, de *Crea*; Leda Orellano, de *Claudia*; Luisa Delfino, de *Siete Días*, y Mónica Gutiérrez, de ATC.

La peor Gente. Samuel Gelblung, el periodista que al final del milenio habla de la memoria, era el jefe de redacción de la revista *Gente* cuando se produjo el golpe del 24 de marzo de 1976. También era parte de aquella redacción Renée Sallas, que reptaba como vocera de los militares en la Editorial Atlántida. De nada sirve dirigirse a estos periodistas para recordarles el repulsivo y falaz comportamiento que tuvo esa revista durante los años del genocidio. Hablan por ellos sus palabras. En una nota a la revista *El Gatillo* de TEA. (Taller-Escuela-Agencia), Gelblung señala que "La prensa tiene la obligación de ser opositora. Si es oficialista, entonces es propaganda. Los periodistas tenemos la obligación de hostigar, molestar y denunciar al Estado". Diciembre de 1977.

Testimonios de la Censura
Salvador Sammaritano* : "¡Nos habían prohibido tanto!"

> "Las amenazas de muerte anunciadas en un comunicado de la autodenominada Alianza Anticomunista Argentina (AAA) motivan que abandonen el país los artistas Nacha Guevara y Norman Briski, con sus parientes más cercanos. El actor Héctor Alterio, quien se encuentra en España para asistir al festival cinematográfico de San Sebastián, decide no regresar a la Argentina. El cantor y compositor Horacio Guarany también adoptaría la decisión de dejar el país. El quinto amenazado es el actor Luis Brandoni, quien cumplió ayer sus compromisos profesionales, sin custodia oficial." Setiembre de 1974.

Fundé allá por 1954, junto con unos amigos, el Cine Club Núcleo. Allí se pudo ver todo lo mejor del cine nacional y extranjero, a pesar de las amenazantes tijeras de los censores de turno. Desde que dimos las primeras funciones en el auditorio Birabent, y esto no le va a caer muy bien a los peronistas, teníamos que pedir permiso policial para poder proyectar las películas. Mandaban a un cana a ver qué dábamos y, claro, él no entendía nada. Nosotros por ese entonces hacíamos sobre todo ciclos de cine experimental. Si bien eso no puede llamarse censura, era un control.

Casi una década después, Rodríguez Aguilar, que estuvo a cargo del Instituto de Cine durante la presidencia de Arturo Illia (1963-1966), resolvió que Núcleo podía proyectar películas sin clasificar, es decir sin censurar. Con esta medida Núcleo tenía un régimen muy liberal, pero claro, el asunto este marchó bien hasta que llegaron los milicos.

Durante el gobierno de Onganía (1966-1970) Núcleo

---

* Salvador Sammaritano es periodista y crítico de cine. Fundador del Cine Club Núcleo. Actualmente se desempeña como director de la Escuela de Cine del Instituto Nacional de Cine y Artes Visuales.

funcionaba en el cine Dilecto. En esa época había una gran psicosis. Me acuerdo de que un día estábamos dando la función de las 11 de la noche cuando llegan 10 policías y forman un abanico sobre la boletería. Uno de ellos, que estaba vestido de civil, con un impermeable y las solapas levantadas, me dice: "Buenas noches ¿Este es un cine club? ¿Quién es acá la autoridad?". Le respondí que era yo, en realidad estaba por decirle arrésteme sargento y póngame cadenas, como la letra del tango, cuando el cana me comenta: "Sabe lo que pasa, señor, nosotros tenemos que tomar servicio a las 12 y estamos haciendo tiempo. ¿Nos deja entrar a ver la película?". Bueno, menos mal, respiramos hondo y entraron. Ocuparon las últimas filas. El problema fue cuando se encendieron las luces y las personas que estaban ahí, muchas de las cuales tenían sus conciencias no muy tranquilas, los vieron y pensaron que traían los camiones de culata para llevárselas. Por suerte se fueron rápido y el pánico no cundió.

Eran los tiempos del general Alejandro Agustín Lanusse cuando surge en Núcleo la idea de preestrenar *Operación Masacre*. En esa época el club funcionaba en el Instituto Superior de Cultura Religiosa. El día de la función yo estaba en la redacción cuando a las seis de la tarde me llaman para decirme que se habían llevado la copia. La hermana Amalia, que era maravillosa, resistió todo lo que pudo y después, cuando ya vio que no podía ganar, dijo: "Bueno está bien, llévense la película, pero yo soy monja y les voy a rezar en contra a todos ustedes". Parece que se fueron bastante preocupados pero igualmente no se pudo dar. Me acuerdo que lo gracioso fue que yo salí desesperado a las distribuidoras a pedir una película, y en una me prestaron una comedia italiana que se llamaba *La policía agradecida*, lo cual causó una gran hilaridad cuando les conté a los socios el asunto.

Miguel Paulino Tato fue director del Ente de Clasificación Cinematográfica entre 1974 y 1978, es decir que trabajó durante los dos últimos años del peronismo y los dos primeros del Proceso. Fue el único funcionario del lopezrreguismo que siguió durante el Proceso. Esto se debió a que él representaba los intereses del Ejército y los de la Iglesia. Ahora la Iglesia premia las películas que antes censuraba. Era un ejemplar muy especial. Antes que todo era un colega nuestro, era un periodista, era un viejo colega mío y de todos. Tenía una cosa a favor: era fascista y lo decía. Hay muchos tipos que son fachos pero pasan como otra cosa. Con Tato tengo muchas anécdotas. Recuerdo que durante el tiempo de López Rega un día me lo cruzo por la calle Lavalle. Él había ido a Estados Unidos, cosa que hacía con bastante frecuencia, y le digo "¿Qué tal, así que fuiste a cobrar?". La mía era una broma bastante pesada, porque si bien nunca se comprobó nada, generalmente la censura era más tibia con las películas de distribución extranjera, menos tibia con películas extranjeras distribuidas por distribuidoras locales, y mucho más severa con las películas argentinas a las cuales ya se les ponían pautas de producción, es decir, una censura previa. Entonces me responde "No seas así. ¿Sabés que antes pasé por Cuba?". Era una época en que si ibas a Cuba volvías acá y eras boleta, así que le pregunté qué había ido a hacer. "No sabés que ahí vive mi ex mujer", porque él era muy moralista, pero se casó cinco veces. "Vos sabés que yo soy fascista, pero Cuba es una maravilla, es otra cosa, allí hay un líder como la gente, no hay miseria, ese es un país en serio..." "Escuchame, Tato, vos me estás tirando la lengua para después irle a decir a López Rega", le dije, y él me contestó: "No seas boludo, vos sabés que yo soy fascista, pero ante esa violencia me rindo".

Que en Núcleo se hayan proyectado películas prohibidas tiene una explicación. Cuando el asunto ya se pone pesado Tato me dice: "Mirá, yo te voy a dejar dar las películas en Núcleo porque el de ustedes es un público preparado". Ese era un ingrediente de la censura, el elitismo. Nosotros dábamos algunas prohibidas pero las copias nos llegaban rayadas, porque antes se habían pasado en todos los cuarteles, los milicos eran los primeros en verlas, ellos sí podían. La única condición que me puso Tato era que yo tenía que avisarle qué íbamos a dar. Yo ya sabía qué filmes no me iba a autorizar y entonces los pasaba sin decirle nada. Cuando Tato se enteraba de lo que había hecho, yo me excusaba diciéndole que no había podido comunicarme. Le decía que se dejara de joder y él me respondía que si yo seguía así me iba a mandar en cana. Eso nunca ocurrió, eran todas calenturas, lo que no quita que nosotros fuésemos unos inconscientes. Incluso las funciones se hacían en el teatro IFT, que era un local judío y comunista. Así que dábamos películas prohibidas en un cine club que de por sí ya era sospechoso, en un lugar peligroso y encima sin permiso.

El público se enteraba de que vendría a ver una prohibida porque usábamos una especie de contraseña muy ingenua: los socios siempre llamaban para ver que dábamos, porque nosotros no repartíamos programa mensual. Cuando se trataba de una prohibida, nosotros decíamos que la película estaba a designar. Eso convocaba más gente, socios todos, porque nosotros no dejábamos entrar a nadie que no conociésemos. Personalmente, a Tato no le tenía temor, cuando ya había prohibido como 200 películas le dije: "Cortala, Tato" y él, que era muy sincero, me respondió: "Cuantas más prohíba más contentos se ponen los curas y los milicos, y yo trabajo para ellos". Tato te dejaba desarmado.

Sin embargo, con la gente de Núcleo supimos desafiar las tijeras de turno. Cuando en la Argentina se prohibió la exhibición de *Los amantes*, de Louis Malle, decidimos organizar una excursión a Uruguay. Alquilamos dos aviones y dos hidroaviones, los llenamos y nos fuimos un fin de semana a Montevideo. Allí tomamos el hotel Colón del barrio viejo, y aprovechamos para ver filmes censurados y otros de los cuales aquí no había copias. El viaje duró tres días y en cada uno veíamos 8 películas. Fue el primer contrabando de imágenes.

Uno de los grandes problemas de los militares era que asociaban todo. En los 70 nosotros hacíamos las funciones en el Cine Arte y nos secuestraron la copia de *Golpe de Estado* (*Kaigen rei*, 1973), un film del director Yoshida Yoshishige que se había dado en el festival de Mar del Plata. Era sobre un golpe de Estado en Japón, no tenía absolutamente nada que ver.

Con la vuelta a la democracia y bajo la gestión de Raúl Alfonsín, el Ente fue disuelto y su lugar ocupado por las Comisiones Calificadoras. Con Alfonsín se creó una ley casi única en el mundo. En la Argentina no hay censura cuando en muchos países aún existe. Acá no se puede prohibir una película, se puede calificar, pero no se puede cortar, ni siquiera los distribuidores lo pueden hacer. Tampoco creo que durante el menemismo haya habido una censura grande con la prensa, o con el cine. La falta de apoyo a la cultura es otra cosa, es desinterés. Creo que el problema está en darle a la gente sólo lo que la gente quiere o lo que se cree que la gente puede llegar a entender. El arte popular y nacional es un concepto venenoso que también conduce al elitismo. ✂

Una cierta sonrisa. "Tiene toda la paciencia, y con más de 30 años en el Ejército, toda la experiencia vivida y escarmentada. No es un impaciente y tampoco un solitario. Abre ventanitas cada vez que abre la boca. Y abre poco la boca. Pero con gran precisión. Los que frecuentan a Videla sostienen que ha cobrado más seguridad; aprendió su trabajo de presidente, está mucho más suelto, no hay tema en esencia que no desarrolle con convicción y conocimiento, y además -esto es esencial- se le advierte de vez en cuando una cierta sonrisa... como alguien que va tocando el futuro." Bernardo Neustadt, octubre de 1976.

Charly García. "Un particular pretendía que la versión del Himno Nacional de Charly García no se difundiera por radios nacionales. Decía que era una 'ofensa al símbolo patrio'. La Justicia rechazó la denuncia. Con la firma de los camaristas Ricardo Morveglia y Jorge Argento, la Sala III de la Cámara en lo Contencioso Administrativo confirmó un fallo de primera instancia que permite la difusión por las radios estatales de la versión del Himno Nacional Argentino de Charly García. La demanda había sido entablada por Noel Maas, un ciudadano argentino que escuchó la versión de García en FM Vox, la FM de Radio Nacional, que comienza su programación diaria con la versión que el músico compuso en 1990 e incluyó en su álbum *Filosofía barata y zapatos de goma*. El demandante había solicitado que la versión del himno compuesto por Charly García fuera retirada de la programación diaria de la emisora de Frecuencia Modulada FM Vox 96.7 porque 'no se trata de la versión oficial establecida en el decreto 10.302, del año 1944'. Amparado en esa norma legal que establece que 'ninguna otra pieza que no sea identificada en los artículos 6 y 7 del decreto 10.302-44 puede ser considerada como versión oficial y auténtica para ejecutar en actos oficiales, ceremonias públicas y privadas, por bandas militares, policiales o municipales en establecimientos educativos', Maas argumentó que la versión de García 'constituía una ofensa al símbolo patrio'. Pero la Cámara rechazó la denuncia recordando que ese mismo decreto 'no prohíbe versiones existentes ni futuras de la canción patria'. Los jueces confirmaron la desestimación y agregaron que la difusión por la radio de esa versión del himno, 'aun cuando sea evidente el carácter público de las emisiones del SOR, no se identifican con actos oficiales o ceremonias públicas y privadas'. No era la primera vez que un particular presentaba una denuncia contra García: en noviembre de 1990, el entonces juez federal Néstor Blondi desestimó una denuncia por 'presunto ultraje a un símbolo patrio', presentada por el ciudadano Carlos Horacio Hidalgo. En su fallo el juez consideró que el delito era inexistente. 'Se trata de unos reaccionarios que se la toman conmigo porque mi versión es bárbara. Hace poco, otros rockeros hicieron sus propias versiones de marchas nacionales y nadie les dijo nada'." Nota de Paula Alvarez Vaccaro, publicada en el diario *Clarín* el 22 de febrero de 2000.

SITUACIÓN DE LOS PUEBLOS INDÍGENAS EN LA ARGENTINA

> "Por orden del juez federal Nicasio Dibur una comisión de la Policía Federal allana las instalaciones del diario *La Voz*, editado por el dirigente de Intransigencia y Movilización Peronista Vicente Saadi. Jefes de Inteligencia del Ejército, la Armada y la Fuerza Aérea habían acusado al diario *La Voz* de ser un órgano de 'adoctrinamiento y difusión' montado y mantenido por los Montoneros". *Clarín*, junio de 1983.

"Nos censuran vivir"

PREÁMBULO

"Nos los Pueblos Indígenas y/o Aborígenes de la República Argentina, identificados en el presente como

Pueblos Kolla, Mapuche, Tehuelche, Huarpe, Ranquel, Mocoví, Qom (Toba), Pilagá, Wichí, Diaguito-Calchaquí, Purmamarca, Ava-Guaraní, Omaguacas, Atacamas, Cochinocas, Ocloya y otros; reunidos en este PRIMER SEMINARIO DE POLÍTICAS SOCIALES PARA LOS PUEBLOS INDÍGENAS DE ARGENTINA, con la conciencia de nuestra particularidad cultural y de convivencia multicultural, pluriétnica y dentro de los derechos y el espíritu de la Constitución Nacional que de ello se desprenden. Necesitamos plenos efectos jurídicos de los principios de justicia e igualdad en igualdad de oportunidades y la real participación en todos los intereses que nos afecten, como lo dispone el art 75 inc. 17 de la Constitución Nacional. Como dice la Propuesta Indígena en el Foro Iberoamericano de Desarrollo Social: En el transcurso de estos 504 años, nuestros pueblos indígenas han sufrido un quiebre estructural de sus culturas y formas de vida. Los intentos de asimilación cultural y económica han pretendido incorporarnos a un solo esquema cultural homogéneo que es lo 'occidental', considerando que nuestros modos de vida diferentes eran un retraso y un obstáculo para el desarrollo. Ello ha significado una pérdida de recursos humanos indígenas y ha generado un estancamiento de nuestra dinámica de autogestión y desarrollo. La principal responsable de la pobreza de los pueblos indígenas es la pérdida de nuestras tierras y territorios, por eso, para luchar contra la pobreza es esencial que los pueblos indígenas tengamos la propiedad comunitaria de la tierra. Para salir de la pobreza es necesario recuperar los derechos de nuestros pueblos sobre los territorios y sus recursos naturales. En las zonas rurales, las familias indígenas, generalmente extensas, poseemos pequeñas propiedades de mala calidad que hacen insostenible la sustentación de la estructura tradicional, generando migración y o fragmentación de las familias. Ello ha generado un estancamiento de la dinámica de autogestión y desarrollo de nuestros pueblos indígenas. Somos pobres porque nos han despojado y nos siguen despojando de nuestros territorios.

A tal efecto los Pueblos Indígenas y/o aborígenes de la República Argentina:

1- Exigimos la regularización inmediata de la situación dominial de la posesión de las tierras que tradicionalmente ocupamos, como condición indispensable para posibilitar la continuidad de nuestra vida. Este derecho comunitario está fundado desde nuestro pensamiento indígena, y debe conservar las características de inalienabilidad establecidas en la Constitución Nacional como también el carácter de imprescriptibilidad.

2- Exigimos respeto de las autonomías propias e idiosincrasia de cada Pueblo ancestral y en consecuencia respeto a las Comunidades, como así también de su Organización Social Tradicional, con el propósito de revalorizar costumbres, lenguas, creencias, espiritualidad y tradiciones autóctonas, de acuerdo a la Cosmovisión y Derecho Consuetudinario que nos asiste.

3- Exigimos el cumplimiento de las leyes Internacionales, Nacionales, Provinciales, Municipales, particularmente las que concuerdan con el art. 75 inc. 17 de la Constitución Nacional.

4- Exigimos el Depósito en la sede de la OIT del instrumento de ratificación del Convenio 169 de la OIT (Ley 24071).

5- Exigimos la efectiva participación en los intereses que nos afectan.

6- Exigimos igualdad de derecho con equidad y el libre acceso a la justicia.

A continuación se transcriben las Conclusiones de las Comisiones que trabajaron en los siguientes temas:

TIERRAS Y TERRITORIOS

Unificación de criterios sobre el uso de los términos tierras y territorios. Tierras: es la superficie efectivamente ocupada por las comunidades aborígenes. Territorio: es el espacio físico que utilizan los Pueblos Indígenas para sus actividades tradicionales y de subsistencia teniendo en cuenta el vínculo espiritual que tienen con su territorio. Además, entendemos que el concepto comprende el Derecho de estos pueblos a participar en la utilización, administración y conservación de los recursos naturales (conforme al Art. 14 y 15 del Convenio 169 de la OIT). Territorio Cultural: es el espacio físico que ocupaba un pueblo indígena antes de la conquista y que actualmente puede comprender distintas provincias, teniendo en cuenta sus pautas culturales, su idioma, su sistema económico-productivo, etc.

ORDENAMIENTO TERRITORIAL

Después de un análisis de situación proporcionada por cada participante de esta Comisión contemplamos tres casos: A) Comunidades sin tierra (Ej.: Pueblo Guaraní de Jujuy, Mocoví de Santa Fe). B) Comunidades con tierras escasas y poco aptas para el desarrollo humano (Ej. Pueblo Mapuche). C) Comunidades con tierras aparentemente suficientes pero inaptas para el desarrollo humano, por la necesidad cultural de ese pueblo (Ej. Pueblo Pilagá de Formosa). D) Comunidades que se encuentran en tierras privadas (Ejemplo: Pueblo Kolla de Salta, finca El Toro o Comunidad Quilmes de Tucumán).

La Comisión trabajó sobre el tema del Ordenamiento Territorial, en relación a la adjudicación de tierras y la entrega de Títulos, entendiendo que las políticas del Estado en estos casos deben contemplar el ordenamiento territorial y los recursos necesarios para realizar los estudios técnicos pertinentes ya que sería la única forma de llegar a un desarrollo integral humano de los Pueblos Indígenas. Para hacer efectivo un ordenamiento territorial y ambiental es necesario realizar: a) Un pre-diagnóstico; b) Un diagnóstico, para fijar las políticas aptas para preparar un plan; c) Elaborar un programa; y luego d) Los proyectos concretos.

Seguidamente se trató el tema de la tierra comunitaria, la "familiar" y la individual. Se concluyó:

A). Que el Código Civil legisla la propiedad individual.
B). La propiedad Familiar es una forma de propiedad individual, que existe en algunas leyes de Colonización y que no está protegida por las restricciones al dominio del Art. 75, Inc. 17 de la C.N., y por tanto es simplemente dividir la tierra con un nombre que provoca confusión y engaña a las comunidades. En tal sentido, la postura de los profesionales del INAI de propiciar esta forma de entrega de títulos, que baja en folletos a las Provincias en proceso de regularización de la tierra, como Jujuy, Chubut y Río Negro, es absolutamente dañina para adquirir la tierra con títulos imperfectos, cuestionables, con la cláusula de inenajenabilidad nula, que en suma propicia la división de la tierra con otro nombre. Que la Propiedad Comunitaria está legislada por la Constitución Nacional (Art. 75, Inc. 17).

En cuanto a la forma más apta para recibir los títulos de propiedad, se concluyó por consenso unánime que es la Propiedad Comunitaria. Teniendo en cuenta que personas ajenas a las Comunidades, pero con intereses económicos y políticos para que no se entregue la tierra en forma Comunitaria, desprestigian a los Dirigentes alegando que con estos Títulos la Comunidad no sería dueña de nada y la tierra sería manejada arbitrariamente por el dirigente de la misma.

Esta Comisión resuelve: Que los Dirigentes y las Comunidades se deban capacitar con los Juristas Indígenas para defender la Tierra Comunitaria.

BIODIVERSIDAD

Definición: Biodiversidad significa vida sobre la Tierra.

Para los Pueblos Indígenas vida significa no sólo vida sobre la tierra (especies), sino también comprende los cerros, las rocas, los ríos, etc. Entendemos que este concepto está íntimamente ligado con el de territorio y espiritualidad.

Teniendo en cuenta la definición dada, y que la mayor Biodiversidad del mundo se encuentra en los territorios indígenas recomendamos avanzar en los derechos concernientes a la recuperación de estos ámbitos. Asimismo es imprescindible fijar las estrategias, políticas, metodologías y procedimientos que relacionen, regulen, reglamenten y compatibilicen los factores que inciden en el manejo y administración de los Recursos Naturales.

Para ello es necesario:

1. Establecer un Programa de Capacitación y Educación que incluya una Red de Comunicación, la realización de Talleres, la creación de un Banco de Datos y otras vías alternativas para la difusión y el conocimiento de la problemática ambiental y las legislaciones a nivel internacional, nacional, provincial y municipal referentes a los temas de Biodiversidad, recursos naturales, hídricos, minerales, energéticos, etc.

Derecho:

2. Establecer que el ejercicio de los derechos consa-

grados por la Constitución Nacional (Art. 41), como son el libre desarrollo y el ambiente sano, son esenciales para la conservación de la Biodiversidad, lo cual está íntimamente ligado a la preservación de sus culturas, de su identidad, de sus territorios y para el ejercicio de otros derechos como educación, salud, etc.

3. Promover una legislación con la finalidad de evitar la Bioprospección y el patentamiento de los recursos naturales, genéticos y los conocimientos que existen en los territorios indígenas milenariamente. Hasta tanto no se legisle al respecto reclamamos el cese inmediato de este tipo de actividades.

DESARROLLO CON IDENTIDAD

¿Qué somos?
Personas que formamos parte de un Pueblo, con capacidad de sentir, pensar y actuar de acuerdo a una forma de vida propia.

¿Cómo estamos?
Estamos mal porque nos falta la tierra y el territorio.

¿Qué queremos?
Que se reconozca a nuestra cultura como tal.
Queremos desarrollar nuestros pueblos en función de nuestra identidad. Recuperar nuestros valores ancestrales del concepto que nosotros entendemos por economía, recuperar el sistema de trabajo comunitario, etc.
Revalorizar la conciencia colectiva.
Generar procesos de interaprendizaje entre los pueblos y civilizaciones para afianzar el respeto a la diversidad.
Recuperar nuestros territorios.

Concepto de desarrollo
El desarrollo para nosotros se realiza a partir de nuestra cosmovisión. Entendemos por desarrollo el crecimiento dentro del sistema de vida comunitario. En general lo que viene de afuera pretende imponerse, destruyendo lo nuestro. El desarrollo es un concepto occidental que no pertenece a los Pueblos no indígenas. Para nosotros el "desarrollo" es mejorar nuestra calidad de vida en base a las leyes armoniosas de la naturaleza buscando la felicidad y el bienestar de los Pueblos.

¿Qué es Desarrollo con Identidad?
Como dice el Foro Iberoamericano Indígena de Desarrollo Social: "...las capacidades indígenas pueden contribuir a generar un nuevo paradigma del desarrollo, cuyo insumo básico es el conocimiento indígena, aún no asumido por la sociedad global, este nuevo paradigma es el Desarrollo con Identidad y debe ser inseparable del entorno cultural, ecológico, económico, político y espiritual, y sólo es compatible con políticas de desarrollo de carácter multidimensional e integral", y significa: Un proyecto histórico de los pueblos con cultura propia, que tienen la capacidad y posibilidad de complementar las culturas de la humanidad, mediante la convivencia en la diversidad. Vivir teniendo en cuenta las leyes de la naturaleza.

Capacitarse para producir de acuerdo a la identidad de cada Pueblo. Identidad, es la raíz de un Pueblo, definido por el territorio donde viven las personas que lo integran. Constituye una historia, una lengua, manifestaciones religiosas propias. Es el grado de pertenencia a una cultura, es el arte, la música, la vestimenta, nuestros alimentos, etc.

En resumen: Desarrollo con Identidad para nosotros es fortalecer nuestros valores desenvolviéndonos en base a nuestras pautas culturales, con el respeto de nuestros derechos, y el acceso a la justicia, buscando la realización y el crecimiento de nuestras vidas en armonía con nuestra naturaleza.

¿Cómo puede la mentalidad indígena contribuir a evitar la depredación de la naturaleza?

La depredación de la naturaleza se evita si se considera el concepto de vida de los Pueblos. Indígenas, porque vemos el mundo de manera integral, sol, fuego, agua, tierra, aire, etc., es decir vemos el mundo de una determinada forma, diferenciándonos así del mundo no aborigen que no se ve integrado a la naturaleza. Para que se cumpla esto, es necesario que a cada Pueblo Indígena se le reconozca su territorio y su autogobierno.

Mediante la concientización y rescate de nuestros conocimientos.

La cosmovisión Indígena puede contribuir a evitar la veloz degradación del medio ambiente, resolver el abordaje de las graves situaciones de escasez de alimentos y evitar el grave riesgo de perder la riqueza de la diversidad.

Vertientes, Provincia de Jujuy, marzo 7 de 1999.

TESTIMONIOS DE LA CENSURA
Roberto Cossa* : "Contra los militares estábamos mejor".

"Se abre ahora una nueva etapa con renacidas esperanzas. Y, si bien el cuadro que ofrece ahora el país es crítico, no hay que olvidarse que todas las naciones tienen sus horas difíciles y que el temple de sus hijos es capaz de levantarlas de su ruinosa caída." Del editorial titulado "Un final inevitable", *Clarín*, 25 de marzo de 1976.

---

* Roberto Cossa nació en Buenos Aires en 1934. Fue periodista de los diarios *Clarín*, *La Opinión*, *El Cronista Comercial* y en sus comienzos fue corresponsal "clandestino" de Prensa Latina. Entre sus obras de teatro, se destacan: *La Nona*, *Yepeto*, *Gris de ausencia* y *Tute Cabrero*, varias de ellas llevadas al cine.

"Durante el siglo siempre hubo formas de censura, sobre todo entre 1930 y 1984. Presiones de todo tipo, salvo momentáneos oasis. Sin embargo, a diferencia de lo que sucedía en otros países que padecieron dictaduras: Uruguay, Brasil, Perú, Paraguay o la España de Franco, donde la censura era previa, aquí nunca existió una oficina que exigiese a la gente de teatro llevar los textos para leerlos y someterlos a la aprobación de empleados administrativos. En ese aspecto, la Argentina, en relación con el teatro, tuvo algunos privilegios. Siempre digo que en este terreno fue como si los censores hubieran mirado para otro lado. Aunque en las salas importantes había listas negras con nombres de actores y autores prohibidos, en las salas chicas se podía estrenar lo que uno quisiera y luego, si el espectáculo pasaba inadvertido por las autoridades, la obra continuaba en cartel. De vez en cuando podía aparecer un fiscal entre el público (esos que nunca faltan) y denunciar determinada escena, pero el problema no pasaba de ahí. La prueba de esto es que se pudo hacer teatro independiente en la época de Perón, aunque permanentemente había ciertas represalias. Otro ejemplo claro que ilustra lo que digo fue *La lección de anatomía,* que era una pieza muy arriesgada por los desnudos que tenía y, por esas cosas mágicas de la vida, pasó. En la época del 30 el clima que se vivía era parecido. Las obras se estrenaban y después venían las hostilidades. En ese momento eran famosas las puestas en escena que se hacían en el Teatro del Pueblo. Allí se estrenaba lo mejor de los repertorios europeos y norteamericanos. Luego, Leónidas Barletta intentó representar obras de autores nacionales en ese querido Teatro Municipal, donde ahora está el San Martín. Lo triste fue que todo este período de florecimiento artístico del teatro independiente se frustró porque a Barletta lo echaron en 1943. Pasaba este tipo de cosas.

En principio, los gobiernos de turno dejaban que las obras se estrenaran, pero más tarde, si lo que se mostraba tenía mucha repercusión, clausuraban la sala, hostilizaban al director o directamente echaban a todo el elenco.

Allá por los 60 fui corresponsal clandestino de Prensa Latina. Dejé de serlo en 1967 porque tenía muchas ganas de escribir teatro, y me fue mal, por eso retomé el periodismo. En 1971 ingresé en *La Opinión* y hacía notas en la sección Política, dirigida por un joven que se llamaba Horacio Verbitsky. Habré estado dos años y medio hasta que me pasé al *Cronista Comercial*. Ahí estuve hasta el golpe del 76, fecha en la que decidí alejarme del ambiente. Ya había sido amenazado por la Triple A, la organización criminal que estaba al mando de José López Rega. Sentí mucha angustia e incertidumbre. La amenaza fue porque participaba de un programa de televisión que se llamaba *La noche de los grandes*, dirigido por David Stivel. En aquella oportunidad, aunque sabía que no era el que corría más peligro ya que allí no jugaba un rol protagónico (era un simple actor de reparto), tomé mis precauciones. Lo cierto es que las bombas eran reales y había gente a mi alrededor que era asesinada. Con mi mujer nos refugiamos en la casa de unos amigos durante quince días y luego nos fuimos a vivir un mes a Necochea, para salir del radio de la capital. David Stivel fue el más amenazado de todos. Él era el número uno de la televisión, era una figura de mucho reconocimiento en la época en que los directores eran más figura que los Tinelli de hoy. Eligieron al programa de mayor audiencia para hacer ruido y amenazaron a todos sus integrantes. Stivel siguió grabando, pero tenía custodia de la Marina: en su casa, en el trabajo, en el auto en que viajaba. Todo era muy pesado, desagradable... En fin, después de esa experiencia, cuando escuché por radio el 24 de marzo de 1976 a las dos de la mañana que los militares habían tomado el poder, me quedé mirando el techo. Mi cabeza empezó a funcionar hacia atrás y hacia adelante ¿Podría vivir bajo otro régimen militar? Sentí que no me iba a bancar lo que viniera, ni al diario ni al país. Por eso renuncié y después de cobrar la indemnización me anoté en la lista de ELMA para embarcarme hacia Europa. Mientras esperaba que me llegase el turno, empecé a escribir teatro, y eso me retuvo.

En agosto de 1977, en el teatro Lasalle se estrena *La Nona*, dirigida por Carlos Gorostiza, con un éxito impresionante. Esto me sirvió como estímulo, me hizo sentir vivo pero además me ayudó en lo económico. Justo en ese momento me avisan que había lugar en ELMA, pero ya me había convencido de que no me alejaría de la Argentina. Mi teatro siempre estuvo ligado a lo local, a los argentinos. ¿Qué iba a hacer en España? Seguramente, morirme de nostalgia, como les pasó a muchos exiliados. Esta es mi tierra, mi mundo, y a mí me gusta meterme en el alma de la gente que vive en este país, y escenificar las historias con mis actores. Por otro lado, habíamos formado un grupo con Gorostiza, Héctor Gómez como productor, Ragucci, el escenógrafo y Héctor Aure. El hecho de trabajar en equipo nos hacía bien a todos. La repercusión que tuvo la obra fue tanta que el público empezó a hablar. Surgió un debate en diferentes sitios. Algunos decían que la "nona" representaba la muerte, la inflación, el imperialismo, muy pocos hablaban de la abuela. Al final, terminé inventando que era la muerte. Aunque tal vez no era una mentira lo que dije. Yo escribí la última parte de la obra durante el lopezrreguismo y el comienzo de la dictadura. La muerte estaba ahí, presente. Yo perdí amigos, compañeros de trabajo, gente querida. La pesadilla era cosa de todos los días, miles de cadáveres sin sepultura, un ambiente saturado de violencia. Pero cuando pensé en el personaje sólo recordaba a mi abuelo. Los tics, las palabras, ese extrañamiento que tienen los viejos, que se quedan como solos.

A raíz del éxito de la obra las autoridades empiezan a ponerse nerviosas. Y la primera ofensiva es la prohibición sin decir por qué. No había argumentos concretos. Sin embargo, en la Secretaría de Cultura había un funcionario que se llamaba Ricardo Frainza, que a pesar de haber logrado conservar su puesto durante muchos gobiernos era bastante democrático. Este buen señor fue el que frenó el intento de prohibición a cambio de no permitir que la vieran menores de 18 años. Canjeó la pena mayor por algo menos severo. Cuando esta tentativa de prohibición fracasó, lo que hicieron fue tirar una molotov, que afortunadamente estaba mal hecha, en la puerta del teatro. Sólo rompió vidrios y chamuscó la alfombra de entrada. Nosotros no le dimos ninguna dimensión porque podía alterar un poco la temporada. Y bueno, ahí no terminó todo. Después le pusieron una bomba a Norma Aleandro.

Con los militares en el poder, nosotros nos refugiamos en las salas chicas, pero eso no nos importaba demasiado, porque estábamos acostumbrados. Lo interesante de ese período es que las salas siempre estuvieron llenas, porque el público estaba ávido de escuchar algo diferente. Uno prendía la televisión y era horrible, en el cine te cortaban las películas, había otras que ni siquiera llegaban. Los diarios ocultaban cosas, la radio ni qué hablar. Y bueno, sólo quedaba el teatro y ahí se juntaba todo tipo de gente para respirar cierto aire de libertad. Lo curioso es que pareciera que todas las dictaduras tuvieran un mismo ideólogo, un mismo estratega que hizo que en los momentos más terribles de censura, donde no se podía ni respirar y las delaciones estaban a la orden del día, en los escenarios chicos se pudiera seguir trabajando. En general, lo que más funcionaba era la autocensura y eso sí era lo más grave, porque todo el tiempo nos preguntábamos ¿qué puedo decir?, o ¿cómo lo digo?, o hasta acá me juego. De todos modos, a nivel personal, yo estrené mucho durante la dictadura militar porque no podía hacer otra cosa. Creo que las dictaduras nos obligaron a los autores a forzar la imaginación para poder decir lo que no se podía, de manera muy sutil. Había que tratar de obviar las limitaciones y enmascarar los textos para que otros pudieran descifrarlos.

Creo que la mayoría de la gente está muy mal. Los que están mejor en el plano económico están muy mal de la cabeza. Los argentinos perdieron el rumbo, la mayoría están lanzados a sus proyectos personales, al "sálvese quien pueda" y el país no tiene líderes para intentar un cambio en serio. Me apena decir que estamos a la deriva. Yo cuento siempre una anécdota para entender no sólo cómo funciona la censura sino la idiotez en este país. Yo estrené *El viejo criado* (1980) en el teatro Payró; la obra habla sobre los mitos porteños y hacía referencia a un trío de guapos. Cuando subió a escena, todos me decían que era la Junta Militar y que me cuidara. Sin embargo, hacía poco se había estrenado *Marathon*, de Ricardo Monti, que era mucho peor porque era una pieza que denunciaba claramente el fascismo, el autoritarismo. Bueno, con ellas afortunadamente, no pasó nada, y eso que ocupábamos el horario central. En el horario anterior, un grupo de chicos hacía una obra que había escrito el actor Javier Portales, que se llamaba *La sartén por el mango*, pieza que no tenía nada, sólo era una denuncia contra la violencia. Se trataba de un grupo de adolescentes que se encerraban en una casa a festejar y en ese encuentro matan a una chica. Después de varias funciones, un día llegó una orden que decía que se prohibía la obra porque en un momento de la fiesta se cantaba en broma la Marcha de San Lorenzo, y no se podía en esa época ridiculizar los símbolos patrios. Lo que se hizo fue cambiar la marcha por otra canción y todos seguimos en cartel. Increíble ¿no?

En la época de Onganía también sucedían hechos ridículos. Había un inspector que se dedicaba a hostilizar a la gente que hacía teatro y buscaba argumentos municipales, nunca políticos, para prohibir las funciones. En otra oportunidad empezaron a cerrar las salas de los teatros independientes, por orden alfabético. Se guiaban por la cartelera, que era municipal, y así iban una por una cerrándolas. Los motivos que utilizaban para colgar el cartel de "prohibido" o "cerrado" eran de orden práctico, nunca político (que los baños no estaban en condiciones, que la luz era inadecuada, etc.).

Fueron varias las circunstancias que se dieron para que surgiera la idea de Teatro Abierto. En principio, fue como una reacción de los autores que se sintieron aislados, eliminados del mundo, y por eso se les ocurrió juntarse para mostrar que existían, que tenían su público. Resulta que había una interventora en el Conservatorio de Arte Dramático que eliminó la cátedra de autores argentinos contemporáneos, porque según ella, no había ninguno. A raíz de eso yo escribí un artículo para *Clarín*, ironizando la situación, donde decía que no estábamos más, que no existíamos. Fue una nota con bastante humor. Osvaldo Dragún convocó a otros autores y entre todos surgió la idea de aparecer masivamente. El proyecto consistía en presentar obras breves, tres por día durante la semana, y luego repetirlas. No menos de trescientas personas, entre intérpretes, directores, escenógrafos, autores, técnicos y gente de producción conformaron esta nueva manera de hacer teatro, donde lo menos importante era el aspecto económico. Allí se reunieron *El nuevo mundo,* de Carlos Somigliana, *Gris de ausencia,* mía, *El acompañamiento,* de Carlos

Gorostiza, *Decir sí*, de Graciela Gambaro, *El Obelisco y yo*, de Osvaldo Dragún, *Papá querido*, de Aída Bortnik y *Tercero incluido*, de Eduardo Pavlovsky. Esto provocó una asistencia de público tan inusual que el Teatro del Picadero parecía una fiesta. Y aquí vale la pena recordar las palabras de Somigliana con las cuales se abrió este ciclo: "Queremos demostrar la existencia y la vitalidad del teatro argentino, tantas veces negada. Pretendemos ejercitar en forma adulta y responsable nuestro derecho a la libertad de opinión. Deseamos que nuestra fraternal solidaridad sea más importante que nuestras individualidades competitivas. Porque amamos nuestro país y este es el único homenaje que sabemos hacerle". Había colas larguísimas de dos o tres cuadras de gente esperando conseguir entradas, y como se convirtió en un fenómeno público, enseguida vino la reacción. Obviamente, la movida que provocamos fue muy fuerte. De todos modos, la idea que nos movilizaba era la de efectuar una muestra representativa del teatro contemporáneo argentino y las obras en general no hacían una referencia directa a la dictadura, salvo *El nuevo mundo*, que tenía bocadillos muy irónicos, y la de Ricardo Halac, que se llamaba *Lejana tierra mía* y que, sin decirlo directamente, hablaba de las Madres de Plaza de Mayo. Después, en general, todo tenía un tono costumbrista. En *Gris de ausencia* yo hablaba del exilio y *El Acompañamiento* tenía que ver con el encierro, la locura. De todos modos, cuando apenas se llevaban realizadas ocho funciones, en la madrugada del 6 de agosto, el Teatro del Picadero fue destruido por un incendio. Esa situación, en lugar de atemorizar provocó un revuelo en toda la sociedad. Después de que la sala se quemó, los participantes de esta movida fueron convertidos en mártires, todo fue más grandioso. Hay que recordar que era 1981, cuando la dictadura se empezaba a debilitar. Ya se habían producido paros, los intelectuales se animaban a volver a los cafés, había como ua especie de primera reacción. Incluso, un diario como *Clarín* sacó dos editoriales y hasta Neustadt llegó a decir "se murió un sueño", como si él no hubiera tenido nada que ver. Otro detalle que contribuyó a que la reacción fuera tan fuerte es que quemaron el teatro el mismo día en que cantaba Frank Sinatra en el Sheraton, traído por Palito Ortega, cuyas entradas estaban en los mil dólares cada una.

Parecía el fin de Teatro Abierto, pero al día siguiente convocamos a una conferencia de prensa en el Lasalle, y ahí estuvieron todos. El teatro reventaba de gente. Todos habían ido a manifestar su bronca, su indignación y también para solidarizarse con el momento. Estuvieron Ernesto Sabato, Adolfo Pérez Esquivel, Jorge Luis Borges nos envió un telegrama de adhesión. Fue una reacción espontánea de todo el medio cultural. Ciento veinte pintores donaron cuadros para que los vendiéramos y poder recaudar fondos. Fueron diecinueve las salas que se ofrecieron para seguir con Teatro Abierto. Elegimos el Tabarís porque estaba en la calle Corrientes, era bien comercial y queríamos seguir haciendo ruido, continuar provocando. Así fue como seguimos actuando bien temprano. Las funciones eran a las seis de la tarde, y a la noche, Jorge Corona presentaba su show con ese humor zafado que lo caracteriza.

Ahora la censura es económica y seguimos limitados por la falta de espectadores, las dificultades para tener producciones y la falta de actores, ya que la mayoría se han volcado a la televisión. Yo siempre digo que los banqueros lograron por las buenas lo que los militares no lograron por las malas: cerrar salas. Todos esos teatros que ellos odiaban, están cerrados. Se fueron debilitando por culpa de una estructura económica perversa, por falta de apoyo. El problema de fondo es el presupuesto. Esperemos que ahora se le dé más importancia a la educación y a la cultura. Bajo la democracia se perdieron no menos de 30 salas. Por empezar la del teatro Odeón. Haber dejado caer ese teatro es imperdonable. Es como tirar abajo el Colón, el Obelisco. Son patrimonio de la ciudad.

A pesar de que en un momento dudé, sé que si me hubiese ido hubiera vivido el drama del exilio, que es el argumento de la obra *Gris de ausencia*. Quizás económicamente me hubiera beneficiado, pero en el plano afectivo estaría destrozado. Yo la escribí en 1981, después de visitar a un grupo de amigos exiliados por el mundo. Había estado con Osvaldo Soriano y otros periodistas amigos. Había de todo. Los que estaban bien, los que estaban muy mal y se volvieron, y por último, los que yo califico los "peores": los que ya no están bien en ningún lado. Se sentían mal allá y esperaban volver. Cuando lo hicieron, aquí también estaban mal, y por eso se fueron de vuelta.

Mientras tanto sigo escribiendo y pensando en términos teatrales. Me emociono con la memoria y pienso en aquellos que se emocionaron con *Gris de ausencia*, a través de ese abuelo interpretado por Pepe Soriano, que por culpa del exilio confundía el Parque Lezama con Piazza Venecchia. "Tuto íbamo al parque Lezama... E il Duche salía al balcón... la piazza yena de quente. E el general hablaba c no dicheva: 'descamisato... del trabaco a casa e de casa al trabaco'. E dopo il Duche preguntaba: '¿Qué volette? ¿Pane o canune?' E nosotro le gritábamos: 'Leña, general, leña, general...'" ✂

AGRADECIMIENTOS

Ninguna obra es personal, siempre depende de un esfuerzo colectivo. El de aquellos que comparten el sueño y el esfuerzo que requiere la concreción de una idea. Sin el equipo de periodistas que participó en esta historia de la censura, el libro no hubiera sido posible. Allí estaban, para trabajar con ahínco y aportar ideas Virginia Thjellesen, Diana Malizia, Mariela Tugentman, Deborah Lapidus y Mariana Pellegrino. Con capacidad de asombro, analizaron oscuros períodos de una historia domesticada por el temor y el autoritarismo, sin dejar a un lado la emoción ni el rigor.

Las notas de periodistas y amigos entrañables como Oscar Martínez Zemborain, Sergio Peralta, Néstor López, Néstor "Michi" Ruiz, Roberto Esmoris Lara y Eduardo Kimel narran acontecimientos vinculados con la censura periodística y describen hechos no contados por la "historia oficial". Los testimonios de José Luis Alvarez Fermosel, Elsa Borneman, César Isella, Miguel Cantilo, Arturo Cavallo y Víctor Heredia no han sido incluidos en este volumen por un problema de espacio, pero ya forman parte de una continuidad necesaria.

A Blanca Rébori, mi mujer, por su paciencia llena de afecto y una inteligencia que atesora silencios profundos y palabras justas. Comprometida, como periodista de raza.

Por su apoyo de siempre y su amor. A Ricardo Rodríguez Molas por su juvenil empeño y a Elisa Marroco por su militante colaboración. A Silvia Trueba y Oscar Bosetti por el material que me facilitaron, y a Beatriz Giliberto por sus excelentes desgrabaciones.

Al sociólogo e investigador Andrés Avellaneda, por su excelente trabajo sobre censura, autoritarismo y cultura. A los que brindaron su testimonio.

A mis hijos, hombrecitos de ley, Pablo y Federico Ferreira; a mis queridos tangueros Horacio y Mora Godoy. A mis sobrinos Daniela y Bruno, a mi vieja, Helba, y a mi hermano Carlos por estar cerca. A la memoria de mi querido viejo, "el colorado".

A Carlos Pérez por ayudarme a pensar. A la redacción de *Tiempos del Mundo*. A Mariano Beristain; a las correcciones de Virginia Avendaño. A los editores Fernando Fagnani y Leonora Djament que creyeron en la idea.

A todos los periodistas desaparecidos durante la dictadura genocida: hay un eco que repite sus nombres. A Jorge Luis Moltrasio, mi amigo de la infancia, asesinado durante los años de plomo. A ese archivo tan mío y tan querido. A mis amigos Víctor Ego Ducrot, Daniel Iglesias, Alejandro Andam, Jorge Marrone, Oscar Campilongo, Jorge Méndez, Ana Bianco, Roberto Pagés, Raquel Angel y Alberto Gillis. A Manuel Pampín, por permitirme dar el gran salto. A José Pablo Feinmann y Miguel Bonasso, por sus notas en *Página/12*. A mi adorado Racing, metáfora de un país que se extingue.

BIBLIOGRAFÍA

AA.VV., *Estamos en el aire. Una historia de la televisión en la Argentina*, Buenos Aires, Planeta, 1999.

Abós, Álvaro, *Delitos Ejemplares. Historias de corrupción argentina (1810-1997)*, Buenos Aires, Planeta, 1999.

Alsina Thevenet, H., *La censura y otras presiones en el cine*, Buenos Aires, Cía. Gral. Fabril Editora, 1972.

Anguita, E. y Caparrós, M., *La voluntad. Una historia de la militancia revolucionaria en Argentina*, Buenos Aires, Grupo Editorial Norma, 1997 - 2000.

Asociación para la defensa del periodismo independiente, *Ataques a la prensa. Informe 1999*, Buenos Aires, Planeta, 1999.

Avellaneda, Andrés, *Censura, autoritarismo y cultura argentina (1960 - 1983)*, Buenos Aires, CEAL, 1986.

Barulich, Carlos, *Cuadernos para la democracia*, Vol 13. *Las Listas Negras*, Buenos Aires, El Cid Editor, 1983.

Blaustein, E. y Zubieta, M., *Decíamos ayer. La prensa argentina bajo el proceso*, Buenos Aires, Colihue, 1998.

Bravo, Alfredo, *Historia y presente de la pena de muerte*, Buenos Aires, CEAL, 1991.

Bustos, Elsa C., *La pulsión de la censura*, Buenos Aires, Universidad de La Plata, 1993.

Calki, *El mundo era una fiesta*, Buenos Aires, Corregidor, 1977.

Ciria, Alberto, *Más allá de la pantalla. Cine argentino, historia y política,* Buenos Aires, Ediciones de La Flor, 1995.

Echechurre, Humberto, *Periodistas bajo fuego. Los ataques a la libertad de prensa,* Buenos Aires, El Tribuno, 1997.

Feinman, José Pablo, *La sangre derramada. Ensayo sobre la violencia política,* Buenos Aires, Ariel, 1999.

Fiss, Owen, *La ironía de la libertad de expresión.* Barcelona, Gedisa, 1999.

García Silberman, S y Ramos Lira, L., *Medios de comunicación y violencia,* Buenos Aires, FCE, 1998.

Gibert, A. y Vitagliano, M., *El terror y la gloria. La vida, el fútbol y la política en la Argentina del mundial 78,* Buenos Aires, Grupo Editorial Norma, 1998.

Giusiani, Pablo, *Montoneros. La soberbia armada,* Buenos Aires, Planeta, 1997.

Graham Yooll, A., *Memoria del miedo,* Buenos Aires, Editorial de la Universidad de Belgrano, 1999.

Memoria Activa, *Documento Nacional contra la Impunidad,* Buenos Aires, 1996.

Nespral, Bernardo, *Derecho de la información. Las libertades y la censura,* Buenos Aires, Editorial de Montevideo, 1999.

Palacio, Jorge (Faruk), *Crónica del humor político en la argentina,* Buenos Aires, Editorial Sudamericana, 1993.

Pazos, Luis y Camps, Sibila, *Justicia y televisión,* Buenos Aires, Perfil Libros, 1999.

Raab, Enrique, *Crónicas ejemplares. Diez años de periodismo antes del horror (1965-1975),* Buenos Aires, Perfil Libros, 1999.

Ramos, Víctor, *Racismo y Discriminación en la Argentina,* Buenos Aires, Catálogos, 1999.

Reinoso, Roberto, *Bandera Proletaria: selección de*

textos (1922 - 1930), Buenos Aires, CEAL, 1985.

Rodríguez Molas, Ricardo (comp.), *Historia de la tortura y el orden represivo en la Argentina*, Buenos Aires, Eudeba, 1985.

Seibel, Beatriz, *Crónicas de la Semana Trágica*. Buenos Aires, Corregidor, 1999.

Solanas, F. y Gettino, O., *Cine, cultura y descolonización*, Buenos Aires, Siglo XXI, 1973.

Ulanovsky, Carlos, *Paren las rotativas*. Buenos Aires, Planeta, 1999.

Van Dijk, Teun A., *Prensa, racismo y poder*, México, Universidad Iberoamericana, 1955.

Vázquez, Adolfo R., *Libertad de prensa*, Buenos Aires, Ediciones Ciudad Argentina, 1998.

Veiga, Raúl, *Las organizaciones de derechos humanos*, Buenos Aires, CEAL, 1985.

Verbitsky, Horacio, *Ezeiza*, Buenos Aires, Planeta, 1986.

Verbitsky, Horacio, *Un mundo sin periodistas*, Buenos Aires, Planeta, 1998.

Viñas, David, *Las rebeliones populares argentinas*, Buenos Aires, Carlos Pérez Editor, 1971.

Walsh, Rodolfo, *Operación masacre*, Buenos Aires, Ediciones de la Flor, 1984.